레저경제학

The Leisure Economy

Copyright © 2007 by Linda Nazareth
Published by John Wiley & Sons Canada, Ltd.
All rights reserved.

Korean translation copyright © 2008 by Solw & Steady Publishing Company.
Korean translation rights arranged with John Wiley & Sons Canada, Ltd.
through Duran Kim Agency.

이 책의 한국어판 저작권은 Duran Kim Agency를 통한
John Wiley & Sons Canada, Ltd.와의 독점 계약으로 황소걸음에 있습니다.
저작권법에 따라 국내에서 보호받는 저작물이므로 무단전재와 복제를 금합니다.

거대한 시간소비자들이 몰려온다!

레저 경제학

린다 나자레스 지음 · 최성애 옮김

한국트렌드연구소

: 추천사

문제는 'How'다

김정운(명지대학교 대학원 여가경영학과 교수, 문화심리학 박사)

경제의 시대다. 경제가 모든 것을 결정한다. 그런데 경제라고 다 같은 경제가 아니다. 경제 앞에 무슨 단어가 붙느냐에 따라 그 경제의 의미는 전혀 다른 것이 된다. 그런 의미에서 『레저경제학』은 단순히 '무엇을 먹고사는 경제인가'의 문제가 아니라, '어떻게 먹고사는 경제인가'에 관한 흥미로운 안목을 제시해 준다.

경기는 순환한다. 악재들이 겹치며 불황의 늪으로 빠지기도 하고, 순풍에 돛 단 듯 상승국면을 맞이하기도 한다. 그런데 대한민국의 지난 20년을 놓고 살펴보면, 꾸준히 한 가지 방향으로 변화하는 것을 볼 수 있다. 바로 노동시간의 단축과 소득의 증가다. 1988년 한국 근로자의 주당 평균 노동시간은 55.7시간으로 자본주의화 이후 최장

기록을 세웠는데, 2008년엔 43.7시간(노동부 발표)으로 주당 12시간이 줄었다. 그리고 1인당 국민총소득GNI은 1990년 6,147달러에서 2007년 2만 45달러가 되었다. 노동시간은 줄고, 소득은 늘어난 것이다. 게다가 2003년 7월에 도입된 주 5일제, 즉 주당 노동시간 40시간제의 순차적 실시는 레저경제로의 변화에 의미 있는 징후가 되었다.

하지만 여전히 소위 선진국 클럽이라는 OECD 국가들 중 한국인은 가장 장시간 동안 일하는 사람들이다. 한국인은 연간 약 2,400시간을 일하는데, 1년에 6만 8,440달러(2006년)의 평균소득GNI을 자랑하는 노르웨이인들은 1,400시간도 일하지 않는다. 일본이나 미국, 독일인들도 1,800시간 안팎을 일하고 있다. 한국인들은 이들보다 더 많이 일하고 더 적게 버는 것이다.

여가활동에 보내는 시간도 그다지 늘지 않았다. 한국문화관광연구원이 본격적으로 여가백서를 내기 시작한 것은 2006년부터였는데, 평일 여가시간이 3시간 6분(2006년)과 2시간 56분(2007년)이었고, 휴일 여가시간은 5시간 27분(2006년)과 5시간 28분(2007년)이었다. 여가시간에 대한 인식도 보통, 혹은 부족이라는 응답이 62%(2006년)와 72.9%(2007년)로 나타나 오히려 더 빡빡해지고 있다는 인식이 늘어나고 있다.

따라서 한국 경제가 어려운 이유는 일을 열심히 안 해서가 아니다. 문제는 OECD 국가들 중 최저를 기록하고 있는 생산성이다. 한국에 사는 이들의 행복감도 OECD 국가들 가운데서만이 아니라, 전 세계를 통틀어 꼴찌 수준이다. 그런데도 사람들은 여전히 놀면 안 된다고 생각한다. '아침형 인간'만이 성공할 수 있다고 믿는다. 그러나 아침형 인간은 '개발도상국'적 사고다. 개발도상국이란 후진국의 또 다른 이름일 뿐이다. 후진국에서는 먹고사는 문제가 가장 큰 고민거리다. '무엇을 먹을까'를 고민한다. 그러나 한국의 경제수준은 이제 단순히 '무엇을 먹을까'를 고민할 단계가 절대 아니다. 그런데도 여전히 먹을 것을 걱정하는 '얼리 버드early bird', 아침형 인간이 되라고 한다. 이건 아니다.

'어떻게 먹고살 것인가'를 고민해야 해야 선진국이 된다. 이 '어떻게How'의 차원이 해결되어야 '무엇What'이 해결된다. 이것이 선진국이 먹고사는 방법이다. 이 인지적 패러다임의 전환 없이 한국은 절대 선진국이 될 수 없다. 그런 의미에서『레저경제학』은 어떻게 먹고살 것인가, 그리고 그런 사회에서의 고객 가치는 무엇이 될 것인가와 관련된 아주 중요한 통찰을 제공한다. 경제 패러다임의 변화에 대한 통찰은 물론이고, 비즈니스적 아이디어를 찾아내는 데 중요한 단서들이 담겨 있는 것이다.

당신은 왜 사는가? 죽지 못해 산다고 대답하는 이들이 가끔 있다. 이들에게 나는 아주 쉽게, 고통 없이 죽을 수 있는 방법을 얼마든지 알려줄 수 있다. 죽지 못해 살아서는 안 된다. 그건 인간의 삶이 아니다. 우리는 행복하기 위해 산다. 행복은 노동에서 찾아진다는 산업사회의 논리는 더 이상 유효하지 않다. 근면, 성실, 인내의 산업사회적 가치는 자본축적을 가능케 하려는 이데올로기에 불과하다는 것이 막

스 베버의 주장이다. 21세기는 산업사회가 아니다. 이 새로운 시대의 이름을 '지식기반사회', '정보화사회'라고 부르기도 한다. 이런 개념들이 맘에 안 드는 이들은 '후기산업사회'라고 부르며 산업사회의 연장으로 해석하기도 한다. 그러나 '후기산업사회'란 용어 자체가 이미 21세기는 더 이상 산업사회가 될 수 없음을 분명히 하고 있다.

나는 21세기를 '여가사회 leisure society'라고 이름 붙이고 싶다. 더 이상 노동에 의해 존재가 규정되는 세상이 아니기 때문이다. 나라는 존재는 생산과정에 참여하고 있는 내 사회적 지위나 책무로 규정되지 않는다. 노동이 자신의 존재를 확인할 수 있는 수단이 되는 경우도 물론 있다. 그러나 조건이 있다. 그 노동이 재미있어야 한다. 몰입할 수 있는 행복의 대상이 되어야만 한다. 단순히 '남의 돈을 따먹기 위한' 수단으로서의 노동은 절대 내 존재를 확인하는 대상이 될 수 없다. 여가사회는 내가 즐거워서 하는 일로 스스로의 존재를 확인하는 사회다.

20세기의 시대정신은 근면, 성실이었다. 지금 우리가 누릴 수 있는 풍족한 삶의 조건들은 근면, 성실이라는 가치가 있었기에 가능했다. 그러나 21세기 시대정신은 행복과 재미다. 2000년대 이후 전 세계를 휩쓸었던 웰빙 well-being, 웰니스 wellness 열풍을 기억해 보라. 웰빙 열풍은 산업사회의 유산인 스트레스에 대한 저항이다. 그 이후에 생겨난 각종 서비스산업들이 그 증거다. 웰빙 열풍이 잦아드는 듯하니 요즘은 행복에 대한 다양한 이론들이 봇물 터지듯 나온다. 심리학에서는 긍정

심리학positive psychology이라는, 인간이 추구하는 행복의 내용과 실현 조건에 관한 학문영역이 새롭게 부상하며 각광받고 있다. 이러한 변화는 우연이 아니다. 시대정신의 변화를 반영하고 있는 것이다.

이 책의 저자는 이러한 시대정신의 변화를 '시간예속 경제'로부터 '레저경제'로의 전환이라고 정의한다. 이는 '어떻게 하면 제한된 시간을 효율적으로 쓸까'에 집중된 기능적 경제논리로부터 '어떻게 하면 행복하고 즐겁게 살까'를 고민하는 심리적 경제논리로의 전환을 의미한다. 린다 나자레스의 이러한 주장이 설득력을 갖는 이유는 구체적 경제지표와 아울러 세대론을 통한 사회학적 분석틀, 그리고 각 세대를 대표할 수 있는 다양한 개인들의 구체적인 진술들에 근거한 이론이기 때문이다. 특히 레저경제의 중심영역으로 엔터테인먼트 산업, 도서산업, 음식산업, 교육산업, 취미산업, 스포츠산업, 도박산업, 여행산업 등을 예를 들고 있는데, 그 변화의 추이에 대한 그녀의 예측은 매우 흥미롭다.

문제는 레저경제의 미래는 여전히 경제적 차이와 사회적 차별에 근거할 수밖에 없고, 레저경제는 이러한 격차를 더욱 확대하는 결과를 낳을 수도 있다는 것인데, 이러한 결론은 어설픈 평등주의에 길들여져 있는 나 같은 한국의 40대가 받아들이기에는 부담스러운 부분이기도 하다. 그러나 현존하는 사실을 근거로 미래를 예측하는 일과 도덕적 가치로 미래를 희망하는 일은 서로 다른 영역이다. 그런 의미에서 저자의 냉정한 예측은 더욱 가치 있게 느껴진다.

이 책이 내게 의미 있게 다가오는 더 중요한 이유가 있다. 나를 비롯한 각 개인이 살 수 있는 날들이 앞으로 더욱 길어진다는 사실이다. 더 중요한 것은 이 길어진 시간 대부분을 일을 하지 않으며 살아야 한다는 사실이다. 이르면 50대 초반, 늦어도 60대 중반이면 직장에서 물러나야 한다. 그러나 우리 대부분은 80, 90세까지 살 수 있다고 전문가들은 예상한다. 그렇다면 20, 30년 동안 '일로 인한 스트레스'를 겪지 않으며 살 수 있다는 이야기다. 그러나 주위를 살펴보면 그 기간 동안 '일을 하지 않는 것으로 인한 스트레스'로 힘겨워하는 경우가 대부분이다. 시간예속 경제가 남긴 유산이다. 최근에 이와 관련해서 너무도 피부에 와 닿은 이야기가 있다.

국내 굴지의 대기업 사장까지 지내신 분이 있다. 이분이 은퇴를 하게 될 즈음, 아내에게 너무나 고마운 마음이 들었다. 자신이 해외지사, 지방사업장을 돌며 회사일에 몰두하는 동안, 묵묵히 아이들을 잘 키워준 아내가 너무 고마웠다. 은퇴 후, 이분은 아내를 행복하게 만들어주기 위해 참 많은 노력을 했다. 함께 해외 크루즈여행이며 골프여행을 떠나고, 주말이면 함께 등산, 백화점 쇼핑 즐기기 등등. 그러던 어느 날, 아내는 아주 진지한 표정으로 이야기했다. "여보, 제발 혼자 좀 나가 놀 수 없어?" 불과 3개월 만이었다. 갑자기 함께 지내야 하는 시간이 아내에게는 너무 고통스러웠다는 것이다. 은퇴한 사장은 심각한 표정으로 한숨을 내쉬며 말한다. "도대체 뭐가 잘못된 거지?"

인내는 쓰고, 열매는 달다. 산업사회에 우리가 입에 달고 외쳐온 구호다. 거짓말이다. 인내가 쓰면 열매도 쓰다. 뭐 도대체 단것을 먹어봤어야 단것이 뭔지 알 것 아닌가. 마찬가지다. 평소에 행복한 사람이 나중에도 행복한 삶을 영위할 수 있는 것이다. 저 은퇴한 대기업 사장의 경우처럼, 갑자기 행복하게 지내기로 작정한다고 해서 행복해지는 것이 절대 아니다. 지금 행복한 사람이 나중에도 행복해진다. 『레저경제학』은 이러한 가치의 변화를 섬세하게 읽어내고 있다.

21세기는 재미와 행복이라는 가치를 구현하는 기업만이 '지속가능한 기업'이 될 수 있다. 행복하고 재미있는 삶이 지속가능한 삶이다. 참고 인내하는 산업사회적 삶은 지속가능한 삶이 아니다. 지속가능한 삶을 살 수 있는 직원들이 모인 회사가 지속가능한 경영을 이뤄낼 수 있다. 재미와 행복이라는 21세기적 가치를 구현하기 때문이다. 『레저경제학』은 바로 이러한 시대적 변화를 타고 넘는 구체적 방법론에 관한 책이다.

CONTENTS

- 추천사 … 문제는 'How'다 … 4
- 용어해설 … 16
- 들어가는 글 … 거대한 변화를 맞이할 준비가 되었는가? … 23

Part I … 시간예속 경제의 건설자들

제1장 — 일과표에 묶인 나날 … 39
　　　　'여가'에 대한 엇갈린 정의 … 42
　　　　통계상으로는 이미 충분한 여가를 누린다? … 50
　　　　시간예속 경제의 승리자들 … 55

제2장 — 경제 성장과 여가 파괴 … 65
　　　　장시간 노동의 역사 … 67
　　　　여가를 잃어버린 10년 … 76
　　　　북미사회의 여가 혐오 … 80
　　　　여피족의 푸념 … 88
　　　　신 여가세계로의 도피 … 95

제3장 — 레저경제의 서막 … 99
　　인구통계학 - 변화의 스타트라인 … 100
　　나이와 여가의 함수관계 … 102
　　세대가 여가를 결정한다 … 107
　　베이비붐 이전 세대 - 무대연출자들 … 110
　　베이비붐 세대 - 막강한 주연의 등장 … 112
　　좋든 싫든 많아지는 시간 … 120
　　베이비부머, 여가를 재정의하다 … 126

Part II … 레저경제의 주인공들

제4장 — 느슨한 삶을 찬미하며 … 133
　　게으름뱅이 세대의 탄생 … 135
　　느슨한 세대가 만드는 일터의 풍경 … 145
　　자발적 실업자, 혹은 우아한 실업자 … 157
　　노동의 가치를 묻다 … 167

제5장 — 새로운 '가진 자'와 '못 가진 자' … 173
　　원대한 꿈, 막대한 빚더미 … 179
　　소득 양극화에서 여가 양극화로 … 190
　　여가 시샘 … 207

제6장 — 일터의 재구성 ··· 213

베이비붐 세대 - 레저경제로의 연착륙 ··· 215

포스트 베이비붐 세대에 구애하기 ··· 226

앨버타 문제 ··· 240

미래의 일터 ··· 242

제7장 — 이제는 세상을 변화시켜야 할 시간 ··· 247

정치 참여에서 자원봉사로 ··· 250

점점 까다로워지는 자원봉사자들 ··· 253

다시 찾아온 자선사업의 황금기 ··· 265

심리적 보상, 혹은 경제적 보상 ··· 270

Part III ··· 레저경제의 키워드

제8장 — 레저경제의 지리학 ··· 281

시간예속 경제의 노른자위 지역 ··· 283

은퇴한 베이비부머들, 어디서 살 것인가 ··· 287

- 소도시/대학가/별장지역/대도시/해외
- 실패확률이 높은 지역들

포스트 베이비붐 세대의 선택 ··· 301

새로운 지역, 새로운 도전 ··· 305

제9장 ─ 까다로운 시간소비자들 ··· 309

시간 - 레저경제의 새로운 상품 ··· 312

레저경제의 산업별 성공 키워드 ··· 318

　－엔터테인먼트 산업/도서산업/음식산업/교육산업/취미산업
　 스포츠산업/중독산업/여행산업

제10장 ─ 레저경제의 승자가 될 것인가, 패자가 될 것인가 ··· 351

레저경제는 '좀 더 많은 시간 갖기'에 관한 것임을 명심하라 ··· 352

레저경제는 모든 세대에 해당되는 것임을 명심하라 ··· 353

고객들이 좀 더 오래 당신의 상점에 머무르도록 하라 ··· 353

고급 여가산업에 주목하라 ··· 354

저가 여가산업에 주목하라 ··· 355

레저경제와 자산관리 ··· 356

자원봉사 노동력을 최대한 활용하라 ··· 357

당신의 지역을 레저경제에 맞도록 브랜드화하라 ··· 358

시간은 돈만큼, 어쩌면 돈보다 값지다는 것을 명심하라 ··· 359

• 후기와 감사의 글 ··· 362

용어해설

레저(leisure)/여가

- **표준국어대사전**: 일이나 공부 따위를 하지 않아도 되는 자유로운 시간. 또는 그 시간을 이용하여 쉬거나 노는 일.
- **경제학자들의 정의**: 노동시장 외부에서의 행위, 즉 소득을 발생시키지 않는 모든 행위.
- **위키피디아(Wikipedia)**: 고용, 학업, 사업, 가사노동 등과 같은 의무적인 일들을 제외한 활동.
- **『레저경제학』**: 자유롭고 즐겁게 자신이 원하는 일이나 개인적으로 의미 있다고 생각되는 일을 하는 것.

시간예속 경제(time-crunch economy)

- 산업혁명 이후의 역사는 그 자체가 시간예속 경제였다. 그러나 시간예속 경제의 정점은 베이비부머들이 노동시장을 지배한 지난 몇십 년이었다. 거대 인구집단인 그들은 경제상황이 좋건 나쁘건 동일한 연령대의 수많은 근로자들과 경쟁해야 했다. 경쟁이 치열하면 노동의 양이 늘어나게 마련이고, 따라서 항상 시간 부족에 허덕일 수밖에 없었다. 역설적이지만 값비싼 여가활동에 대한 욕망도 시간예속 경제 형성에 큰 몫을 했다. 어려운 경제환경과 값비싼 여가 추구. 이 둘은 시간예속 경제를 만들어낸 주범이다.
- **시간예속 경제의 상징들**: 자동차 컵홀더, 패스트푸드와 각종 인스턴트 식품, 옷걸이로 사용되는 러닝머신, 세 시간짜리 스파 상품권, 18홀을 다 돌 시간이 없는 9홀 골퍼들······.

레저경제(leisure economy)

- 아주 많은 사람들이 넘치는 시간을 갖게 되고, 보다 많은 사람들이 좀 더 많은 시간적 여유를 갖고 싶어하며, 사람들이 어떤 상품을 구입할 때 사용가치를 기준으로 삼게 되는 사회의 새로운 경제.
- 베이비붐 세대가 은퇴하여 노동 없는 세계로 진입하는 날이 레저경제가 시작되는 날이지만, 포스트 베이비붐 세대에서도 일과 여가의 양립, 혹은 여가 중심적인 가치를 지향하며 이를 위해 삶의 변화를 시도하는 사람들의 수가 크게 증가하면서 레저경제를 가속화하고 있다.
- 시간과 돈이 아주 많은 사람들부터 시간은 많지만 돈이 없는 사람에 이르기까지, 레저경제는 아주 다양한 스펙트럼을 띠게 될 것이다. 그러나 핵심은 이것이다. 세대와 소득을 뛰어넘어 레저경제의 소비자들은 자신의 시간을 최대한 가치 있게 사용하기를 원한다는 점이다.

여가 양극화/여가 시샘

- 여가를 가진 자와 못(덜) 가진 자의 격차가 점차 뚜렷해지는 현상. 세대와 세대 간, 또는 같은 세대 내에서도 발생하는데, 특히 세대 간의 여가 양극화는 향후 수십 년 동안 중요한 사회적 테마가 될 것이다. 예컨대 은퇴 후 각종 노인 할인혜택과 사회보장연금을 받으며 여가를 즐기는 베이비부머들과, 그 연금의 상당 부분을 책임져야 하는데다 주택융자금과 육아 등에 시달리는 포스트 베이비붐 세대 간의 갈등은 필연적일 수밖에 없다. 베이비붐 세대 내에서도 소득 양극화에 따라 보다 윤택한 여가를 누리는 사람들과 그렇지 못한 사람들 간에 갈등과 시샘이 빚어질 것이다.

황금 여가계층(golden leisurites)

- 높은 학력과 경제력을 갖춘 계층으로, 자신이 원하면 일을 계속할 수도, 원하지 않으면 당장 그만둘 수도 있는 사람들. 대다수가 은퇴를 앞둔 베이비붐 세대이며 각종 값비싼 취미생활을 즐기는 이들은 많은 업종들이 입맛을 다시는 중요한 고객층이다.

유럽식 라이프스타일

- 조금 덜 일하더라도 더 많은 여가시간을 누리는 생활방식. 전통적으로 노동윤리가 강한 북미인들 가운데에서도 유럽식 라이프스타일을 선망하며 그러한 삶을 선택하려는 사람들이 늘고 있다.

신 여가(neo-leisure)

- 지난 2000년, 《패스트 컴퍼니》라는 잡지가 직장에서 인터넷 서핑을 하거나 컴퓨터 게임을 즐기는 행위를 일컬어 명명한 용어.
- 직장에서 인터넷 이용이 가능한 미국인의 절반 이상이 업무 중 온라인 쇼핑을 하는 등(미국 소매협회, 2006년 조사), 신 여가는 지식노동자들의 대표적인 휴식과 레크리에이션으로 자리 잡았다.
한편으로 신 여가는 사무실에서 많은 시간을 보내야 하는 직장인들(특히 여성들)이 가정일을 처리하기 위한 수단, 혹은 근무시간 중에 짬짬이 즐기는 질 낮은 여가로 분석된다.

베이비붐 이전 세대

- 현재 생존 중인 베이비붐 이전 세대는 1901~24년에 태어난 '병사 세대'와 1925~42년에 태어난 '침묵의 세대'로 나뉜다. 대체로 검소한 삶을 살았지만, 한편으로는 꽤 여유롭게 살았다고도 할 수 있다. 대부분은 부부 중 한 사람만 취업했으므로 맞벌이 스트레스가 거의 없었으며, 그 자녀들의 일과는 나중 세대에 비해 훨씬 느슨하게 짜여 있었으므로 양육 스트레스도 적은 편이었다. 또한 주택가격이 지금보다 훨씬 낮았기에 내 집 마련도 그리 어렵지 않았다.

  이들은 약 40년간 노동했고, 대부분의 가사일을 직접 처리했다. 가구당 총지출에서 여가비용이 차지하는 비율은 1934~35년에 3.5%, 1950년에 4.5%, 1972~73년에 4.6%였다. 이들은 은퇴 후 주로 자질구레한 집안일이나 손자 손녀들과 놀아주는 일로 소일했다.

베이비붐 세대 / 베이비부머 (baby boomers)

- 1946~64년에 태어난 사람들로, 제2차 세계대전 이후의 시대를 지배해 온 수적으로 압도적인 세대. 1946~55년에 태어난 초기 베이비부머와 1956~65년에 태어난 후기 베이비부머로 구분하기도 하며, 1946~59년에 태어난 사람들을 제1세대 베이비부머라고도 한다.

- 대부분 엄마가 집에 있는 가정에서 교육을 비롯해 많은 기회를 누렸고, 대공황을 버텨낸 부모들을 역할모델로 삼아 철저한 노동윤리를 내면화하며 자라난 이들은 낙천적이고 부지런하며, 목표 지향적이고 노동 지향적인 세대가 되었다. 이들은 주말근무, 하루 10시간 노동, 휴가 포기 등이 일상화되어 버린 기업풍토를 만들었다.

- 현재 미국에는 7,700만 명의 베이비부머들이 있으며, 노동력의 약 40%를 차지하고 있다(2006년 기준). 2008년 현재 40대 중반에서 60대 초반인 이들은 상위 직급에 속해 있고, 노동시장에서 상당한 영향력을 행사하는 집단이다. 그러나 그들의 은퇴시기가 다가오고 있다. 매 8초마다 미국의 베이비부머 한 명이 60세가 된다. 이것은 다음 20년 동안 미국의 모든 베이비부머들이 사실상 은퇴연령에 진입하게 된다는 뜻이다. (제1세대 베이비부머들 중 2004년 기준으로 400만 명이 넘는 베이비부머들이 이미 노동시장을 떠났다.)

- 미국 은퇴자협회에 따르면, 초기 베이비부머들의 경우 67세가 될 때 85만 9,000달러에 상당하는 재산을, 후기 베이비부머들의 경우 83만 9,000달러의 재산을 소유하게 될 것이다. 이전 세대에 비하면 비약적인 재산수준이다.

포스트 베이비붐 세대

- 베이비붐 이후에 태어난 세대를 총칭하는 말로, 그 안에서도 좀 더 세분화된 세대 구분이 이루어져 왔으며, 그들이 갖고 있는 특성에 따라 다양한 용어가 등장하고 있다.

에코 붐 세대 / 에코 부머 (echo boomer)

- 베이비붐 세대의 자녀 세대를 총칭하는 말로, 베이비부머들의 수가 많은 만큼 그 자녀들의 수도 많다는 의미에서 만들어진 용어. 주로 Y세대가 이들에 해당한다.
- 노동시장에서 극심한 경쟁을 치러야 했던 베이비붐 세대는 자녀들이 그 혹독한 세계에서 성공하기 위해 필요한 모든 것을 주려고 자기희생을 감수하며 안간힘을 썼다. 그래서 생겨난 말이 몇 가지 있다.
- 과잉 부모역할(hyper-parenting): 1990년대에 아동심리학자인 앨빈 로젠펠드가 『너무 바쁜 아이들』이라는 저서에서 사용한 말. 태어나기도 전에 뱃속의 아이에게 모차르트를 들려주고, 걸음마를 떼기 시작하면 '당신의 아이도 아인슈타인이 될 수 있다'는 DVD를 보여주고, 초등학교에 들어가면서부터 온갖 방과 후 교실에 아이들을 등록시키고 실어 나르는 일 등을 말한다.
- 사커 맘(soccer mom): 아이 교육에 열성적인 백인 중산층 가정의 엄마를 일컫는 용어로, 베이비붐 세대의 한 전형이 되었다.

베이비 기근세대 (baby bust)

- 포스트 베이비붐 세대 중에서도 출생률이 급격히 떨어진 1960년대 후반에서 70년대 초반에 걸쳐 태어난 사람들을 일컫는 말. 경제학자이자 인구학자인 데이비드 풋(David Foot)은 좀 더 구체적으로 1967~79년에 태어난 사람들을 베이비 기근세대로 칭했다. 그러나 시기에 따라 X세대와 Y세대로 편입되어 불리는 것이 보통이다.

느슨한 세대/게으름뱅이 세대(slacker generations)

- 기업을 위해 헌신하며 일중독자들로 불린 베이비붐 세대와 비교하여, 일에 대해 좀 더 느슨한 생각과 태도를 갖고 있는 그 이후 세대에 붙여진 별명.

- 이 명칭은 애초에는 X세대를 일컫는 말이었으나, 회사 관리자들은 Y세대 역시 포함된다고 주저 없이 말한다. 포스트 베이비붐 세대들은 자신들이 윗세대만큼 일을 중요시하지 않는다는 점을 인정하며, 이 별명에 대해서도 그닥 불만스러워하지 않는다.

X세대

- 연구자에 따라 다양한 의견이 있지만, 이 책에서는 1965~76년에 태어난 세대를 X세대로 규정한다.

- X세대의 다른 이름은 '13번째 세대'다. 미국 독립 이후 13번째 세대이기도 하지만 여러 측면에서 정말로 운이 나쁜 세대이기 때문이다.

- 이들이 노동시장에 진입하기 시작하던 1980년대와 90년대에 북미경제는 두 번의 심각한 경제후퇴기를 겪었다. 상당수는 직업을 갖지 못한 채 한참을 보내야 했으며, 대기업에 취직한 사람들조차 선배들이 정리해고 되는 모습을 수없이 목격했다. 사회생활 초반부터 이미 '안정된 직장'이란 존재하지 않음을 알게 된 것이다. 그 결과 X세대는 경제현실에 대해 둔감하거나 무신경한 태도를 갖게 되었고, 이 때문에 냉소적인 세대로 평가받는다.

- X세대는 그 어느 세대보다도 많이 부모의 이혼을 경험했고, 대부분 맞벌이 가정에서 자랐다. 그 결과, X세대는 자신의 부모들과는 달리 아이들과 좀 더 많은 시간을 보내려 하며, 부모가 동시에 집을 비우는 일이 없도록 노력한다. 그래서 '가족 우선 세대(family-first generation)'라고 불리기도 한다.

- 오늘날 X세대는 미국 노동력의 27%를 차지한다. 장차 베이비부머들이 은퇴함에 따라 X세대는 승진 사다리를 타게 될 것이고, 자신들의 가치관에 따라 일터 문화를 좀 더 적극적으로 변화시킬 수 있게 될 것이다.

Y세대

- 이 책에서는 1977~99년에 태어난 세대를 일컫는다.

- '밀레니엄 세대(millennium generation)', '넷 세대(generation net)', '닷컴 세대' 등 이들을 부르는 명칭은 다양하다. 이들의 특성을 한마디로 요약하자면 '신기술에 해박하고 학력이 높으며 버릇없는 세대'라고 할 수 있다.

- Y세대는 마우스를 전화기만큼 친숙하게 다루고, DVD와 스마트폰과 아이팟을 두루 섭렵하는 집단이다. 그 결과 변화를 보다 쉽게 받아들이고 변화에 보다 쉽게 적응해 왔지만, 휴대전화와 문자메시지는 그들에게 기다리는 법을 가르쳐주지 못했다.

- Y세대는 베이비부머 부모들 덕분에 많은 것을 누리고 경험했다. 그 결과 앞선 두 세대보다 훨씬 더 자신감에 넘치고 낙관적인 태도를 지니게 되었다. 또한 Y세대는 대체로 경제상황이 좋은 시기에 자랐고, 대학을 갓 졸업한 Y세대는 취업에 별다른 어려움을 겪지 않았다.

- Y세대는 자신들의 다양한 욕망을 접고 회사생활에 전념하지 않을 것이다. 그들은 수없이 많은 취미활동과 봉사활동을 경험하며 자란 세대다. '자, 이제 다 정리하고 회사일에만 충실하자'라고 마음먹은 일은 없을 것이다.

- 그들이 사회를 주도할 연령에 도달하고 베이비부머를 대체하게 되면, 많은 기업들이 Y세대가 원하는 근무 스케줄과 기업문화를 채택할 수밖에 없을 것이다. 이로써 그들은 진정한 의미에서 '일과 여가의 양립'을 이루어내는 첫 세대가 될 것이다.

Z세대

- 2000년 이후에 태어난 아이들.

들어가는 글: 거대한 변화를 맞이할 준비가 되었는가?

"좀 부끄러운 얘긴데요……." 커피를 한 모금 들이켜고 주위를 조심스레 살피면서 케리가 말했다. 그녀와 나는 고급 여성전용 클럽에 단둘이 앉아 있었다. 오전 11시 30분이었다. "사람들은 잘 이해 못 할 거예요." 남편과 세 아이를 가진 40대 여성인 케리는 마치 오랫동안 숨겨온 비밀이라도 고백하려는 듯한 표정이었다. 사실 자기가 알코올중독자라거나, 혹은 아들의 축구 코치와 바람을 피우고 있는 중이라거나 하는 아주 사적인 비밀 같은 것 말이다. 하지만 그녀가 털어놓은 비밀은 '중년여성의 외도' 따위와는 완전히 다른 것이었다. "저는 시간이 아주 많답니다. 여가시간이 말이죠." 케리가 속삭였다. "이런 생활을 시작하게 된 것은, 뭐랄까…… '유럽식 라이프스타일'을 살고 싶다는 강렬한 욕망에서였죠. 사실 유럽식 라이프스타일이 정확히 어떤 것인지도 몰라요. 하지만, 어쨌든 전 그걸 누리게 되었어요. 제게는 지금 멋진 직업이 있고, 동시에 시간도 많아요. 예전처럼 시간에 꽁꽁 묶여 살지는 않는답니다."

그녀가 말한 '이런 생활'이란 잘나가던 회사생활을 접고 프리랜서로 일하기로 결심한 것을 말한다. 이러한 자신의 결정에 그녀는 부끄러움을 느낀다. 하지만 케리 이야기를 끝까지 듣고 나면 사람들은 모종의 신선한 충격에 휩싸일 것이고, 그녀를 용서할 수 있을 것이다. '시간에 쫓기는 삶'이 높은 지위의 상징으로 여겨지는 이 세상에서 조금 덜 노동하는 삶을 선택했다는 것은 아무에게나 쉽게 털어놓을 자랑이 아닌 것은 분명하다. 시간예속time crunch은 우리의 삶을, 우리의 경제를 움직이는 엔진이다. 그러한 삶에서 자발적으로 벗어나는 행위는 주변의 눈총을 피하기 어렵다.

케리는 과거에 자신이 살았던 시간예속의 삶과 지금의 삶은 소름이 돋을 정도로 큰 차이가 있다고 말한다. MBA를 취득하고 모 금융기관에서 20여 년 동안 일을 해오던 케리는 고위 컨설턴트로 거침없이 승승장구하던 시기에 직장을 그만두었다. 당시 케리의 아이들은 십대로 접어들고 있었고, 아이들은 직장이 케리를 필요로 한 것보다 훨씬 더 케리를 필요로 했다. 직장을 그만두고 얼마 지나지 않은 어느 날, 케리는 문득 '사무실 바깥 세상에 완전히 다른 삶이 진행되고 있다'는 것을 깨달았다.

"어느 날 오후였어요. 거실에 앉아 창밖을 내다보고 있었죠." 케리는 창밖으로 보이는 마을 풍경이 고층 빌딩숲 한가운데에 있는 은행 사무실 밖으로 보이는 풍경과 얼마나 다른지를 깨닫고는 놀라움을 금할 수 없었다. "그러자 너무나 이상한 기분이 들었어요. 이제는 더 이상 오전 9시부터, 아니 사실상 오전 8시부터 온종일 사무실이나 회의실에 있지 않아도 된다는 그 느낌이 말이죠." 프리랜서로서도 성공을 거둔 그녀는 과거 직장생활을 할 때와 맞먹는 소득을 올리고 있다. 그러나 시간에 예속된 생활은 더 이상 하지 않는다.

"지금 이 상태가 너무 좋아요. 뭐라고 표현하기가 좀 어렵지만…… 전 앞으로 두 번 다시 예전처럼 시간에 끌려다니며 일하지는 않을 생각이에요. 글쎄…… 모르죠. 뭔가가 잘못되어 가족들이 길거리에 나앉게 되거나 하는 극단적인 상황이 온다면 그럴 수도 있겠죠. 하지만 지금 이 느낌, 이 강렬한 느낌은 시간에 쫓기는 회사생활을 하는 친구들에게는 도저히 설명할 수가 없어요."

오랫동안 우리는 시간예속의 경제에서 살아왔다. 어디를 둘러보아도 이것을 쉽게 느낄 수 있다. 장거리 출퇴근을 하는 직장인들은 동이 트기도 전에 집을 나서야 한다. 집에서 여유롭게 커피 한잔 즐기고 나올 사정이 못 된다. 자동차 제조업체들은 커피가 담긴 머그잔을 위해 특수 제작된 컵홀더를 운전석 옆에 붙박이로 만들어 내보낸다. 직장인들은 휴식시간에도 휴식을 취할 수 없다. 아이들을 학교에서 집으로, 혹은 방과 후 축구교실로 실어 날라야 하기 때문이다. 치과에 가려면 아침 7시, 혹은 저녁 7시에나 예약해야 한다. 패스트푸드, 냉동식품, 식당음식 등이 직접 음식 만들기를 대체한 지는 이미 오래다. 시간이 없어 식사를 걸러야 할 때도 드물지 않다. 규칙적으로 헬스클럽에 갈 수 있는 사람이 없는 건 아니지만, 대부분의 경우 작년에 사다놓은 러닝머신은 그저 거실 옷걸이로 사용될 뿐이다. 수백만 명의 사람들이 "내가 얼마나 바쁜지 넌 아마 상상도 못 할 거야"라고 입버릇처럼 말한다. 보통 이 말에는 분노와 자부심이 뒤섞여 있다.

그렇다고 시간예속 경제가 모두 부정적인 것만은 아니다. 시간예속 경제는 지난 수십 년 동안 참으로 많은 사람들을 경제활동으로 끌어들였고, 그들로 하여금 점점 더 긴 시간 노동을 하게 했다. 이것은 경제의 활성화에 크게 기여했다. 또한 시간예속 경제는 컵홀더를 비롯하여 스트레스 해소를 위한 세 시간짜리 스파 상품권(그리하여 여행에 대한 욕망을 잊도록 하기 위한) 등에 이르기까지 수많은 시간절약 상품들을 만들어냈다. 집에서 식사하는 것이 더 좋은가, 외식이 더 좋은가는 사람마다 이견이 있겠지만, 아무튼 대다수 사람들은 부엌에서 시간을 덜 보낼 수 있는 건 좋은 일이라고 생각한다.

하지만 무엇이 더 좋고 싫고를 떠나서 만일 점점 더 많은 사람들이 케리처럼 살고 싶어하면 어떻게 될까? **만일 아주 많은 사람들에게 어느 날 갑자기 시간이 남아돈다면 어떻게 될까? 만일 보다 많은 사람들이 좀 더 많은 시간적 여유를 갖고 싶어하면 어떻게 될까? 만일 사람들이 어떤 상품을 구입할 때 '시간 절약'이 아니라(예컨대 일처리를 빠르게 만들어주는 기계가 아니라) '가치 있는 시간 소비'를 기준으로 삼는다면 어떻게 될까?** 그 결과는 가히 혁명적일 것이다. 그러한 소비자들은 우리 사회에 '레저경제', 즉 여가의 경제가 도래하도록 추동할 것이다. 그리고 레저경제는 직장인들을 비롯하여 주식투자자들, 사업가들, 정부 관계자들 모두에게 엄청난 영향을 미치게 될 것이다.

사실, 레저경제는 이미 진행 중이다. 그리고 그것은 앞으로 20, 30

여 년 동안 더욱더 가속적으로 진행될 것이다. 만일 당신이 시대를 앞서 가고자 한다면, 왜 레저경제가 발생하고 있는지, 그 효과가 무엇인지를 이해해야 한다. 시간예속의 경제에 깊이 매몰되어 있는 한, 장차 이 사회를 지배할 커다란 경제적 변화를 놓쳐버리게 될 것이다.

이 책이 제시하는 여러 전제들은 그동안 내가 많은 고객과 청중들에게 줄곧 이야기해 온 내용들이다. 나의 고객과 청중들 중 상당수는 레저 관련산업에 종사하는 사람들이다. 어느 날 대형 골프장 경영자들을 대상으로 강연을 준비하면서 나는 한 가지 중요한 사실을 깨달았다. 대부분의 사람들은 너무나 시간에 쫓기는 나머지 마음 편히, 그리고 충분히 골프를 즐길 시간이 없다는 사실 말이다. 그리하여 골프장을 찾는 많은 사람들이 18홀이 아닌 9홀을 치고 간다. 따라서 골프장 경영자들은 주로 9홀 고객들에 맞추어 골프장을 운영하고 있다. 나는 어떤 사람들이 골프장의 주요 고객층인가를 살펴보았다. 50대 이후의 연령층이 압도적으로 많았다. 인구학적 전망을 고려하여 계산해 보니, 몇 년 지나지 않아 이들은 18홀 풀코스를 다 도는 것은 물론, 골프가 끝난 후에도 경기장에 남아 좀 더 시간을 보내고자 할 것이라는 점을 예상할 수 있었다. 골프장 경영자들은 이러한 고객층의 수요 전망을 고려하여 사업을 조정해야 할 것이다. 계속해서 시간예속 경제에 맞추어 골프장을 운영할 경우, 향후의 수요 변화에 제대로 대처하지 못할 것이 뻔하다.

물론, 레저경제는 단지 인구학적 변화에 의해서만 전개되는 것은 아니다. 인구학적 변화가 경제에 커다란 변화를 야기하고 있다는 사실은 이미 널리 알려져 있다. 중요한 것은 점점 더 많은 사람들이 보다 많은 시간적 여유를 누리고 싶어한다는 사실이다. 이는 반드시 골프를 치고 싶어서만은 아니다. 이들은 일터가 아닌 곳에서 더 많은 시간을 보내고 싶어한다. 많은 직장인들은 꽉 막힌 도로에서 매일 시간을 허비하느니 차라리 집에서 일하고 싶어한다. 일하는 부모들은 자녀들과 좀 더 많은 시간을 보낼 수 있는 탄력적인 근무시간을 원한다. 나이를 막론하고 모든 직장인들은 1년에 2주가 아닌, 6개월 정도의 휴가를 갖고 싶어한다. 교외 방갈로에서 2박 3일의 짧은 휴가를 갖는 대신, 몇 달에 걸쳐 여유롭게 아시아 전역을 여행하고 싶어한다. 이들 중 많은 사람들은 그러한 삶을 살 수 있다면 소득이 줄어드는 것도 감수할 각오가 되어 있다.

레저경제가 이미 시작되고 있다는 사실을 목도하면서, 나는 이것이 연령, 즉 세대적 변수와 긴밀한 관련이 있음을 깨달았다. 레저경제를 창조한 것은 베이비붐 세대다. 보다 엄격히 말하자면, 베이비붐 세대는 '강제로' 레저경제에 편입되었다. 베이비붐 세대에 속한 이들 중 많은 사람들은 죽을 때까지 일하기를 소망한다. 그러나 그들은 언젠가는 직장을 떠나야 할 순간이 온다는 것, 그리하여 다른 형태의 삶을 살아가야 할 것이라는 점을 잘 안다. 퇴근 후의 여가시간을 만족스럽게 만끽하며 살아온 사람들에게조차도 자신의 일상 전체가 시간예속으로부터 풀려난 새로운 생활은 심한 충격으로 다가올 것이다. 베이비붐 세대 구성원들은 머지않아 아주 많은 시간을 갖게 될 것이다.

포스트 베이비붐 세대(베이비붐 이후 세대)들은 '베이비붐 세대처럼 살아가지 않기를' 간절히 원한다. 10대에서 30대에 이르는 사람들의 경우 특히 그러하다. 이들은 여러 가지 흥미로운 일들로 점철된 삶을 살고자 한다. 그들의 관심은 노동에서 가족으로, 자원봉사 활동으로, 각종 취미로 무게 중심이 옮겨 가고 있다. 놀라운 일은 아니다. 그들이 누구인가. 그들의 부모는 그들을 방과 후 축구교실이나 발레학원에 보내며 키웠다. 미술관에도 데리고 다녔고, 피아노 학원에도 보냈다. 그 외에도 셀 수 없이 많은 취미, 혹은 여가활동을 누리고 즐기도록 부추겨진 세대가 아닌가. 그들 중 많은 이들은 모든 흥미를 뒤로 한 채 일중독자처럼 시간에 매여 사는 베이비붐 세대를 삶의 모델로 받아들이기를 거부한다. 물론 젊음이라는 순진함이 그들을 지배하기 때문일 수도 있다. 학비 융자금이며 주택 대출금을 갚아야 하는 냉엄한 현실 앞에서 그들의 욕망을 접어야 할 때가 올지도 모른다. 그럼에도 분명 이 세대들은 베이비붐 세대와는 다르다. 포스트 베이비붐 세대는 그들만의 유리한 협상 지위를 지니고 있다. 베이비부머들(baby boomers, 베이비붐 세대에 속한 사람들)이 노동시장에서 빠져나가면 어쨌든 새로운 노동력이 필요하다. 포스트 베이비붐 세대만이 그 대안이다. 이것이 그들의 협상력이자 권력이다. 만일 포스트 베이비부머들이 '더 많은 돈' 보다는 '더 많은 여가'를 얻기 위해 그 권력을 사용하면 어찌 될 것인가?

나는 사람들을 만날 때마다 두 가지 질문을 던졌다. 첫째, 원하든 원치 않든 사람들이 더 많은 시간을 갖게 된다면 어떠한 상황이 발생할 것인가? 둘째, 사람들이 더 많은 시간을 원한다면 어떠한 상황이 발생할 것인가? 나는 고급 클럽 경영자들의 모임에서도 이 두 질문을 던져보았다. 그들 역시 골프장 경영자들과 유사한 경영상의 어려움, 즉 시간예속 경제 하에서 레저산업의 어려움을 호소하고 있었다. 나는 우선 인구 고령화에 대해 언급했다. 그리고 질문했다. 만일 포스트 베이비붐 세대가 가족과 좀 더 많은 시간을 보내기로 작정한다면 어떻게 될까? 현재의 클럽들이 그러한 세대에 어필할 방법을 찾아낼 수 있을까? 향후 10년간의 정부 인력관리 전략을 입안하고 있는 공무원들에게도 같은 질문을 던졌다. 공무원들도 인구 고령화가 진행 중이라는 것, 그리고 이에 대해 정부 차원의 대책이 마련되어야 한다는 것을 잘 알고 있었다. 그러나 그들이 한 번도 생각해 보지 못했던 것은 여가에 대한 젊은 세대들의 관점과 태도가 그 윗세대와는 상이하다는 점이다. X세대가 좀 더 가족 지향적인 태도를 지니고 있는 것이 사실이라면, 그들에게 좀 더 많은 급여를 지불하면서 베이비붐 세대가 물러난 자리를 메워달라고 하는 것이 효과가 있을까? X세대는 돈이 아니라 시간을 원한다. 그들은 여유시간을 더 많이 주는 회사에 가고자 한다. 나는 소매업자들에게도 같은 질문을 했다. 슈퍼마켓 경영자들에게 강연을 하면서 이렇게 물었다. "사람들이 서둘러 물건을 산 뒤 가게를 빠져나가려 하기보다는 좀 더 오래 남아 어슬렁거리려 한다면 어떻게 하시겠습니까? 사람들이 편한 마음으로 좀 더 머물 수

있도록 적절한 서비스를 제공하시겠습니까?"

　이러한 질문들은 단순하지만 파격적이다. 지난 수십 년 동안 우리는 점점 더 시간에 쫓기는 삶을 받아들여 왔기 때문이다. 우리의 경제는 그 속에서 성장했다. 레저경제가 우리의 코앞에 다가와 있다는 사실을 선뜻 파악하기란 쉽지 않다. 하지만 그래야 한다. 아주 중요한 문제이기 때문이다. 만일 당신이 인스턴트 제품을 만드는 사업을 하고 있다면, 품질보다는 속도가 생명인 시장을 대상으로 사업을 하고 있다면, 이제부터는 시간에 구애받지 않는 소비자들이 무엇을 원하는가에 대해 심각하게 생각해 보아야 한다. 당신이 주식투자자라면, 당신이 투자하는 기업이 종래의 시간예속 경제에 입각한 사업을 하고 있는지, 아니면 레저경제를 내다보는 사업을 하고 있는지 면밀히 검토해야 한다. 만일 당신이 "근로자들이 여가를 더 원하면 어쩌지?" 같은 질문을 한 번도 떠올려본 적이 없거나, 설령 떠올려보았다 하더라도 "일어나지도 않을 일인데 무슨 상관이람" 하며 코웃음 치는 관리자라면, 당신은 베이비붐 세대 관리자임에 틀림없다. 당신은 다음 세대의 근로자들이 무엇을 원하는가를 새롭게 이해해야 한다. 앞으로 수십 년 동안 커다란 변화가 닥칠 것이다. 이러한 변화에 최선을 다해 적응할 자세가 되어 있을 때에야 당신은 승자가 될 것이다.

　레저경제에 대해서 이야기할 때 명심해야 할 중요한 점이 몇 가지 있다.

　첫째, 모든 사람이 레저경제에 편입되지는 않을 것이라는 점이다. 따지고 보면, 모든 사람이 시간예속 경제에 편입되어 살아온 것도 아니지 않은가. '가진 것이라고는 시간밖에 없는' 퇴직자들은 언제나 있어왔다. 일을 안 해도 먹고살 수 있는 사람들, 돈이 많아서 각종 여가 서비스를 누릴 수 있는 사람들도 역사적으로 늘 존재해 왔다. 그러나 시간예속 경제는 다르다. 1970년대 이후, 엄청난 수의 베이비부머들이 시간예속 경제에 편입되어 왔고, 그리하여 경제 전반에 엄청난 영향을 미쳐왔다. 따라서 이들 베이비부머가 은퇴하면서 도래하게 될 레저경제의 영향 또한 엄청날 것이다. 또한 레저경제의 힘은 베이비붐 세대가 차지하는 인구비율에 국한되지 않는다. 레저경제를 지향하며 그것을 향해 삶의 변화를 시도하는 사람들의 수가 전 세대에 걸쳐 크게 증가하고 있다는 사실도 염두에 두어야 한다.

둘째, 레저경제는 평등한 소득 분포를 낳지 않을 것이다. 그리고 이 점은 분명 여러 문제를 야기하게 될 것이다. 현재 북미사회에는 매우 큰 소득 격차가 존재한다. 그리고 이 격차는 지난 10여 년 동안 더욱 벌어져 왔다. 월소득이나 연소득뿐 아니라, 총자산 면에서의 격차도 증대되어 왔다. 특히 베이비붐 세대 내의 빈부 격차는 매우 심각하다. 일부 베이비부머들은 자신이 원하는 시기에 마음 놓고 은퇴할 수 있을 것이다. 조금 이른 나이건, 좀 더 늦은 나이건 상관없이 말이다. 원하기만 하면, 그들은 레저경제를 만끽할 수 있을 것이다. 네팔로 트레킹을 떠날 수도, 수천 달러짜리 모형 기차놀이 세트를 구입해 시간을 보낼 수도 있을 것이다. 취미 삼아 약간의 노동을 할 수도, 혹은 아무 일도 하지 않을 수도 있다. 하지만 자신이 원하는 것보다 훨씬 더 오

랫동안 노동시장에 남아 일해야 하는 베이비부머들도 있을 것이다. 그리고 이들이 마침내 은퇴할 무렵이면, 훨씬 더 저렴하고 소박한 레저경제가 선보이게 될 것이다.

소득과 부의 격차는 포스트 베이비붐 세대들 내에서도 물론 존재하게 될 것이다. Y세대는 프리랜서로 일하고자 하는 성향이 강하며, 자녀들을 키우는 동안에는 아예 노동시장을 떠나려 하기도 한다. 하지만 X세대와 Y세대 중 상당수는 학자금 융자를 갚아야 하는 부담을 안고 있다. 또한 단숨에 경제적 성공을 거둘 만한 기술을 갖고 있지 않은 경우도 많다. 어쩌면 이들에게는 레저경제가 농담처럼 여겨질지도 모른다. 그러나 부모 덕분에 학자금 융자를 갚지 않아도 되는, 혹은 운 좋게 전망이 밝은 커리어를 가진 X세대와 Y세대는 '베이비붐 세대들처럼 살지 않으려는' 욕구를 현실화할 수 있을 것이다. 어느 경우든, 레저경제는 과도기 세대, 더 나아가 세대를 불문하고 모든 이들이 부러워하는 삶이 될 가능성이 높다.

레저경제로 옮겨 가는 와중에도 많은 사람들은 예전과 다름없이 시간에 예속되어 있다고 느낀다. 여전히 시간예속 경제 시스템에 속해 있는 사람들은 당연히 그렇게 느낄 것이다. 그러나 시간예속 경제에서 벗어나 있는 사람들도 그렇게 느끼는 경우가 많다. 많은 퇴직자들은 자신들이 어떻게 그토록 오랫동안 직장생활을 할 수 있었는지 모르겠다고 말한다. 은퇴 후에는 시간이 넘쳐날 줄 알았지만, 어쩐 일인지 아주 바쁘다. 우표 한 장 사러 가는 일도 너무나 오랜 시간이 걸린다. 예전에는 퇴근 후 집에 돌아오며 처리한 10여 가지의 자잘한 개인적 볼일들 중 하나였던 일이 이제는 독립적인, 큰 일거리가 되었기 때문이다.

무엇보다도 중요한 것은 시간에 예속되어 살던 우리의 버릇은 좀처럼 쉽게 사라지지 않으리라는 점이다. 특히 베이비붐 세대는 시간에 쫓기는 삶에 너무나 익숙하다. 따라서 모든 가용시간을 빡빡한 스케줄로 채우려 할지 모른다. 독서모임에 가고, 검도학원에 다니고, 개인 블로그를 만들고 하는 일 따위 말이다. 그들 중 상당수는 퇴직 후의 삶도 퇴직 전의 삶과 마찬가지로 분주하고 시간에 쫓긴다고 말할 것이다. 하지만 레저경제의 핵심은 이들 베이비부머들이 그 모든 일들을 계속해서, 혹은 더욱더 많이 하게 될 것이라는 점에 있다.

어쩌면 우리는 시간예속 경제의 일종으로서 레저경제를 맞게 되는 것일지도 모른다. 그러나 그 시간예속 경제는 과거의 그것과는 사뭇 다른 종류다. 베이비붐 세대가 일단 레저경제를 맛보게 되면 아마도 그들은 레저경제를 록음악, 나팔바지, 그리고 일중독문화에 이어 자신들의 또 다른 역사적 업적으로 만들고자 할 것이다. 그리고 포스트 베이비붐 세대들은 시간예속 경제에 최종 마침표를 찍고자 할 것이다. '미래'라는 자동차를 운전하는 사람들은 바로 이들 젊은 세대가 아니겠는가. 만일 이들이 시간예속 경제에서 조금이라도 벗어나는 데 성공한다면, 그 결과는 가히 극적일 것이다.

'유럽식 라이프스타일'을 영위하면서도 그것을 부끄러워하던 케리를 생각해 보자. '게으름뱅이'로 낙인찍힐까 두려워서 그녀는 시간에

쫓기지 않는 자신의 삶을 남들에게 드러내기를 꺼렸다. 사실 케리는 시대를 앞서 간 사람이다. **지금으로부터 약 10년쯤 지나면, 온 일상이 빡빡한 스케줄로 가득 차 있는 사람이야말로 시대에 뒤떨어진 낙오자로 여겨질지도 모른다.** 그러한 변화가 지금 일어나고 있다. 그 변화가 자리를 잡아가게 되면서, 안개 속에 있던 모든 것들이 변화하게 될 것이다.

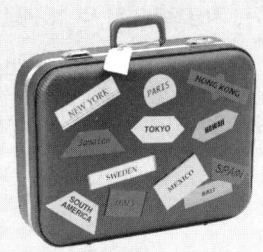

여가시간이란 고용, 학업, 사업, 가사노동 등과 같은 의무적인 활동을 하며 보내지 않는 시간을 뜻한다. 그러나 여가시간과 비여가시간을 엄격히 구분할 수 없다. 그럼에도 불구하고 실제로의 정의는 시간과 여가에 대한 오늘날의 특징을 잘 포착하고 있다. Wikipedia의 정의에 따르면, 여가leisure라는 단어의 어원은 라틴어의 licere로서, "자유로운 상태", 즉은 "허락되다" 최근의 여가부족 현상은 예전 같으면 "자유로웠던" 시간에 의무적 활동들을 끼어 넣은 것이다. 이 점은 아이를 키우는 부모들의 경우에 아주 분명하게 드러난다. 부모 모두 직장을 가지고 있으며 학원에 챙겨 운영하고 있는 켈리Kelly는 이렇게 말한다. "전업주부라 해도 결코 집에 머물러 있는 적이 없어요. 그들에게는 자신들이 지향을 갖지 않은 것을 설명하려고 노력하느라 너무 숨 쉬어야해요. 한 그러면 당신 조만간 지쳐 쓰러질 것 같군요. 라니까." 개개인의 삶이 너무나 많은 활동으로 꽉 차버린 나머지, 아주 어린 아이들조차도 일과표의 거의 모든 칸이 빠져 있어 오랜만드는 부모들이 자신의 아이들에게 너무 많은 경험을 해보도록 애쓰는 탓에 부모와 아이들 모두 심하게 지쳐있다고 지적했다. 대전에는 전업주부가 자기 아이를 하루가 치고 갈라주기 지도를 한다. 한 살 이하의 아이를 가진 엄마들이 오가날 수 있는 그녀 이유 있는 일은 "유아 올림픽교 같은데 가서 다른 엄마들과 나란히 앉아있는 정도일 것이며, 이 고 부모들은 아이들을 그 교실 밖에 같이 않아있어야 한다. 아이들을 수영이나 스케이트, 또는 악기를 배우는 것은 여러 가지 측면에서 긍정적이고 좋은 일이다. 그러나 부모들이 잠한다. "정말 미친 짓 같아요." 다섯 살과 세 살 된 아이 들을 키우는 직장여성인 켈리는다"는 말한다. "저 김미 아이들 스케줄을 줄였어요. 프 한아이에게 알렉택, 재즈댄스나 발레 중 하나 속한 많은 부모들이 하는 대로 자고도 하고 싶었던 것이다. 고소득 전문지에 종사하고, 고급 주택가에 살며, 평번한 사치는 어려이 할께 누릴 수 있는그런 부류의 부모들처럼 말이다. 그러나, 아이들이 어린 시절에 되도록 다양한 활동을 경험해보기를 바란다. 좀 더 커다면 다음에 그중 몇 가지를 장리하게 되다라고 말이다. 컴리는 아이들에게 수영과 축구만 경우 하는 것만은 아니다. 컴리는 좋은 부모가 되려면 월 5,000의 회율을 지불해 한다고 생각한다. 그러나 자신이 직접이 바로 시간이라는 것을 안다. 왜우리 가전 등 가 좋은 것이겠는 너무 분주한 가정의 아이들은 스트레스, 우울증, 낮은 자존감 등에 시달릴 확률이 훨씬 높다는 경고를 웹사이트에 게재한다. 일주일에 최소한 네 번 말이 너 법 편의 기적들이 함께 식사 를 준가정이 얼마나 적은 그들이 필요로 하는 서비스 시장이 그만큼 크다는 것을 의미할 뿐만 아이라. 시간여유 분제가 지금 우리 사회의 중요한 이슈라는데 이외를 제기할 사람은 며칠, 또는 몇 주의 시간 있어리라 (몹은 아이들 돌보는 일이라든가 이다 가사노동을 휴가 동안에도 수행되어져 있지만, 매일, 또는 매주 규칙적으로 "하룻" 시간을 갖는 일은 다음 어렵다)

··· Part I
시간예속 경제의 건설자들

THE LEISURE ECONOMY

제1장

… 일과표에 묶인 나날

> 마침내, 매일매일 당신 가정에서 벌어지는 대혼란을 막아줄 완벽한 캘린더가 등장했습니다! 이 캘린더는 메모할 공간이 넓어서 아이들의 학교 일정, 방과 후 학원 일정, 카풀 일정, 가족 모두의 휴가 일정 따위를 빠짐없이 기록할 수 있습니다. 각각의 날짜마다 오전, 오후, 저녁 시간으로 구분되어 있을 뿐만 아니라……
>
> – 아마존 닷컴의 2004/2005 가정용 달력 광고 중에서

"아이가 셋이에요. 세 아이의 방과 후 활동 스케줄이 다 다르죠. 아이들 방과 후 일정은…… 월요일엔 축구교실과 야구교실이, 토요일엔 수영과 음악 레슨이 겹쳐요. 다른 날에는 이렇게 겹치지는 않죠. 그런데 우리 부부는 둘 다 풀타임으로 일을 하고 있거든요. 이론적으로 치자면, 저녁 6시 반이면 우리 모두 집에 돌아와 저녁식탁에 앉아 있을 수 있죠. 하지만 직장 생활이라는 게 그렇지 않잖아요. 남편도 그렇고 저도 그렇고, 일주일에 한두 번씩은 야근을 하게 되고, 또 일주일에 한두 번씩은 길이 밀려 귀가시간이 늦어지게 마련이죠. 게다가 저는 아이들 학교에서 수없이 많은 자원봉사 활동을 맡고 있답니다. 일종의 죄책감 때문이기도 하죠. 다른 엄마들처럼 아이

들을 매일매일 학교에 데려다주지 못한다는 죄책감이요. 주일학교에서도 자원봉사를 하고 있어요. 얼마 전 우리 부부는 아이들과 함께 교회에 다니기로 결정했거든요. 그런데 그냥 예배만 보고 올 수 있는 상황이 아니더라고요. 교회활동에 어느 정도 참여하지 않으면 안 되는 분위기여서……."

컴퓨터 회사의 기술영업부장으로 일하며 세 아이를 키우고 있는 39세의 앨리(이 책에 등장하는 사람들의 이름은 모두 가명이다.)는 숨 한 번 돌리지 않고 자신의 일과를 묘사했다. "여가시간이요? 없죠, 절대로. 적어도 제게는 절대로 없어요. 하루하루가, 매 순간이 일과 스트레스로 가득 차 있어요." 앨리는 냉장고 문을 가리켰다. 가족사진이며 아이들이 그린 그림이며 음식점 전단지가 여기저기 붙어 있는 공간 한 가운데에 가족 일과표가 있었다. 그것은 은행에 가면 무료로 나눠주던 옛날식 달력형 일과표, 즉 날짜마다 약간의 여백이 있어 '우윳값 납부일' 정도나 메모할 수 있던 구식 일과표가 아니었다. 앨리의 일과표는 진지하고도 오랜 연구를 거쳐 만들어냈음직한, 컴퓨터공학 전공과도 썩 잘 어울리는 매우 세련되고 잘 조직된 일과표였다. 커다란 사진 밑에 조그마하게 달려 있던 그녀 어머니 세대의 달력형 일과표는 사라졌다. 그 대신, 앨리의 일과표는 하루가 오전 · 오후 · 저녁 세 부분으로 나뉘어 있었고, 각 부분은 다시 다섯 개의 작은 칸들로 구분되어 있었다. 가족 한 명당 한 칸이 배정된 것이다.

가족 개개인의 하루 스케줄을 좀 더 알아보기 쉽게 표시하기 위해 앨리는 여러 가지 색의 펜을 사용했다. 예컨대 빨간색은 병원 예약시

간, 파란색은 방과 후 활동, 초록색은 축구부 연습, 검은색은 기타 개인적 용무들을 나타냈다. 하지만 그렇게까지 했어도 아주 자세하게 들여다보지 않으면 일정과 일정이 쉽게 구분되지 않았다. 그 일과표는 만화경과 다름없었다. 오늘날의 전형적인 한 가족의 일상이, 그야말로 만화경 같은 매일의 삶이 각양각색으로 묘사되어 있는 것이다.

앨리의 냉장고는 결코 예외적인 경우가 아니다. '엄마의 가족 일과표', '15개월간 사용 가능한 초특급 가족생활 일과 조직표' 등등의 문구를 내건 달력형 일과표들은 어느 문구점에서나 구입할 수 있다. 이 모든 일과표들은 수많은 사각형 칸들로 나뉘어 있다.(어떤 일과표들은 각종 스티커를 동봉하고 있다. 예컨대 바캉스 일정을 위한 '비행기 스티커', 아이들 축구연습 일정을 위한 '축구공 스티커' 등이 그것이다.) 이러한 일과표들이 북미사회 거의 모든 가정의 냉장고 문앞에 붙어 있다. 문구점에서 팔리는 인기상품 중 하나다. 실제로 앨리네와 같은 가정들에서는 새해를 전후하여 이러한 달력형 일과표를 구입하는 것이 아주 중요한 행사다. 시간예속 사회에서는 이렇듯 세련되고 잘 구획된 일과표가 필수품목이다.

시간예속 사회는 바로 우리 자신이다. 어떤 통계들에 따르면, 오늘날의 북미인들은 과거 그 어느 때보다도 많은 여가시간을 누린다고 한다. 소스만 뿌려서 먹을 수 있도록 만들어 파는 샐러드, 은행에 가지 않고 인터넷으로 지불 가능한 공과금 등등, 사람들의 시간을 절약해 주는 비즈니스들이 지난 20여 년 동안 비약적으로 팽창했기 때문이라는 것이다. 그러나 통계는 거짓말을 잘하는 법이다. '시간절약 비즈니스'가 이렇게 팽창할 수 있었던 것은 '시간 부족'이 그만큼 지속적으로 재생산되었기 때문이다. 더러는 예외도 있겠지만, 우리 대부분은 시간에 예속되어 사는 것이 사실이다. 시간절약 비즈니스들이 그러한 사람들의 수요에 효과적으로 부응해 왔다는 것 역시 부인할 수 없다. '시간 부족' 그 자체가 지금의 북미 경제, 인구학, 그리고 소득 성장을 이끈 중요한 동력으로 작용해 온 것이다.

이러한 증거에도 불구하고, 우리가 실제로 시간에 예속되어 있는 것인지, 아니면 그저 유행에 따라 시간에 예속된 척하는 것인지에 대한 논쟁은 계속되고 있다. 사실, 두 입장 모두 얼마간의 진실을 담고 있다. 우리는 시간에 예속되어 있다. 그리고 참으로 이상하게도, 시간예속이 '지위의 상징'으로 간주되는 경향이 있다. 시간예속은 주로 부자들이 겪는 문제다. '여가'가 가장 희귀한 자원이 된 이들 부자들을 대상으로 하는 시간절약 비즈니스가 성업을 누려온 이유가 바로 여기에 있다.

'여가'에 대한 엇갈린 정의 :

시간에 예속되어 있다는 것은 여가시간이 부족하다는 뜻이다. 앨리처럼 우리의 일상은 너무 여러 가지 스케줄로 가득 차 있기 때문에 휴식을 위한 활동을 할 시간이 남아 있지 않다. 그러나 여기에 혼란스러운 점이 한 가지 있다. 우리를 시간에 쫓기게 만

드는 그 여러 가지 스케줄 중에 여가활동과 관련된 스케줄도 상당수 있다는 사실이다. 따라서 우리가 얼마나 시간에 예속되어 있는가를 이해하기 위해서는 '여가' 란 과연 무엇인가에 대한 개념 정의부터 시작해야 한다. 우리가 충분한 여가생활을 누리고 있지 못하다는 인식이 광범위하게 퍼져 있음에도, 모두가 동의할 만한 '여가' 에 대한 정의는 존재하지 않는다.

경제학자들은 여가를 '노동시장에서의 노동과 반대되는 것' 정도로 규정한다. 노동시장 외부에서의 행위, 즉 소득을 발생시키지 않는 모든 행위를 여가에 포함시키는 것이다. 경제학적 분석에서는 직업을 가질 것인가 말 것인가에 대한 결정은 곧 노동을 할 것인가 여가를 취할 것인가의 결정으로 풀이되는 경우가 많다. 이러한 기준에 따르면, 노동시장에 참여하지 않기로 결정한 사람은 여가를 선택한 것으로 간주된다. 그 사람이 텔레비전을 보면서 소일을 하든, 의학공부를 하면서 시간을 보내든 상관이 없다.

실제로 우리가 느끼는 '여가 부족' 은 우리가 노동시장에서 너무 많은 시간을 보내는 데서 비롯되는 것이 사실이다. 대부분의 산업사회에서와 마찬가지로, 북미사회에서도 소득을 위한 노동에 종사하는 사람들의 비율은 제2차 세계대전이 끝난 이후 지속적으로 증가해 왔다. 1960년에는 미국인의 59%, 캐나다인의 54%가 노동시장에 참여한 반면, 2006년에는 미국인의 66%, 캐나다인의 67%가 노동시장에 참여하고 있다. 부부가 모두 직장에 다니는 비율도 크게 늘었다. 그것이 나쁘다는 의미는 아니다. 단지 스트레스를 받는 사람들이 그만큼 증가했다는 뜻이다. 그런데 노동시장에 참여하는 사람들의 비율은 증가한 반면, 1인당 근로시간은 오히려 과거에 비해 줄었다는 통계도 있다. 기존에 사용되어 온 기준으로 측정할 경우, 주당 평균 근로시간은 과거 몇십 년 동안 꾸준히 줄어들어 왔다. 미국 노동부 통계에 따르면, 1970년의 주당 평균 근로시간은 37시간이었지만 2006년에는 33.9시간으로 줄었다.(미국 노동부, 고용·근로시간·소득 조사에서 도출된 생산직 근로자들의 주당 평균 근로시간)

그러나 정부 통계는 근로시간과 여가시간을 정확하게 측정하지 못한다. '노동 대 여가'에 대해 매우 뚜렷하고도 날카로운 관점을 제시한 줄리엣 쇼어Juliet B. Schor의 저서 『과로에 지친 미국인들 The Overworked Americans』은 1992년에 출간되었다. 극심한 경기후퇴로 기업과 소비자 모두의 불안감이 깊어가던 당시에, 쇼어는 미국인들의 근로시간이 지난 1960년대 이후 줄곧 증가되어 왔다고 주장했다. 미국인들이 20여 년 전과 비교하여 1년에 무려 한 달을 더 일한다는 것이었다. 그녀의 이 주장은 많은 미국인들을 충격에 빠뜨렸다. 쇼어의 계산에 따르면, 1969년 근로자 1인당 주당 평균 근로시간은 39.8시간이었다. 반면, 1987년(쇼어가 사용한 통계치의 마지막 연도)의 근로자 1인당 주당 평균 근로시간은 40.7시간으로 늘었다. 주 단위로 계산하면 **1969년에는 1년에 43.9주를 일한 반면, 1987년에는 47.1주를 일했다. 이것을 월로 환산하면 20년 전보다 약 한 달을 더 일한 셈이 된다.**

쇼어의 주장에 대해서는 지금도 논쟁이 계속되고 있다. 쇼어는 정부 자료에 근거한 통계를 사용하지 않고 스스로 새로운 통계모델을

만들었다. 정부 데이터는 부분적으로만 응용했고, 다양한 수치 조정을 가했다.(쇼어는 근로시간 산출을 위해 '미국 국민소득 및 생산 통계'의 데이터를 사용했으며, 1인당 통계를 내기 위해 16세 이상의 전 인구로 나누었다. 그 수치는 전체 근로인구에서 자가고용 인구를 제외함으로써 다시 줄어들었다.) 쇼어 자신도 지적했듯이, 그녀의 통계들은 기존에 통용되던 고용통계의 데이터와 충돌했다. 기존 통계는 같은 시기의 주당 근로시간이 감소하고 유급휴가 일수가 늘어나는 것을 보여주고 있었던 것이다. 그러나 쇼어는 공식 통계들이 두 개 이상의 직업을 가진 사람들이 증가한다는 사실은 물론, 연간 노동 주週 수가 늘어난다는 사실도 보여주지 않는다고 주장했다. 쇼어의 책이 출간된 이후 워싱턴의 경제정책연구소Economic Policy Institute 는 그녀의 통계모델을 계속해서 업데이트 하고 있다. 동 연구소의 통계에 따르면 2000년 현재 미국 근로자들은 연간 1,878시간을 일하며, 1973년에 비해 5주를 더 일한다.

공휴일을 검토해 보는 것도 여가 부족을 좀 더 선명하게 확인할 수 있는 방법이다. 미국 근로자들이 턱없이 적은 휴가를 취한다는 것은 논쟁의 여지가 없는 사실이다. 익스피디아 닷컴 (Expedia.com, 미국의 대표적인 여행 예약 사이트-옮긴이)이 실시한 한 조사에 따르면, **미국 근로자들은 연평균 14일의 휴가를 갖는다.** 독일 근로자들의 26일, 프랑스 근로자들의 **36일과 크게 대비된다.** 연평균 18일의 휴가를 갖는 캐나다 근로자들만이 미국 통계에 근접한다. 가장 놀라운 사실은 미국 근로자들의 상당수가 그 적은 일수의 휴가마저 거의 사용하지 않는다는 점이다. **미국 성인 근로자들 중 약 3분의 1은 자신들에게 주어진 휴가일수의 일부만 사용**

한다. 2007년 현재, 23%의 미국인들은 휴가 중 이메일이나 전화메시지를 체크한다. 2003년의 16%에서 7%포인트가 증가한 수치다.

노동이 시간예속의 커다란 요인으로 작용하고 있는 것은 사실이지만, 여가를 임금노동의 반대로 규정하는 것은 그다지 정확한 해석이 아니다. 그러한 정의에 따르면 집에서 아이들을 돌보거나 풀타임으로 대학에 다니는 것 등도 여가에 해당된다. 이러한 활동들은 긴 안락의자에 앉아 한가로이 시간을 보내거나 미니 우산이 꽂힌 칵테일을 마시는 것과는 분명 다르다. 여가에 대한 경제학자들의 정의가 여가시간 부족의 원인을 설명해 주지 못하는 이유는 바로 여기에 있다. 어쩌면 인터넷 백과사전인 위키피디아Wikipedia의 아래와 같은 정의가 더욱 쓸 만할지도 모른다.

여가시간이란 고용, 학업, 사업, 가사노동 등과 같은 의무적인 활동을 하며 보내지 않는 시간을 뜻한다. 그러나 여가시간과 비여가시간은 엄격하게 구분할 수 없다. 그 필요성의 여부를 단정 짓기 어려우며, 즐기기 위해서 하는 활동이라 해도 장기적으로 효용을 가져올 수 있기 때문이다.

실제로 이 정의는 시간과 여가에 대한 오늘날의 혼란을 잘 포착하고 있다. 위키피디아의 정의에 따르면, 여가leisure 라는 단어의 어원은 라틴어의 'licere' 로, '자유로운 상태', 혹은 '허락된 상태' 를 의미한다. 프랑스의 고어古語인 'leisir' 는 14세기 초에 처음 등장했으며, 'u' 라는 철자가 더해진 것은 17세기 초였다. 아마도 '즐거움pleasure'

46 · THE LEISURE ECONOMY

이라는 단어와의 유사성을 표현하기 위해서였던 것으로 추측된다.

최근의 여가부족 현상은 예전 같으면 '자유로웠을' 시간에 의무적 활동들을 끼워넣은 탓이 크다. 이 점은 아이를 키우는 부모들의 경우에 아주 분명하게 드러난다. 부모 모두 직장을 갖고 있든 그렇지 않든 큰 차이는 없다. 부모들이 아이들을 차에 태우고 이리저리 운전해 다니느라 여념이 없는 모습은 어디서고 볼 수 있다.

"그런 모습을 늘 보고 살죠." 나무가 울창한 교외의 고급 주택가에서 어린이용품 위탁판매점을 운영하고 있는 켈리는 이렇게 말한다. "전업주부라 해도 결코 집에 머물러 있는 적이 없어요. 그들에게는 자신들이 직장을 갖지 않은 것을 정당화하고자 하는 심리가 있어요. 그래서 온종일 아이들 운전기사 노릇을 하죠. 장롱에 처박아둔 입다만 아이들 옷을 한가득 가져오곤 해요. 집안 정리 차원에서죠. 얼마 전에 어떤 아이 엄마에게 이렇게 말한 적이 있어요. '아주머니, 좀 쉬셔야겠어요. 안 그러면 조만간 지쳐 쓰러지실 것 같아요'라고요."

개개인의 삶이 너무나 많은 활동으로 꽉 차버린 나머지, 아주 어린 아이들조차도 일과표의 네모칸이 터져 나갈 듯하다. 지난 1990년대에, 아동심리학자인 앨빈 로젠펠드Alvin Rosenfeld는 '과잉 부모역할 hyper-parenting' 현상이 눈에 띄게 나타나고 있다고 지적한 바 있다. 그의 책 『너무 바쁜 아이들 The Overscheduled Child』에서 로젠펠드는 부모들이 자신의 아이들에게 너무나 많은 경험을 해보도록 애쓰는 탓에 부모와 아이들 모두 심하게 지쳐 있다고 지적했다.

예전에는 전업주부가 자기 아이를 보행기에 앉혀놓은 채 친구와 커피를 마시며 담소를 나누는 모습을 흔히 볼 수 있었고, 또 그러한 모습은 문화적으로도 충분히 용인됐었다. 그러나 오늘날의 기준으로 보면 그러한 행위는 사실상 아동 방치로 간주될지도 모른다. 만 한 살 이하의 아이를 가진 엄마들이 오늘날 할 수 있는 그나마 여유 있는 일은 '유아 음악교실' 강좌에 가서 다른 엄마들과 나란히 앉아 있는 것 정도일 것이다. 아이들이 커갈수록 그들이 해야 할 활동들은 기하급수적으로 늘어난다. 축구교실, 빵만들기 교실, 발레교실, 미술교실 등등, 아이들을 위한 취미활동 프로그램은 셀 수조차 없이 많아졌다. 그리고 부모들은 아이들을 이 교실 저 교실로 분주히 실어 날라야 한다. 아이들이 수영이나 스케이트, 또는 악기를 배우는 것은 여러 가지 측면에서 긍정적이고 좋은 일이다. 그러나 부모들이 아이들을 실어 나르느라 많은 시간을 쏟게 됨으로써 가족의 스트레스가 증가하는 것 역시 분명하다. 직장이 있건 없건, 부모들은 아이들을 스케줄에 맞추어 이동시키느라 온 기운을 소진한다.

"정말 미친 짓 같았죠." 여섯 살과 네 살 난 아이 둘을 키우는 직장여성 줄리가 말한다. "결국 아이들 스케줄을 줄였어요. 큰아이에게 말했죠. 재즈댄스나 발레 중 하나만 택하라고요. 아이들을 그 모든 곳에 데려다주고 데려오기란 불가능하거든요."

아이들 스케줄을 빡빡하게 짰던 것은 물론 좋은 의도에서였다. 유사한 사회적·경제적 부류에 속한 많은 부모들처럼 자신도 그렇게 하고 싶었던 것이다. 고소득 전문직에 종사하고, 고급 주택가에 살며, 웬만한 사치는 어렵지 않게 누릴 수 있는 그런 부류의 부모들처

럼 말이다. 그리고 그 부모들처럼, 줄리 역시 시간 부족에 시달린다. 줄리는 자기 아이들이 활동적이 되기를 바란다. 신체적으로뿐만 아니라, 심리적으로도 건강하고 행복한 아이로 자라주기를 바란다. 또한 아이들이 어린 시절에 되도록 다양한 활동을 경험해 보기를 바란다. 좀 더 자란 다음에 그 중 몇 가지는 정리하게 되더라도 말이다. 줄리는 아이들에게 수영과 축구를 가르치는 것이 사실상 문화적 '법률'로 자리 잡고 있다는 것을 안다. 그러나 자기 아이들에게 그토록 많은 활동을 시키는 이유가 반드시 그러한 사회적 규범에 부응하려는 데에만 있는 것은 아니다. 줄리는 좋은 부모가 되려면 일정 정도의 희생을 치러야 한다고 생각한다. 그리고 자신이 치르는 희생이 바로 시간이라고 생각한다.

줄리의 동기가 좋은 것이었다 하더라도, 거기에는 분명 반대급부가 존재한다. 북미 정신건강협회 National Mental Health Association 는 가족의 스케줄이 너무 빡빡한 데서 비롯되는 부정적 결과를 지적하며, 일과가 너무 분주한 가정의 아이들은 스트레스, 우울증, 낮은 자존감 등에 시달릴 확률이 훨씬 높다는 경고를 웹사이트에 게재했다. "일주일에 최소한 세 번에서 다섯 번은 가족들이 함께 저녁을 먹을 수 있도록 일과를 조정해야 한다. 간단한 샌드위치라도 좋다. 설령 저녁을 먹은 후 다시 학원에 가야 하더라도, 반드시 그렇게 하도록 하라." 물론 비즈니스 관점에서 보면 그렇듯 분주한 가정이 많다는 것은 그들이 필요로 하는 서비스 시장이 그만큼 크다는 것을 의미하겠지만 말이다.

시간예속 문제가 지금 우리 사회의 중요한 이슈라는 데 이의를 제기할 사람은 없을 것이다. 여가시간, 즉 자신이 원하는 것을 할 수 있는 시간은 너무도 적다. 여가시간이라는 범주 안에는 제법 덩치 큰 자유시간도 포함된다. 일터에 가지 않아도 되며 휴가를 떠날 수 있는 며칠, 또는 몇 주의 시간 말이다(물론 아이 돌보는 일이라든가 여타 가사노동은 휴가 동안에도 계속해야 하지만). 매일, 또는 매주 규칙적으로 '자유' 시간을 갖는 일은 더욱 어렵다. 그러나 흥미로운 것은, 시간이 모자란다는 데에는 누구나 동의하지만, 막상 숫자를 통해 보면 이야기가 사뭇 다르다는 사실이다.

통계상으로는 이미 충분한 여가를 누린다? :

오늘날 시간예속은 매우 가시적이고 누구나 동의하는 현상으로 보이긴 하지만, 몇몇 통계들은 이와 매우 다른, 혼란스럽기조차 한 모습을 보여준다. 통계자료에 따르면, 북미인들은 사실상 많은 여가시간을 갖고 있다. 그리고 여가시간의 양은 지난 20여 년간 꾸준히 증가해 왔다.

여가시간을 측정할 수 있는 가장 믿을 만한 자료는 미국 시간사용 서베이American Time Use Survey(이하 ATUS)다. 이 자료는 미국 노동통계국이 메릴랜드대학과 협력하여 작성하고 있다. 1965년부터 일정한 수의 표본가구들로 하여금 '시간일기'를 통해 자신들의 일상활동을 기록하도록 하고 있는데, 이들 가구의 구성원들은 자신이 구체적으로 어떤 일을 하고 있는지를 매일매일 15분 단위로 기록한다. 예컨대

근무 중, 이동 중, 쇼핑 중, 식사준비 중, 여가활동 중 등을 기록하는 것이다. 이 서베이에서 여가는 '사교활동, 대화, 텔레비전 시청, 운동 경기 또는 헬스, 레크리에이션 등에의 참여'로 규정되어 있다. 우리의 실제 삶에서처럼, 이 서베이 역시 여가를 부수적 범주, 즉 필요한 모든 활동을 수행한 이후에 남는 시간으로 간주한다.

세간의 상식과는 달리, 이 '시간일기'는 북미인들이 제법 많은 여가시간을 누리고 있음을 보여준다. 2005년의 통계자료에 의하면, 15세 이상의 북미인은 하루 평균 5시간 8분의 여가시간을 갖는다. 이를 성별로 구분해 보면 남성은 5시간 30분으로 여성의 4시간 48분보다 좀 더 많은 여가시간을 갖는다. 그러나 실업자 등과 같이 '너무 많은 여가시간'을 갖는 경우를 제외하면, 일상적으로 '자기 맘대로 쓸 수 있는 5시간의 여유시간'을 갖는 사람은 거의 없어 보이는 것이 사실이다. 캐나다의 통계자료 역시 유사한 패턴을 보여준다. 2005년 현재 캐나다인들은 하루 평균 5시간 30분의 여가시간을 갖는다 남자는 5시간 48분, 여자는 5시간 12분이다.

근로시간 통계와 비교해 볼 때, 그리고 우리의 일상적 경험을 통해 볼 때, 이 숫자들은 뭔가 잘못된 듯한 느낌이다. "이 통계에 따르면 내가 하루에 몇 시간의 여가를 갖는다는 거지? 4시간 내지 5시간? 그냥 빈둥거리며 아무것도 하지 않으면서? 말도 안 돼!" 리사의 반응도 이와 같았다. 리사는 첨단기술을 다루는 회사의 영업부장으로 일하며, 만 두 살도 안 된 두 아이를 키우고 있다. 그녀는 자신의 하루를 다음과 같이 묘사한다.

"아이들 기상시간이 제 기상시간이에요. 오전 6시 45분에서 7시 15분 사이죠. 그때부터 남편과 제가 함께 아이들을 돌보기 시작해요. 유모가 있긴 하지만 8시 30분에야 집에 오거든요. 아이들이 어느 정도 안정된 다음에 저는 집에서 일을 시작해요. 지하실에 있는 제 사무실로 내려가죠. 그러고는 온종일 정신없이 일을 한답니다. 때로는 고객을 만나러 외출도 하고, 인터넷으로 온라인 회의도 하죠. 점심 먹으러 위층으로 올라갈 시간조차 없는 경우도 많아요. 그리고 오후 5시에 일을 마쳐요. 아이들은 오후에 낮잠을 자다가 5시 정도에 일어나요. 아이들과 잠깐 놀아준 뒤 저녁식사 준비를 합니다. 남편이 퇴근하면 함께 식사를 하고 설거지를 해요. 그 다음엔 샤워도 하고, 기타 등등. 갓난아기인 둘째는 8시에 잠을 재우고, 22개월 된 첫째는 9시 30분쯤 잠자리에 들어요. '여가'는 그 나머지 시간인데, 사실 남는 시간은 거의 없다고 봐야죠."

우리 세대가 과거 세대보다 더 많은 여가시간을 갖고 있다는 데에 동의하는 사람은 거의 없을 것이다. 그러나 여러 자료를 아주 철저하게 분석한 두 명의 경제학자 역시 오늘날 여가시간은 증가하고 있다는 결론에 도달했다. 보스턴의 연방준비은행에 제출한 한 보고서에서, 경제학자인 에릭 허스트Erik Hurst와 마크 아기아르Mark A. Aguiar는 1965년 이래 미국 성인들(퇴직연령 이하)의 여가시간은 주당 4시간 내지 8시간이나 증가해 왔다고 밝혔다. 여기에서 '4시간'과 '8시간'의 차이는 여가를 어떻게 규정하느냐에 따른 차이다. 여가시간의 이러한 급증을 어떻게 설명할 수 있을까? 부분적으로는 직장일을 사무실

에서뿐만 아니라 가정에서 수행하는 경향이 증가하면서 비롯된 것일 수 있다. 1965년 이후, 수백만 명의 여성들이 노동시장에 진입했다. 여성의 노동시장 참여율은 1965년 39.3%에서 현재 59%로 증가했다. 물론 이 여성들의 대다수는 집 밖에서 일하며, 따라서 집안에서 일하는 시간은, 적어도 이론적으로는 줄어들었다. 기혼여성에 관한 통계를 보면 이 점을 분명히 알 수 있다. 허스트와 아기아르에 따르면, 1965~2003년에 노동시장에서의 근로시간은 주당 평균 9.3시간이 늘었다. 그리고 비시장노동non-market work에서의 근로시간은 주당 평균 13시간 가까이 감소했다. 동시에 기혼여성의 여가시간은 주당 1.3시간 내지 3.5시간이 증가했다. 사람들은 집에서 요리하는 대신 외식을 한다. 도우미에게 청소를 맡긴다. 다림질을 하는 대신, 구김 안 가는 천으로 된 옷을 구입한다. 분명 이런 것들은 가사노동을 약간이나마 줄여준다.

리사 역시 가사노동의 일부분을 '아웃소싱' 하고 있다고 털어놓는다. "요리는 제가 다 해요. 웬만한 요리는 저 스스로 알아서 다 만들죠. 하지만 마리네이드 소스 같은 건 사서 쓰고 있어요. 출퇴근을 하는 유모가 집안일도 좀 도와주는 편이에요. 제가 운이 좋은 거죠. 이따금 청소기나 세탁기를 돌려줄 때도 있어요. 저한테는 무척 도움이 되죠. 그만큼 제 일이 줄어드니까요."

그럼에도 과거에 비해 더 많은 여가시간을 갖고 있다고 생각하는 사람은 아무도 없다. 아마도 여가가 진정한 '여가'가 아니기 때문일 것이다. ATUS 자료에 따르면, 미국인들은 여가시간의 반을 TV를 보며 소비한다고 한다. 하루에 약 2시간 40분을 TV 앞에 앉아 있는 셈이다.

2시간 40분이면 결코 적은 시간이 아니다. 하지만 무척 질 낮은 여가 시간임은 분명하다. TV 시청은 매우 수동적이고 저렴한 여가활동이다. 그 활동에 소모되는 에너지를 생각하면 특히 그러하다.

"피곤하면 할수록 여가시간을 TV 앞에서 보내게 되지 않나요?" 존 그라프John de Graaf가 말한다. 그는 '시간을 되찾자Take Back Your Time'라는 단체의 창립자인데, 이 단체는 '과로 및 여가 부족'이라는 현실에 대항하기 위해 설립되었다. "세계에서 가장 장시간 노동을 하는 미국인들과 일본인들이 TV도 가장 많이 본다는 사실은 결코 우연이 아닙니다. 노르웨이 사람들은 근로시간도 가장 적고, TV도 가장 적게 봅니다." 어쨌든, TV 시청은 바람직한 여가활동은 아니다. 빅리서치BIGresearch에 따르면, TV를 시청하면서 동시에 우편물을 읽는 사람이 66%, 인터넷을 하는 사람이 60%, 신문을 읽는 사람이 55%라고 한다.

자, 그렇다면 어느 쪽이 옳은가? 여가시간이 없다는 대부분의 북미인들의 말이 사실인가, 아니면 여가시간이 많다는 통계가 사실인가? 경험적으로 볼 때, 위의 통계들은 현실과 들어맞지 않는다. 한 가지 해석이 가능하다. 통계가 맞긴 하지만 사람들은 자신들이 갖고 있는 여가시간을 저평가하려는 경향이 있을 것이라는 점이다. 지난 수십 년간, 즉 우리의 여가시간이 꾸준히 증가해 왔다는 바로 그 시기 동안 경제가 어떻게 변화해 왔는가를 보면 또 다른 해석도 가능하다. 여가시간이 실제로 증가해 왔다면, 식사를 준비하는 시간도 증가했을 것이다. 골프를 하는 시간도 증가했을 것이다. 18홀을 다 치고 나

서, 여유롭게 모여 앉아 시원한 음료를 마시는 19번째 홀도 생겨났을 것이다. 하지만 현실은 어떠한가? 외식산업은 급격히 팽창했고, 골프장에는 9홀 골퍼들이 대부분이다. 오늘날 우리의 경제는 분명 '레저 붐' 이코노미가 아니다. 우리의 경제는 시간예속 경제, 약간 세련된 시간예속 경제다.

시간예속 경제의 승리자들 :

"음식을 다 담고 남은 그릇들은 그냥 테이블 위에 놓아두세요." 세련된 매너를 가진, 밝은 눈동자의 20대 여성 홀리가 말했다. "그릇들을 그냥 그 자리에 놓고 나가세요. 저희가 다 치울 거예요." 홀리는 지금 게일과 도나를 향해 말하고 있다. 청바지에 티셔츠를 걸친 게일과 도나는 둘 다 40대 직장여성이며 아이들을 키우고 있다. 쓰고 난 빈 그릇들을 테이블 위에 그대로 둔 채 돌아선다는 생각에 두 사람은 멋쩍은 듯 키득거리며 웃었다. 집에서는 생각조차 할 수 없는 일이다. 토요일 오전임에도 두 사람이 슈퍼 서퍼즈Super Suppers에 온 이유가 바로 그것이다.

뉴욕 베스페이지Bethpage에 있는 쇼핑몰 한편에 자리 잡은 슈퍼 서퍼즈는 전형적인 '가정식 요리 판매easy meal prep' 업체 중 하나다. 천장이 높은 아주 넓은 매장 안에는 샐러드 바처럼 생긴 6개의 음식 테이블이 놓여 있다. 각각의 테이블 위에는 각종 육류 요리와 야채와 소스가 놓여 있고, 각각의 요리 옆에는 해당 요리의 조리법을 적은 간단한 메모가 붙어 있다. 게일과 도나는 테이블을 돌며 자신들이 원하는 음식을 집어 담았다. 레몬에 절인 타라곤 치킨과 백포도주 소스, 토마토 소스 파스타, 아시아식 치킨요리와 야채 등이었다. 게일과 도나가 한 일은 테이블 위의 음식들을 '집어 담는' 것이 전부였다. 모든 것들이 미리 손질되어 있었다. "그냥 여러분의 접시에 음식을 담기만 하면 됩니다. 가정식 요리와 전혀 다를 바 없는 음식들을 여러분이 원하기만 하면 매일 저녁 이렇게 손쉽게 구할 수 있는 거죠." 매장 주인인 홀리가 말했다.

슈퍼 서퍼즈는 북미 전역에 놀랄 만큼 빠르게 확산되고 있는 '가정식 요리 판매' 체인점들 중 하나다. 바쁜 사람들이 최소한의 시간을 들여 식사를 '준비'할 수 있게 한다는 발상에서 시작된 이 사업은 엄청난 틈새시장을 공략했다. 시간이 없는 기혼 직장여성들, 아이들 저녁을 하루가 멀다 하고 피자로 때우고 싶어하지 않는 엄마들에게 특히 인기가 높다.

사무원으로 일하며 세 명의 십대 아이들을 키우고 있는 도나가 말한다. "맨해튼에서 기차를 타고 퇴근하면 이곳에 6시 15분에 도착해요. 이따금 제가 저녁을 준비할 때도 있긴 하지만, 그럴 경우 저녁시간이 너무 늦어지거든요." 집 근처 투자회사에서 일하는 게일 역시 시간에 쫓기는 건 마찬가지다. "전 아이가 넷이나 돼요." 찡그리듯 웃으며 게일이 말한다. "두 아이는 벌써 독립을 했어요. 하지만 무슨 소용이 있나요, 매일 우리집에 와서 저녁을 먹는데."

게일과 도나가 슈퍼 서퍼즈를 이용한 것은 이번이 처음이었다. 하

지만 두 사람 모두 슈퍼 서퍼즈의 아이디어를 크게 환영했다. "밤늦은 시간에도 음식을 팔면 금상첨화일 텐데……." 도나가 한숨을 내쉬며 말했다. "토요일에도 수십 가지 다른 일들을 보느라 얼마나 바쁜지 몰라요. 주중에 이곳을 이용하는 편이 더 낫겠어요."

미국의 가정식 요리 판매점협회에 따르면, 2007년 현재 미국 전역에 걸쳐 431개 가정식 요리 판매회사가 총 1,346개의 업소를 운영하고 있다. 가정식 요리 판매업체는 시간을 절약해 준다. 그리고 지금과 같은 시간부족 사회에서 시간절약은 필수불가결하다. 실제로 사람들은 너무 바빠서 요리할 틈을 내기 어렵다. **ATUS 자료에 의하면, 2005년 현재 하루에 단 1분이라도 식사 준비(어떤 성격의 준비인가에 관계없이)에 시간을 들이는 사람은 성인남성의 37%, 성인여성의 66%에 불과하다. 미국인들이 식비로 지출하는 돈의 약 절반은 외식에 쓰인다.** 요식업은 미국 민간산업 부문의 최대 고용주이기도 하다.

가정집 청소 서비스 역시 크게 팽창하고 있는 사업이다. 예선에는 일부 부유층만이 집안에 상주 청소부를 두어 누리던 이 서비스는 이제 약간의 경제적 능력이 있는 사람이면 누구나 1~2주에 한 번씩 이용 가능하다. '애완견 산책업' 역시 고급 주택가에서 번창하고 있는 또 다른 업종 중 하나다. 간단한 산책 서비스부터 애완견 종일 보육 서비스에 이르기까지, 애완견 돌봄 사업은 미국의 애완견 산업 중 가장 빠르게 성장하고 있는 부문이다. 사람의 손이 필요없는, 자동 테니스공 발사기 같은 애완견 장난감 사업 역시 비약적으로 확산되고 있다.

허스트와 아기아르의 자료는 우리가 과거에 비해 좀 더 많은 여가 시간을 가질 수 있는 이유는 가정식 요리 판매점이나 애완견 산책업뿐만 아니라, 전자레인지나 식기세척기 등 가사노동을 덜어주는 전자제품의 등장도 한몫한다는 것을 보여준다. 그러나 이것은 닭이 먼저냐 달걀이 먼저냐의 문제다. 우리의 시간을 빼앗는 다른 할 일들이 너무 많아지면서 그러한 시간절약 가전제품들이 등장한 것일 수도 있기 때문이다.

다른 많은 서비스 산업에서도 이러한 추이를 발견할 수 있다. 가장 경직된 시간체제를 가진 것으로 알려진 은행들조차도 시간에 쫓기는 바쁜 고객들에게 좀 더 친절하게 다가가기 위해 변화를 시도해 왔다. 주말과 야간에도 은행문을 여는가 하면, 텔레뱅킹, 자동차에서 내리지 않고도 일을 볼 수 있는 드라이브스루 창구 서비스를 실시하기도 한다. 요즘에는 인터넷 뱅킹이 빠르게 확산되고 있다. 이러한 전략들은 은행의 인건비 절감효과도 톡톡히 가져다준다. 과거에는 '신기술'에 그토록 거부감이 많던 고객들이 지금은 인터넷 뱅킹과 텔레뱅킹을 마다하지 않는다. 은행에 갈 시간을 크게 절약해 주기 때문이다.

흥미롭게도, 지난 수년간 레저산업 또한 전반적으로 크게 성장했다. 미국 수공예 취미협회 U.S. Craft and Hobby Association, CHA 에 따르면, **2006년 현재 미국의 수공예 산업은 300억 달러 규모의 시장을 이루고 있다.** 예컨대 '스크랩북 만들기'는 시장이 엄청나게 확대되어, 미국의 네 가구당 한 가구는 스크랩북 만들기 취미를 가진 가구원을 최소한 한 명이라도 갖고 있을 정도다. 도대체 이러한 현상 속에서 우리가 느끼

는 시간예속은 어떻게 설명될 수 있는 것일까?

시간 소모가 많은 취미활동을 하는 사람들은 어느 정도 나이가 든 사람들, 그리고 의무적 활동에 할애하는 시간이 그다지 많지 않은 사람들이다. 그러나 자유시간이 별로 없는 사람들을 위한 취미사업 역시 다양하게 발달해 왔다. 그리 많은 시간을 들이지 않고도 무언가 자신을 위한 뿌듯한 활동을 했다는 느낌을 주는 사업들이다. 성인용 '숫자 따라 그림 그리기'는 그 한 예다. 하루 저녁 몇 시간만 내면 반 고흐의 걸작을 자기 나름의 버전으로 완성할 수 있다. 조금 극단적인 경우이기는 하지만, 시간에 쫓기는 사람들은 다른 사람으로 하여금 자신의 취미활동을 대행하게 할 수도 있다. 예컨대 자신이 갖고 있는 사진들을 다른 사람에게 주어, 그 사람으로 하여금 수제 스크랩북을 만들게 할 수 있는 것이다.

스포츠산업과 헬스산업 역시 시간예속 사회의 영향을 받아왔다. 지난 몇십 년 동안 헬스업체를 비롯하여 조깅화 등 운동용품 업체들이 크게 늘어났다. 그러나 하루도 거르지 않고 헬스클럽을 찾는 사람이 한 명 있다면, 기껏해야 1년에 서너 번 헬스클럽에 가면서 자신이 한 번의 헬스클럽 출입에 결과적으로 얼마를 지출했는지 떠올리며 괴로워하는 사람들은 두세 명이다. ATUS 통계에 따르면 **미국인의 1인당 하루 평균 운동시간은 18분으로, 2시간 38분인 TV 시청시간과 크게 대비된다.** 미국인의 66%가 비만이라는 사실은 운동량의 감소와 긴밀한 관련이 있으며, 이는 결과적으로 건강지수의 하락으로 귀결된다. 그러나 헬스산업은 분명 성장하고 있다. 단시간 운동 프로그램을 운영하는 헬스업체일 경우 특히 그러하다. 1992년에 처음 문을 연 여성 헬스센터인 커브스Curves는 바쁜 여성들을 위한 30분짜리 헬스 프로그램을 도입하여 크게 성공했다. 커브스는 2007년까지 세계 곳곳에 1만 개의 헬스센터와 400만 명이 넘는 회원을 확보했다. 미국의 헬스센터 4개 중 1개가 커브스 헬스센터다.

골프산업계 역시 시간예속의 문제를 아주 잘 알고 있다. 1980년대를 거치면서 골프에 대한 관심과 골프인구는 크게 늘었다. 고령인구의 증가와 타이거 우즈의 인기 등에 힘입어, 골프는 21세기의 '핫 스포츠'로 부상했다. 1990년대에 들어 골프장 수는 급격히 증가했고, 모든 골프장이 골프광들로 꽉 채워질 것이라는 기대가 부풀어 올랐다. 미국 골프재단National Golf Federation은 지난 1986년의 한 보고서에서 2000년에는 골프인구가 2,680만 명에 이를 것이라고 예측했다. 그리고 이 예측은 실제와 크게 다르지 않았다.(2003년 현재 미국 골프인구는 약 2,620만 명이다.) 오직 한 가지 문제가 있을 뿐이다. 골퍼들이 골프를 칠 시간이 없다는 것이다. 미국 골프재단은 1990년대 후반부터 골퍼들의 골프 라운드 수가 크게 줄어들기 시작했으며, 지금까지도 아주 낮은 수준에 머물러 있다고 보고했다.

시간예속 경제 하에서 성공한 업종들은 또 무엇이 있을까? 시간을 절약해 준다는 약속을 하는 한, 모든 업종은 성공을 거두었다. 사무실 책상에서, 혹은 키보드 앞에서 먹을 수 있는 테이크아웃 음식업도 주가를 올렸다. 한 번에 여러 가지 일을 해야 하는 사람들을 위한 것이라면 모든 상품이 대박을 친다. 시간을 관리해 주는 타임 매니저

역시 급성장 업종이다.

그러나 이 모든 혁신적 상품들이 우리의 스트레스를 덜어주는 것은 아니다.《결혼과 가족 Journal of Marriage and Family》이라는 학술지에 실린 한 논문은 휴대전화가 가족의 만족도를 떨어뜨리고 가정 내 스트레스를 증가시킨다는 연구결과를 소개했다. 점점 더 많은 사람들이 일터에서의 스트레스를 가정으로까지 가져오게 되기 때문이라는 것이다. 휴대전화를 사용하는 여성들에게 문제는 더욱 심각하다. 휴대전화는 가족 내 스트레스를 여성들의 일터로까지 옮겨 온다.

시간예속 경제 덕분에 가장 크게 성장한 산업 중에는 '스트레스 해소' 산업도 있다. 스파산업은 그 대표적인 업종이다. 2000년 한 해 동안 미국의 스파업소 수는 51%라는 경이적인 증가율을 기록했고, 그 후 2002~04년에는 12% 정도의 완만한, 그러나 여전히 매우 높은 증가율을 보였다. 1997~2001년에 스파산업의 매출액은 매년 두 배씩의 성장을 기록했고, 최근에도 완만한 성장을 지속하고 있다. 과거에는 긴 시간 동안 머무는, 마치 '별장식 건강원 health farms' 같은 형태로 운영되는 것이 보통이었다. 그러나 요즘에는 낮에 한두 시간 동안 잠깐씩 이용하는 형태가 대세로, 스파업체의 약 41%가 이러한 단시간 이용업소다. 한 스파업소 주인은 이렇게 말한다. "늘 스트레스를 받으며 살아가는 사람들에게는 짧은 시간이라도 휴식을 취할 수 있는, '미니 브레이크'가 필요한 법이죠. 사나흘 동안 뭉텅이 시간을 내어 교외로 쉬러 갈 수 있는 사람이 얼마나 되겠어요? 스파산업은 바로 이러한 시장을 파고드는 거죠."

갖고자 하는 젊은이들의 수가 1940년에 비해 두 배나 증가했다고 보도했다. 이 기사는 식당 종업원, 카우보이 견습생, 농장 아르바이트생 등 여러 젊은이들을 인터뷰한 내용을 실었는데, 그들은 한결같이 자신들이 조금이나마 경제적으로 독립할 수 있어서 무척 기쁘다고 말하고 있었다. "노동이 젊은이들의 빈둥거림을 몰아냈다Working beats loafing"는 것이었다. 1950년대에는 10년 전보다 훨씬 더 많은 여성들이 취업전선에 뛰어들었다. 미국 노동부 및 여성국의 자료에 따르면, 1940년 24%였던 미국 여성의 취업률은 1950년에 30%로 증가했고, 1960년에는 33%에 달했다. 기혼여성 및 18세 이하 자녀를 두고 있는 여성의 취업률은 그보다 낮아서, 1955년 27%를 기록했다.

'여가 대신 노동'이 많은 사람들의 환영을 받은 듯 보이지만, 장시간 노동에 대한 기업의 요구가 점점 거세지면서 이에 불만을 품은 사람들도 등장했다. 슬로언 윌슨Sloan Wilson이 1955년에 발표한 소설 『회색 양복을 입은 남자The Man in the Gray Flannel Suit』의 주인공인 톰 래스 같은 인물이 그 대표적인 예다.(이 소설은 나중에 영화로도 만들어졌는데, 배우 그레고리 펙이 주인공을 맡았다.) 톰은 부인 및 세 아이와 함께 교외 주택가에 살고 있다. 세 아이를 키우고, 허구한 날 집수리를 하느라 늘 돈이 궁하다. 수입을 늘려볼 요량으로 TV 방송국에 취직하지만, 턱없이 긴 근무시간 때문에 크게 당황한다. 소설 말미에, 마침내 톰은 결심한다. "내 삶의 1분 1초를 모두 직장에 바쳐야 한다는 건 도무지 말이 안 됩니다." 톰이 상사에게 말한다. 그 상사는 일에만 몰두한 나머지 가정까지 파괴되어 버린 사람이다. 오늘날 같으면 있을 시간예속 경제가 우리를 지배하고 있다는 사실을 가장 잘 보여주는 현상 중 하나는 시민적 사회참여 활동의 급격한 축소다. 물론 지난 몇 년 동안 자원봉사 활동은 일시적 상승을 보였다. 2001년의 9.11 사태 이후 부시 대통령이 '시민들의 지역 봉사활동'을 강조한 영향일 것이다. 그러나 일시적 상승을 보인 자원봉사 프로그램의 대부분은 규모가 매우 큰 것들로, 자원봉사가 고교 필수 이수학점으로 제도화된 이후 고등학생들을 겨냥한 프로그램들이 대다수다. 예전 방식의, 지역사회에 기반한 소규모 자원봉사 활동은 확실히 줄어들고 있다.

"예전에는 교회에서 1년에 한 번씩 큰 바자회를 열곤 했었지요." 76세의 마리 할머니의 얘기다. 마리는 그리스 정교 신자로 롱아일랜드 교외에 살고 있다. "바자회가 열릴 때마다 우리는 엄청나게 많은 시금치 파이를 만들었어요. 모든 사람들이 한 광주리씩 만들어 온 거죠. 그런데 한 10년쯤 전부터 참석자들이 점점 줄어들기 시작했어요. 모두가 일하느라 너무 바빠서 말이죠. 그래서 지금은 조리 대행업체에 위탁을 한답니다. 물론 옛날 그 맛, 그 모양새는 아니죠." 사실, 시금치 파이는 빙산의 일각이다. 시민적 참여활동, 하다못해 투표권을 행사하는 일조차 그 참여도가 낮아지고 있다.

이렇듯 통계가 보여주는 현실과 우리의 경제가 보여주는 현실 사이에는 격차가 있다. 통계는 우리가 점점 더 많은 여가시간을 누리고 있다고 하는데, 경제는 점점 더 시간에 쪼들리는 사람들을 위한 산업을 중심으로 호황을 누리고 있다. 좋든 싫든, 시간예속 경제는 분명한 경제현상으로 자리하고 있다. 사람들이 너무나 많은 시간을 일에

바침으로써 시작된 이러한 시간예속은 우리의 삶 전체에 영향을 미친다. 그리고 이러한 시간예속의 삶 속에서 몇몇 산업들은 커다란 시장을 발견한다. 우리는 정교한 달력형 일과표를 구입하고, 그것을 냉장고에 붙여놓는다. 그 많은 일과들이 서로 충돌하지 않고 잘 소화되기를 희망한다. 우리는 과거 어느 때보다도 시간에 쪼들린다는 느낌을 안고 살아간다.

그러나 계속해서 시간예속 경제에만 초점을 기울일 경우, 향후 전개될 아주 중요한 변화를 놓치게 된다. 레저경제가 우리 앞에 놓여있다. 그것의 경제적 효과는 지금까지의 그 어느 경제 못지않게 강력할 것이다. 왜 레저경제가 도래할 것인가를 이해하기 위해서는, 왜 시간예속 경제가 우리 삶을 지배하게 되었는가를 먼저 이해할 필요가 있다.

제2장

···경제 성장과 여가 파괴

> 고소득 가구일수록 시간 스트레스에 시달린다. 시간 스트레스는 '시간예속 경제'의 특징이면서, 동시에 '여피족의 푸념'이기도 하다.
>
> - 대니얼 S. 해머메시&정민 리, "4개 대륙에서의 스트레스
> : 시간예속인가, 혹은 여피족의 푸념인가?"
> (내셔널 뷰로 오브 이코노믹 리서치, 2003)

어떤 면에서 이것은 논리를 거부한다. 공식 통계가 어떠하든, 시간예속은 지난 수십 년 동안 지속적으로 강화되어 왔다. 1장에서 나는 그 진행양상을 자세히 묘사했다. 봉투에 담아 가기만 하면 되는 가정식 저녁식사에서부터 드라이브스루 은행창구에 이르기까지, 기업들은 시간에 쫓기는 고객들에게 부응하는 전략상품들을 개발해 왔다. 북미지역의 20세기는 유례없는 경제 발전을 이룬 시기였다. 특히 1990년대에는 제2차 세계대전 이후 최대의 경제 성장을 기록했다. 이러한 발전은 우리의 삶을 좀 더 윤기 나게 해줄 여러 물질적 진보를 가져왔으며, 동시에 그러한 물질적 진보를 즐길 시간을 우

리에게서 앗아 갔다.

　물론 소득의 증가가 공평하게 진행된 것은 아니었다. 특히 지난 수년간 북미지역의 소득 격차는 더욱 크게 벌어졌다. 그러나 경제적 번영의 신호들은 도처에 산재한다. 대형 평면 TV를 구비한 중산층 가구가 날로 늘어나고, 그 TV에 걸맞은 널찍하고도 고급스런 주택 소유자의 수도 증가했다. 물질적 부의 팽창을 보여주는 현상들은 부지기수다. 미국에서는 70% 이상의 가구가 주택을 소유하고 있으며, 50% 이상이 주식을 보유하고 있다. 하지만 여가는 여전히 누리기 어려운 사치품일 뿐만 아니라, 물질적 부가 증가할수록 오히려 여가는 감소하는 실정이다. 마치 토끼굴에 빠져 들어가는 듯하다. 교육을 많이 받고, 근사한 직업을 가지면 많은 돈을 벌 수 있다. 그리고 그 돈으로 자신이 원하는 물건을 얼마든지 사들일 수 있다. 하지만 아무리 애써도 돈으로 살 수 없는 것이 바로 여가시간이다.

　왜 이런 현상이 일어나는지 이해하려면 우선 우리 경제가 어떻게 발전해 왔는가를 살펴보아야 한다. **시간예속 경제가 형성된 이유는 다양하다. 어려운 경제환경에서 치열하게 살아남아야 하는 것이 커다란 이유 중 하나일 것이다. 하지만 역설적이게도, 값비싼 여가활동에 대한 욕망 역시 시간예속 경제 형성에 큰 몫을 했다. 어려운 경제환경과 값비싼 여가 추구. 이 둘은 시간예속 경제를 만들어낸 주범이다.**

장시간 노동의 역사 :

오늘날의 시간예속에 대해서든 200년 전의 시간 예속에 대해서든, 시간예속에 대해 이야기하려면 노동에 대한 이야기부터 시작해야 한다. 물론 시간 스트레스가 오로지 장시간 노동에 의해서만 야기되는 것은 아니다. 아이들 축구교실에 간식을 만들어 나르는 일, 각종 모임이나 경조사에 참석하는 일 등, 노동 혹은 일터와 직접적으로 관련 없는 많은 활동들도 우리를 시간에 쫓기게 만든다. 그러나 대부분의 사람들로부터 가장 많은 시간을 빼앗는 활동은 먹고살기 위한 노동인 것이 사실이다. 역사적으로도 늘 그래왔다. 역사를 돌이켜 보면, 어쩌면 우리는 이미 레저경제를 누리고 있는 것인지도 모른다. 체감하기는 어렵더라도 말이다. 아주 일관된 것은 아니었지만, 북미에서의 경제 성장은 대체로 '좀 더 많은 여가시간'을 수반해 왔다. 최소한 10여 년 전까지는 그랬다.

몇백 년 전까지민 해도 북미사회에서는 노동과 여가가 거의 구분되지 않았다. 식민지 시대부터 19세기 중엽까지 농업이 주된 산업이었기 때문이다. 잠자는 시간 외에는 거의 근로시간이었다고 보아도 무방하다는 통계자료도 있다. 당시에는 노동과 여가의 구분이 사실상 존재하지 않았거나, 최소한 그 구분이 명확하지 않았다.

여가와 노동의 구분은 19세기 말에 이르러서야 본격적으로 등장하기 시작했다. 18세기 말과 19세기 초에 걸쳐 영국에서 산업혁명이 일어났고, 1800년대 말에는 제2차 산업혁명이 일어났다. 이 시기 동안 북미 전역에 걸쳐 급속한 산업화가 진행되었다. 석탄 및 철강 산업이 엄청난 규모로 진행되었고, 소비재를 중심으로 대량생산 방식이 자리 잡기 시작했다. 생산성이 오르면서 경제적 번영도 뒤따랐다. 이 덕분에, 근로자들은 임금이 줄어들지 않으면서 근로시간은 줄어드는 혜택을 누릴 수 있었다. 미국 제조업에서의 근로시간 통계는 1830년경부터 작성되었는데, 1830년 당시 근로자 1인당 주당 평균 근로시간은 69.1시간이었다. 그리고 1860년에는 62시간, 1880년에는 60.7시간으로 줄어들었다.

중산층 역시 근로시간의 단축과 소득의 증가를 누렸다. 극장에 가거나 축음기로 음악감상을 하는 취미활동이 유행했으며, 레저산업은 호황을 누렸다. 역설적인 것은, 근로자들이 이러한 새로운 레저활동을 누리기 위해 더욱 열심히 일하기 시작했다는 사실이다. 레저활동은 점점 더 비싸졌고, 그럴수록 노동은 더욱 중요해졌다. 노동을 통해 쾌락pleasure을 구입할 수 있었기 때문이었다(위키피디아의 '레저 Leisure' 항목에 대한 설명 참조). 근로자들, 적어도 고임금 근로자들은 생계 이상의 목적을 위해 일하게 되었다. 경제학자인 소스타인 베블런 Thorstein Veblen은 『유한계급론 The Theory of the Leisure Class』이라는 유명한 책을 통해 "여가란 시간의 비생산적 사용"이라는 주장을 전개했다. 1899년에 출간된 이 책은 '과시적 소비', 즉 필요에 의해서가 아니라 남에게 보여주기 위해 소비를 일삼는 상류층을 비판한 내용이었다.

여가를 계급적 상징으로 간주한 베블런의 관찰이 전적으로 잘못된 것은 아니지만, 소득이 낮은 계층 역시 약간이나마 여가를 누렸던 것은 사실이다. 제1차 세계대전이 발발하기 몇 년 전에 '1일 8시간 노동'이 현실화되었다. 이것은 경제적 번영의 직접적 산물이었다. 즉,

미국은 빠른 경제적 번영을 이루고 있었고, 그 결과물의 일부분을 근로자들이 나누어 갖게 된 것이다. 몇몇 통계에 따르면, 1914~19년에 제조업 분야의 실질임금은 11% 상승했다. 같은 기간 동안 노동력 증가율은 둔화되었다. 이민자 수의 감소, 전쟁 후유증, 그리고 1918년에 창궐한 유행성 독감 등의 영향 때문이었다. 여기에 노동조합 운동이 크게 세력화되면서 근로자들은 근로시간 단축을 이끌어낼 수 있었다. **1920년대 초까지 주 6일, 1일 8시간 노동이 규범으로 정착되었다.** 하지만 약 1세기 동안 지속적으로 단축되어 가던 근로시간은 또 다른 경제 변화와 함께 그 행진을 멈추게 된다.

20세기 초반의 경제 성장과 생산성 제고는 계속해서 근로자들의 근로시간을 단축시켰다. 그러나 1930년대의 경기후퇴 역시 근로시간 단축에 기여했다. 1929년 뉴욕 증권시장에서 130억 달러 상당의 주식이 물거품으로 변하면서, 1920년대의 경기호황은 막을 내렸다. 그해 3.2%였던 실업률은 1930년 8.7%로 상승했고, 1931년에는 16%에 육박했다. 후버 대통령은 '일자리 나누기' 캠페인을 벌이며 근로시간을 줄이고자 했다. 시어즈 로벅Sears Roebuck, 제너럴 모터스, 켈로그 등의 회사들은 근로시간을 주당 30시간 정도로 줄였다. '30시간 근로법안' 이 루스벨트 대통령 재임 시에 상정되었으나 통과되지는 못했다. 그러나 근로자들의 관심은 노동시간보다는 소득에 있었다. 물론 운 좋게 일자리를 얻을 수 있었던 근로자들의 경우에 한해서겠지만.

제2차 세계대전 기간 동안에는 근로시간을 늘리려는 압력이 있었다. 노동자들은 더 많은 근로시간 단축을 요구했지만, '일자리 나누기' 논리는 더 이상 설득력을 가질 수 없었다. 전쟁물자를 생산해 내기 위해서는 모든 가용 노동력을 동원해야 했기 때문이었다. 전쟁물자를 원활하게 공급하기 위해 근로시간을 늘려야 한다는 캠페인이 대대적으로 전개되었다. 그 캠페인에는 일을 덜 하려는 것은 비애국적 태도라는 뜻이 담겨 있었다. 여성들을 노동시장에 끌어들이려는 노력도 성공을 거두었다. 600만 명의 여성이 노동시장에 진입했고, 그들 대부분은 남성 근로자들이 전쟁터로 떠나면서 공백이 생긴 제조업 공장에 취업했다. 그 결과 근로시간은 증가했다. 그와 동시에 임금도 올랐다. 근로시간 단축을 이루려던 예전의 노력들은 전쟁이 끝난 후에도 까맣게 잊혀졌다.

　제2차 세계대전 이후 20여 년은 맹렬한 경제 성장기였다. 그 시기는 종종 '총과 버터의 경제guns and butter economy'라고도 불린다. 국방비 지출이 크게 증가함과 동시에 국내 소비도 크게 증가했다는 데서 붙여진 이름이다. 지아이 빌(GI Bill, 일종의 '제대군인 원호법'으로, 제대군인들에게 대학등록금 지원을 비롯한 여러 혜택을 보장한 미국의 법률-옮긴이) 덕택에 상급학교에 진학하는 사람들이 급증했고, 이들을 받아들일 직장도 넘쳐났다. 중산층이 크게 늘었고, 그들은 새로 지어진 교외주택을 사들였다. 그들의 베이비붐 자녀들이 등장하던 바로 그 시기였다. 주당 평균 근로시간은 40시간 정도에 머물렀고, 많은 사람들이 뒷마당의 바비큐 세트부터 TV에 이르기까지, 각종 위락상품들을 구입할 경제적 능력을 갖게 되었다.

　풍부한 일자리는 많은 사람들을 노동시장으로 끌어들였다. 1954년 《우먼스 데이 Woman's Day》에 실린 한 기사는 여름방학 동안 일자리를

수 없는 일이지만, 소설 속의 상사는 톰의 문제제기를 받아들인다. 회사는 일중독자도 필요하지만 톰 같은 사람도 필요하다는 것이다. 일과 생활의 밸런스. 1950년대에는 아직 그런 가치가 설득력을 가질 수 있었고, 또 장려되기도 했던 때였다.

1960년대에 접어들면서 몇 년 내에 여가가 넘쳐날 것이라는 희망이 지배했다. 테크놀로지의 발전이 그것을 가능하게 하리라는 희망이었다. 사실, 1960년대 내내 북미경제는 호황을 누렸다. 미국에서는 베트남 전쟁으로 인한 국방비 지출에 힘입어 경제가 크게 성장했다. 미국과 캐나다 모두에서 정부 지출이 증가했다. 적어도 1960년대 전반부에는 1950년대의 후광이 여전히 빛을 발했다. 기업의 이윤도 급등하여 1960년대 중반에는 GDP의 10% 수준을 기록했다. 이것은 2006년에 이를 때까지 다시 볼 수 없었던 수준이었다. 소비자들의 씀씀이도 증가했다. **1950년대가 주택과 자동차 구입의 시대였다면, 1960년대는 서비스 상품 구입의 시대였다. 전례 없이 많은 사람들이 여행을 즐겼으며, 그 외의 여가상품도 불티나게 팔렸다.**

이 시기는 정책 입안자들이 공장 및 사무 자동화의 필요성을 역설하고, 그 도입을 예고하던 때이기도 했다. 당연히, 블루칼라 노동자들과 노동조합들은 기계가 자신들을 대체하리라는 전망에 크게 두려워했다. 미국 최대의 노동조합 연맹인 AFL-CIO(미국 노동총연맹 산업별조합회의)의 적극적 지지를 기반으로 1962년 '인력개발 훈련법 Manpower Development Training Act'이 제정되었다. 이 법은 신기술 도입으로 일자리를 잃은 근로자들에게 직업 재훈련을 보장하는 법으로,

현실에서는 정년 조정정책과 결합되어 실시되었다. 제레미 리프킨Jeremy Rifkin은 저서 『노동의 종말The End of Work』에서, 이 시기 노동자들의 가장 큰 실책은 생산성 증가 몫의 분배를 요구하는 대신 재훈련 제도를 받아들인 데 있다고 지적했다. 자동화를 도입한 궁극적인 이유는 생산성 증가를 위해서였기 때문이라는 것이다. 재훈련 제도를 받아들이는 대신, 노동자들은 근로시간 단축을 통해 일자리를 나눌 것을 요구했어야 했다고 리프킨은 주장했다. 정말 그것이 옳았을지에 대해서는 더 많은 논쟁이 필요하겠지만, 어쨌든 노동자들은 그 길을 택하지 않았다.

낙관주의자들은 생산성이 증가하면 과거보다 노동시간이 훨씬 줄어들 것이라고 믿었다. 기술혁신 덕분에 근로자들은 주당 40시간, 아니, 어쩌면 20시간만 일하게 될 수도 있다고 예측했다. 그러나 현실은 결코 그 예측대로 되지 않았다. 시간예속 경제에서 레저경제로 이동할 것이라는 예견을 오늘날 사람들이 잘 믿지 않으려는 이유 중 하나는 앞선 그 예측이 크게 빗나갔기 때문일지도 모른다. 그러나 그 시기 평균 근로시간은 조금 줄어든 것이 사실이다. 미국 노동통계국에 의하면, 1964년 미국 근로자들은 주당 약 38.5시간을 일했으며, 1960년대 말에는 37.5시간으로 줄어들었다.

1970년대에 북미경제는 다시 한 번 변화했다. 그리고 이 변화는 근로자들에게 우호적인 변화가 아니었다. 1960년대가 끝나고 1970년대가 시작되면서 재정 적자가 늘어나고 경제 성장은 둔화되었다. 그리고 1973년 석유수출국기구OPEC의 원유 금수조치로 인해 에너지

가격은 천정부지로 치솟았다. 북미사회는 스태그플레이션이라는 새로운 단어를 배우게 되었다. 물가상승과 경기침체가 동시에 일어난, 전례 없는 비전형적 경기 상황이었다. 미국과 캐나다 정부는 경기 활성화를 위해 엄청난 재정 지출을 감행했고, 인플레이션을 막기 위해 임금과 상품가격을 통제했다. 그러나 그 정책들은 두 나라 모두에서 별다른 실효를 거두지 못했다.

1970년대 후반, 인플레이션을 막는 임무는 전적으로 중앙은행에 맡겨졌다. 미국의 연방준비은행은 엄격한 통화긴축 정책을 폈는데, 이로 인해 이자율이 지속적으로 상승했다. 캐나다 중앙은행도 같은 정책을 실시했다. 그 결과 가장 큰 타격을 입은 것은 소비자들이었다. **1978년 9.6%였던 미국의 주택담보대출 금리는 1981년 16.6%로 뛰었다. 주택담보 대출자 1인당 월 이자가 수백 달러나 오른 것이다.** 그 효과는 빨랐고, 또한 강렬했다. **주택시장의 경기 위축이 북미경제 전반으로 확산되었다. 역사상 처음으로 미국과 캐나다의 실업률은 두 자릿수를 기록했다.**

어떤 업종에 종사하건 근로자들의 첫 번째 관심은 일자리 유지였고, 그 다음이 실질임금의 유지였다. 어떻게 해서든 기존의 생활수준을 지탱해 줄 수 있을 만큼의 임금만 받을 수 있다면 다른 것은 필요 없었다. **근로시간 단축은 더 이상 주요 관심사가 아니었다. 전에는 전업주부로 살던 많은 기혼여성들이 노동시장에 다시 뛰어들었다. 치솟는 생활비와 주택 대출이자를 조금이라도 나누어 감당하기 위해서였다.**

1980년대에 접어들고, 소위 '레이건 혁명'이 감세정책을 펼치면서 상황은 조금 나아졌다. 그러나 재정적자는 계속되었고, 두 자릿수 이

자율은 떨어질 줄 몰랐다. 1980년대는 북미경제의 경쟁력에 대한 불안감이 엄습한 시기이기도 했다. 자동차 등 제조업에서 일본이 미국의 주요 라이벌로 부상했고, 어쩌면 제조업 일자리가 영원히 사라져 버릴지도 모른다는 걱정이 확산됐다. 반면에 서비스 경제는 번창했다. 1980년대 후반에는 미국의 실업률도 5%대로 떨어졌다.

그러나 1980년대가 마무리될 무렵 또다시 경기 호황이 시작되면서 인플레이션도 돌아왔다. 미국과 캐나다는 다시 통화긴축 정책을 실시했다. 결과는 예상대로였다. 그리하여 1990년대는 심각한 경기후퇴로 시작되었다. 거의 모든 산업분야가 저조한 활동상을 보였다. 기업들은 상황을 호전시키기 위해 자본재에 대규모 투자를 시작했다. 이러한 투자에 힘입은 덕분인지 1990년대 후반부터 경기가 다시 활성화되었고, 사람들은 다시 한 번 '생산성 기적'을 말하기 시작했다. 무언가가 변했다. 실업률은 1960년대 이후 최저치를 기록했다. 통상적으로 이것은 안정적인 상황으로 여겨지지 않는 법이다. 그러니 수수께끼 같은 일이 일어났다. 낮은 실업률이 인플레이션을 촉발하지 않았던 것이다. 따라서 경기 조정을 위해 이자율을 높일 필요도 없었다. 물론 이러한 '골디락스goldilocks' 상황, 즉 성장이 너무 빠르지도 느리지도 않은 '적절한' 상황은 오래 지속되지 않았다. 주식시장이 요동쳤고, 9.11 사태가 발생했다. 흥미로운 것은, 2000~03년에 수천 개의 일자리가 사라졌음에도 미국의 실업률이 결코 예전 수준으로 상승하지 않았다는 점이다.

아찔할 정도로 주식시장이 붐을 이룬 1999년, 미국의 실업률은

1960년대 이래 최저수준인 3.8%로 떨어졌다. 기술관련주 붕괴의 여파로 경기가 냉각되었을 때조차 미국의 실업률은 크게 오르지 않았다. 고작 2003년의 6.2%가 그 정점이었을 뿐이다. 캐나다에서도 마찬가지였다. 1990년대 후반의 경우 미국과 약간 차이를 보였지만, 2006년 캐나다의 실업률은 30년 만에 최저수준을 기록했다.(미국과 캐나다의 실업률 산정방식이 다르므로 직접적인 비교는 적절하지 않다.) **1990년대의 빡빡한 노동시장 상황은 21세기에도 계속되어, 양질의 노동력에 대한 수요가 여전히 공급을 앞질렀다. 그러나 이 모든 상황에도 불구하고, 근로자들이 더 많은 여가시간을 갖는다는 것은 가능해 보이지 않았다.**

여가를 잃어버린 10년 :

지난 10년에 대한 주요 의문 중 하나는 왜 경제성장이 그토록 많은 근로시간의 증가를 동반했는가 하는 것이다. 전부는 아니더라도 상당수의 직종에서 노동력 수요가 높은 것이 사실이다. 또한 상당수의 근로자들이 보다 적은 근로시간을 원한다는 것도 사실이다. 특히 어린 자녀를 둔 근로자들은 여가시간이 좀 더 필요하다고 지속적으로 호소해 왔다. 하지만 지난 10여 년간 시간예속은 점점 더 악화되어 왔다. 그 상당 부분은 기업의 요구 때문이었다.

실업률은 낮았지만, 여러 가지 측면에서 근로자들의 상황은 지난 몇 년 동안 개선되기는커녕 오히려 악화되어 왔다. 무엇보다도 실업률 감소 그 자체가 어느 정도 허구적인 측면이 있다. 실업률 감소는

인구학적 변화와 깊이 관련되어 있다. 베이비붐 세대가 노동시장에 진입할 당시에 실업률은 상승했다. 너무나 많은 근로자들이 동시에 일자리를 찾아야 했기 때문이다. 또한 젊은 근로자들의 실업률은 나이 많은 근로자들의 실업률에 비해 높은 것이 일반적이다. 1990년대는 가장 젊은 베이비붐 세대조차 이미 30대로 접어든 시기였다. 베이비붐 세대가 모두 취업을 하고 난 후 실업률이 떨어지는 것은 당연했다. 경제학자인 로렌스 카츠Laurence Katz와 앨런 크루거Alan Krueger는 1989~98년에 미국 실업률이 0.8% 감소했는데, 그 감소분의 4분의 1은 순전히 고령화로 인한 것이라고 결론지었다. 아울러, 사뭇 놀라운 점이긴 하지만, 감소한 실업률 0.8% 중 0.1~0.2%포인트는 같은 시기에 감옥에 들어간 인구가 급증한 데에 따른 것이라고도 추정했다.

 실업률이 실제보다 낮은 것처럼 보이게 된 데에는 다른 요인들도 작용했다. 지난 20여 년간 인력 파견업체들이 엄청나게 증가했다. 인력 파견업은 어떤 면에서는 경제를 좀 더 효율석으로 운영하는 데 도움을 준다. 파견업체들은 근로자들을 선별하여 고용주들에게 공급하는 대가로 일정한 비용을 받는다. 파견근로자들을 이용하는 고용주들은 근로자들에게 들어갈 여러 가지 수당을 절약하게 된다. 근로자들은 단기간이라도 일을 얻게 되어 실업을 면할 수 있다. 근로자들이 이 같은 계약직 근로를 선호하는 경우도 있다. 한 계약이 끝나고 다음 계약을 기다리면서 여가시간을 가질 수 있기 때문이다. 그러나 많은 경우 인력 파견업체는 실업에 대해 크게 실효성 있는 대안이 되지 못한다. 카츠와 크루거에 따르면, 인력 파견업체의 증가로 인한 1999

년의 실업률 감소분은 0.4%포인트 정도라고 한다.

뿐만 아니라, 1990년대의 경제 호황은 기술 발전에 힘입은 바도 크다. 기술 발전은 근로자들로 하여금 '어디에서고' 일할 수 있게 해주었다. 사무실은 물론, 집에서도, 심지어 도로를 달리면서도 일을 할 수 있게 된 것이다. 평일에 대도시를 드나드는 출퇴근 버스나 기차를 타면 스마트폰으로 부하 직원에게 문자메시지를 보내는 사람, 휴대전화로 고객에게 전화를 거는 사람, 노트북 컴퓨터로 뭔가를 끊임없이 타이핑하는 사람들을 흔히 볼 수 있다. 질 안드레스키 프레이저Jill Andresky Fraser는 그녀의 책 『화이트칼라의 혹독한 노동현장 White Collar Sweatshop』에서 이렇게 묘사했다. "기술은 사람들을 더 장시간, 더 힘든 노동으로 몰아넣는 것 이상의 힘을 휘두르고 있다. 이제 '근무 중'이라는 말은 더 이상 '사무실 안'에서의 근무만을 의미하지 않는다.…… 그리하여 과로와 직업 스트레스는 크게 확대되고 악화되었다."

마지막으로, 실업률 감소라는 장밋빛 통계는 직업 불안정성이 얼마나 증가했는지를 베일 속에 가려버린다. 1970년대 이후 캐나다와 미국에서는 정리해고가 증가해 왔다. 얼마나 많은 사람들이 실제로 직장을 잃었는지 확실한 통계는 없다. 《뉴욕 타임스》에 경제기사를 쓰는 루이스 어치텔Louis Uchitelle은 『일회용 미국인 The Disposable American』이라는 그의 저서에서 이렇게 추정하고 있다. 미국 노동통계국이 수행한 근로자 해고에 관한 조사 결과를 바탕으로 추산할 경우, **1990년대 초 이후 최소한 3,000만 명의 정규직 근로자들이 정리해고를 당했다.** 달리

말하면, 매년 미국의 정규직 근로자 중 4%가 직장에서 쫓겨나는 셈이다. 캐나다의 경우 마땅한 자료가 없어 통계수치를 낼 수는 없다. 그러나 경험적 이야기들을 통해 볼 때, 캐나다에서도 정리해고는 더 이상 어쩌다 한 번 일어나는 일이 아닌, 일종의 규범처럼 고착되어 버렸음이 분명하다.

정리해고 현상은 근로자들의 직업 안정성을 크게 흔들어놓았다. 1970년대 이전까지만 해도 정리해고는 아주 간헐적으로만 이루어졌다. 경제여건상 어쩔 수 없을 경우에만 사용하던 방식이었다. 그러나 최근 들어 '직원 다운사이징'은 통상적인 기업경영 방식으로 정착되었다. 1981~2001년에 직장을 잃은 근로자들의 경험을 연구한 경제학자 헨리 파버 Henry S. Farber에 따르면, 경기가 매우 활성화되었던 1990년대에 해고당한 근로자들의 수는 우리의 짐작을 훨씬 능가한다. 저학력 근로자들이 훨씬 더 많이 해고당하긴 했지만, 고학력 근로자들의 해고율 역시 상승했다. 경기가 다시 침체되던 2001년, 근로자들은 또 다른 충격에 휩싸이게 되었다. 1990년대에는 실직을 하더라도 다른 직장을 비교적 쉽게 찾을 수 있었지만, 이제는 재취업이 점점 더 어려워지게 된 것이다. 용케 직장을 다시 얻었다 하더라도, 예전보다 낮은 임금에 만족해야 했다. 이 경향은 1990년대에 시작되어 지금까지 계속되고 있다. 캐나다 역시 유사한 추이를 보인다. 캐나다 통계청이 수행한 한 연구에 따르면, **1980년대 및 90년대에 실직률이 크게 증가한 것은 아니지만, 해고자들의 재취업률은 현저하게 떨어졌다.**

낮은 실업률 등 노동시장이 꽤 안정되어 있는 듯한 상황에서, 즉 근로자들에게 유리해 보이는 시장상황에서, 근로자들이 장시간 노동으로부터 벗어나기 위해 사용자들과 좀 더 적극적으로 협상하지 않는 이유는 바로 이러한 직업 불안정성의 확대와 관련이 깊다. 또한 지난 20여 년 동안 북미경제는 롤러코스터와도 같은 비즈니스 사이클과 외부 충격으로 크게 요동쳐 왔다. 1990년대 말의 주식시장 충격에서부터 2001년의 9.11 사태, 그리고 현재 진행 중인 오일 쇼크에 이르기까지, 쉴 새 없이 변화하는 경제상황 속에서 근로자들은 자신들의 직장과 불확실한 미래에 대한 걱정으로부터 벗어날 수가 없다.

따라서 그들은 숨을 죽이고 있다. 임금인상을 요구하긴 하지만, 자신들의 물질적 삶을 비약적으로 향상시킬 만큼 많은 것을 얻지는 못한다. 또한 세계화 시대를 맞이하여 미국과 캐나다의 국제 경쟁력을 키워야 한다는 그럴듯한 욕망도 북미인들의 심리를 지배하고 있다. 그리하여 근로자와 사용자 모두 한 가지 의견에 동의하게 되었다. 근로시간의 단축은 좋은 생각이 아니라는 의견이다.

북미사회의 여가 혐오 :

설령 많은 여가시간을 가질 기회가 온다 하더라도 과연 북미인들이 그것을 원할 것인가조차도 확실하지는 않다. 물론 경제상황이 허락할 경우 근로자들이 근로시간 단축을 위해 싸울 때도 있었다. 그러나 그 싸움은 일관성이 없었고, 뚜렷한 지향을 가진 것도 아니었다. 보다 많은 여가 확보를 위해 줄기차게 노력해

온 유럽인들과는 달리, 북미인들은 자유시간에 대해 늘 복합적인 감정을 보여왔다.

'놀이보다는 노동을' 앞세우는 북미인들의 노동윤리는 수 세기 전에 형성되었으며, 식민지 시대 북미인들은 그 가치를 열렬히 신봉했다. 적어도 그러한 법을 만든 이들은 그러했다. 그러나 아주 초기의 개척자들은 여가를 중시했었다. 1611년까지만 해도 식민지 개척자들은 밥을 굶을지언정 볼링놀이만은 거르지 않았다는 기록이 있다. 플리머스(Plymouth, 미국 매사추세츠 주의 도시-옮긴이)에서 처음 생겨난 추수감사절은 그러한 문화의 산물이었다. 그들은 많은 음식과 포도주를 차려놓고 메이폴Maypole 장식 아래에서 여유로운 시간을 즐겼다. 그러나 그들의 새로운 독립국가가 좀 더 높은 생산성을 필요로 하게 되면서 초기 개척자들의 여가에 대한 존중과 지향은 사라졌다. 볼링놀이도 금지되었다. 메이폴 장식은 아주 작은 모양으로 축소되었다. 매사추세츠 주지사는 이렇게 경고했다. "이는 누구도 한가하게, 또는 비생산적으로 시간을 보내서는 안 된다. 그러한 자에게 법원은 합당한 형벌을 가할 것이다." 그렇게 주사위는 던져졌다. 1700년대에는 교회에서 자유롭게 모임을 갖는 것도 금지되었다. 그리고 **20세기의 미국인들은 1년에 2주간의 휴가를 갖는 데조차 죄책감을 느꼈다.** 한 가지 분명한 패러다임이 지배하게 된 것이다. 시장 노동은 선이며, 여가는 오직 게으른 자의 것이라는.

기계화 역시 무엇이 노동이고, 무엇이 여가인지를 좀 더 분명하게 구분하는 데 일조했다. 이는 가정의 생활수준이 높아진 것과 맥을 같이한다. 남녀노소 가릴 것 없이 땅에서 일을 해야 했던 농경시대와는 달리, 산업화가 되면서 남자들은 일터로 향하고, 여자들은 가정에 남게 되었다. '여성의 일'이라는 영역이 보다 분명해짐에 따라, 19세기 말 북미 여성들은 그들의 어머니들과는 질적으로 다른 가정환경을 꾸려야 한다는 커다란 압력에 놓이게 되었다. 공장에 출퇴근하는 남자들이 많아질수록 집안에서 여성들의 역할도 늘어났다. 빵을 굽고, 음식을 만들고, 빨래를 하고, 아이들을 키우는 일 등은 물론, 멀리서 물을 길어 나르는 일과 화덕에 장작을 지피는 일도 집에 남아 있는 여성의 몫이었다. 또한 여성들은 어떻게 하면 더 나은 가정을 꾸밀 것인가에 대한 물밀듯 쏟아지는 정보에도 귀를 기울여야 했다. 그 중에서도 노예폐지론자인 해리엇 비처 스토 Harriet Beecher Stowe 의 이복 자매인 캐서린 비처 Catherine Beecher 가 1841년에 쓴 『젊은 주부를 위한 가정경제학 The Treatise on Domestic Economy for the Use of Young Ladies at Home』은 대표적인 서적으로 꼽혔다. 그 책은 미국 전역에 걸쳐 엄청난 파급력을 자랑했다. "과학적 살림살이 scientific housekeeping"는 유행어가 되었고, 여성들은 가사노동과 관련된 모든 측면에 대한 지식을 함양하도록, 그리고 그 지식을 실제 가정살림에 적용하도록 독려되었다. 신문들도 앞 다투어 살림정보를 실었다. 인쇄기술의 발달에 힘입어 요리책도 출판되기 시작했다. 이렇게 하여 주부들의 일은 비약적으로 늘어만 갔다.

그러나 **남자건 여자건, 19세기 미국인들은 비교적 많은 휴가를 갖기 시작했다.** 그 전까지만 해도 휴가를 갖는다는 것은 웬만한 부자들도 누리기 힘든 극소

수 부유층만의 특권이었다. 하지만 새롭게 등장한, 그리고 날로 그 수가 확대된 화이트칼라층은 새로운 휴가지를 찾아 떠나기 시작했다. 20세기에 접어들자 블루칼라들도 그에 합세했다. 이 새로운 조류가 순탄했던 것만은 아니다. 역사학자 신디 애런Cindy S. Aron은 그녀의 책 『휴가 노동 Working at Play : A History of Vacationing in the United States』에서 이렇게 쓰고 있다. "휴가를 떠난다는 것은…… 중산층 자신의 모순을 드러내는 행위였다. 근면과 규율을 통해 많은 사람들이 중산층으로 계층 이동할 수 있었다. 그들이 휴가를 떠날 수 있는 여유를 누리게 된 것도 역시 근면과 규율 덕분이었다. **그러나 휴가는 중산층이 가장 소중히 여기는 가치와 근본적으로 배치되는 것이었다.**" 애런이 상세히 기술한 바 있듯이, '자기계발 휴가self-improvement vacations,' 즉 종교활동 등을 하며 휴가를 보내는 사람들이 크게 증가한 것은 바로 이 때문이었다.

1962년에 『시간, 노동, 그리고 여가Of Time, Work, and Leisure』라는 책을 펴낸 세바스티안 그라치아Sebastian de Grazia는 여가시간을 소중히 여기지 않게 된 현상을 크게 개탄했다. 그는 아리스토텔레스를 인용하며 이렇게 썼다. "스파르타는 전쟁을 하는 기간 동안엔 굳건했다. 그러나 제국을 완성하자마자 몰락해 버렸다. 그들은 평화가 가져다 준 여유시간을 어떻게 사용해야 할지 전혀 알 수 없었다." 그리고 그라치아는 이렇게 결론지었다. "미국 역시 여가 없는 사회를 만들기로 결정을 내린 나라다."

철학적 논의는 접어두고라도, 북미인들이 여가 대신 노동을 선택한 가장 결정적인 이유는 다음과 같다. 그 외에는 선택의 여지가 없기 때문이다. 수시로 변하는 소비자들의 기호에 대응하느라 끝없이 긴 장시간 노동이라는 족쇄에 묶인 근로자들에게 여가는 도저히 손에 넣을 수 없는 사치품에 불과하다. 게다가 여가상품들 대다수는 가격이 만만치 않다. 평면 TV 가격은 계속해서 떨어질지도 모른다. 하지만 매년 새롭게 업그레이드 된, 그리고 값비싼 TV가 출시된다. 스크랩북 만들기부터 해저 다이빙에 이르기까지, 모든 취미활동은 여러 가지 부대장비들을 필요로 한다. 물론 공짜가 아니다.

　이러한 트렌드가 언제부터 시작되었을까? 아마도 1920년대라고 보아야 할 것이다. 1920년대는 역사상 최초로 '소비자 전성시대' 라고 불리던 시기였다. 어떤 면에서 보면, 소비자의 등장은 좀 더 많은 여가시간을 달라던 근로자들의 요구에 맞선 대응책이기도 했다. 만일 근로자들이 조금 덜 일한다면 그들의 소비능력은 그만큼 떨어질 것이며, 따라서 조금 덜 소비하게 될 것이다. 그리고 그것은 경제 성장을 지연시킬 것이다. 따라서 조금 더 열심히, 그리고 조금 더 많이 일하면 생활수준을 대폭 향상시켜 줄 돈을 벌 수 있으리라는 확신을 근로자들에게 심어주어야 했다. 이것이 치밀하게 계산된 시도였는지, 혹은 근로자들이 너무 많은 상품 광고에 노출되어 자연스럽게 받아들인 결과인지는 확실치 않다. 분명한 것은, 제1차 세계대전 이전까지만 해도 근로자들은 좀 더 많은 여가시간을 원했다는 점이다. 그리고 1920년대에 접어들면서부터는 자신들의 눈에 보이는 모든 것을 손에 넣고자 했다는 점이다. 그것이 신형 포드 자동차건, 1920년대의 기적이라 불리는 라디오건 말이다. **근로자들은 여가 대신 노동을 택했다.**

많은 시간을 일할수록 좀 더 많은 소비재를 손에 넣을 수 있었기 때문이다. 그리고 그들은 두 번 다시 뒤돌아보지 않았다.

여가는 점점 더 값이 비싸졌다. 어느 순간 중산층도 자동차를 구입할 수 있게 되었고, 너나 할 것 없이 앞 다투어 사들였다. 1920년대 말, 사회학자 로버트 린드Robert Lynd와 헬렌 린드Helen Lynd는 인디애나 주의 한 마을을 대상으로 주민들의 시간 씀씀이에 대한 사례연구를 수행했다. 여가시간도 포함된 조사였다. 연구 결과, 가장 인기 있는 여가활동은 자동차 드라이브로 나타났다. 두 저자는 이렇게 기술했다. "자동차의 등장으로 인해 오랫동안 지녀왔던 가치관이 뒤흔들렸다. 자동차를 사기 위해 주택을 저당 잡힌 사례도 있었다.…… 자동차는 신중하게 돈을 저축해 오던 여러 가정의 옛 습관을 일거에 무너뜨렸다." 물론 사람들이 자동차를 산 이유가 오로지 여가를 즐기기 위해서는 아니었다. 그러나 일단 자동차를 구입하게 되면서(이렇게 된 데에는 헨리 포드의 역할이 컸다. 그는 자기가 고용한 근로자들이 충분한 임금을 받아 자신이 직접 만든 차를 구입할 수 있게 되면 경제에 커다란 도움이 될 것이라고 믿었다.) 그들의 시간 사용방식은 바뀌었다. 아울러 그들의 돈 쓰는 방식도 바뀌었다.

물론 오늘날은 더 말할 나위도 없다. 각종 물질적 재화를 구입하고자 하는 욕망으로 인해 사람들은 빚더미에 오르고, 여가 부족에 시달린다. 이를 보여주는 매우 강력한 증거가 있다. **미국 상공부에 따르면, 1992~2005년에 미국의 저축률은 9%에서 마이너스 0.3%로 떨어졌다. 소비자들이 자신의 수입보다 더 많은 돈을 지출한다는 의미다. 지난 2005년 미국의 개인 파산율은 사상 최고를 기록했다. 200만 명이 넘는 미국인들이 파산 신청을 한 것이다. 미국 연방준비은행에 따르면, 미국의 소비자 부채는 1998~2006년에 두 배로 늘어났다. 더욱 무서운 것은 이 빚의 상당 부분이 주택담보대출이라는 점이다. 미국 가정에게 주택은 문자 그대로 거대한 ATM 기계가 되어왔던 것이다. 그 결과, 주택 소유자가 자신의 주택에 대해 갖고 있는 지분은 2006년에 불과 54%로 사상 최저치를 기록했다.

소비가 대유행이라는 사실을 확인하기 위해 많은 통계가 필요한 것은 아니다. 약 1세기 전에 베블런은 '과시적 소비'라는 개념을 처음 사용했지만, 아마도 그는 SUV라든가 100평짜리 '보통' 집, 200달러짜리 운동화 따위가 등장하리라고는 상상조차 못 했을 것이다. 한 세대 전까지만 하더라도 외식은 생일 같은 특별한 날에만 하는 일종의 이벤트였다. 지금은 "오늘은 왠지 밥하기 싫어" 같은 이유로 외식을 하기 일쑤다. 물론 이 같은 소비가 나쁘다는 의미는 아니다. 오히려 이러한 소비를 통해 사람들은 삶의 질이 높아졌다는 뿌듯함, 돈을 잘 썼다는 긍정적인 느낌을 갖는다. 동시에 가정경제는 늘 쪼들리고, 결과적으로 자유도 줄어든다. 저축도 물론 줄어든다.

오늘날 사람들의 지출이 더욱 심해진 것은 예전에는 '기본 재화'였던 것이 어느덧 사치품으로 돌변해 버린 탓도 크다. 고급 청바지, 즉 75달러가 넘는 청바지의 등장이 그 한 예다. 한 의류시장 조사에 따르면, 2002년 이후 매출이 가장 빠르게 성장한 청바지 종류는 값비싼 고급 청바지라고 한다. 7 포 올 맨카인드7 for all Mankind, 페이퍼 Paper, 클로스 앤드 데님Cloth and Denim, 트루 릴리전True Religion 등과

같은 브랜드는 이제 도처에서 볼 수 있다. 한 벌에 150달러가 넘는 청바지들이다. 바나나 리퍼블릭Banana Republic 같은 대형 쇼핑몰 판매용 브랜드조차 바지 한 벌에 100달러를 넘게 받는다. 누가 그런 바지를 입는가? 물론 유명 연예인들이 입는다. 그리고 그들을 추종하는 사람들-자신들이 추종자임을 인정하건 인정하지 않건 간에-이 그런 바지를 입는다. 그런 바지를 입는 것이 나쁜 일인가? 물론 그렇지 않다. 더 큰 집에 살아서, 그리고 좀 더 멋진 청바지를 입어서 행복을 느낀다면, 그건 그들이 선택할 일이다. 그러나 **청바지 한 벌의 가격이 시간당 평균임금(2006년 현재 약 16달러)의 열 배를 호가한다면 수입과 지출의 등식은 달라진다. 결과적으로 이것은 여가시간의 크기에도 적잖은 영향을 미친다.**

이렇게 논박하는 사람도 있을 것이다. 인간이란 본성적으로 과시적 소비를 하는 존재가 아니냐고. 『맞벌이의 함정 The Two Income Trap』을 쓴 엘리자베스 워런Elizabeth Warren과 아멜리아 티아기Amelia Tyagi에 따르면, 근로자들이 '전통적인 소비항목'들에 더 많은 돈을 지출하는 것이 아니라고 한다. 주택융자 할부금, 자동차 할부금, 그리고 보험금 등 기본적인 것들을 제하고 난 후 맞벌이 부부에게 남는 돈의 실질가치는 30년 전 맞벌이 부부의 소득을 밑돈다고 한다. 실제로 자신들이 뼈 빠지게 일하는 주요 이유는 주택융자금 상환 때문이라고 말하는 사람들이 부지기수다. 맞벌이를 하는 이유도 상당 부분 그것이다.

여가가 부족한 이유가 노동윤리 때문인지, 마음껏 소비할 돈을 벌고자 하기 때문인지, 혹은 단지 몸을 누일 집을 사기 위해서인지는 정확히 알 수 없다. 분명한 사실은 대다수 근로자들에게 여가시간이 줄어들어 왔다는 것이다. 그들은 장시간 근로를 하고, 휴가를 줄이거나 아예 포기한다. 그들은 지난 수십 년간 점점 더 '바빠져' 왔다. 우리는 그들의 한탄을 도처에서 들을 수 있다. "할 일은 너무 많은데 시간은 너무 없어."

여피족의 푸념 :

"남편과 저를 힘들게 하는 건 단 두 가지예요." 로빈이 한숨을 쉬며 말했다. 로빈은 유치원에 다니는 두 아들을 둔 투자상담가다. "먼지와 시간이죠. 집안이 너무 더러워요. 먼지투성이죠. 그런데 청소할 시간이 없어요. 정말이에요. 도무지 집안 정리를 할 시간이 나질 않아요." 돈은 별로 문제가 되지 않았다. 금전적으로는 여유가 있는 편이기 때문이다. 남편은 건축설계사다. 남편과 로빈이 벌어들이는 가구소득은 지난 몇 년 동안 꾸준히 늘어왔다. 덕분에 그들은 고급 주택가에 있는 자신들의 집을 리모델링 할 수 있었고, 호주로 크리스마스 여행을 다녀올 수 있었다. 큰아이의 세 번째 생일파티를 근처 요트클럽에서 열어주기도 했다. "깜찍하기 짝이 없는 파티였어요. 클럽에서 아이들을 작은 보트에 태우고 해적놀이를 시켜주었죠. 꼬마들이 해적 옷을 입고 자루를 든 모습이란……. 저는 그 모습을 넋을 잃고 쳐다보았죠." 로빈이 웃으며 말했다.

일부 경제학자들은 로빈 가족이야말로 오늘날 북미사회에서 빠르게 진행되고 있는 소득 양극화를 보여주는 대표적인 사례의 하나라

고 지적할지도 모른다. 로빈과 그녀의 남편처럼 고학력 전문직종에 종사하는 사람들의 생활수준은 점점 더 향상되는 반면, 중간 이하 소득층은 내 집 하나 마련하기 위해 발버둥 쳐야 한다는 것이다. 경제학자들의 지적이 옳을지도 모른다. 그러나 다른 관점에서 보면, 즉 '여가의 양극화'라는 관점에서 보면 로빈과 그녀의 남편 역시 양극화의 두 극 중 불리한 극에 놓여 있다. 로빈은 말한다. "시간이 없어요. 단축근무를 하고 있는데도 말이죠. 저는 오후 3시 30분에 사무실에서 나와요. 집에 도착하면 유모를 퇴근시키고 아이들을 돌보기 시작하죠. 다른 사람들처럼 저도 최선을 다하고 있어요. 새벽 5시 반에 일어나서 밤늦게까지 쉴 새 없이 움직이죠. 그렇게 해도 시간이 늘 모자라요."

로빈처럼 시간에 쫓기며 사는 사람들이 너무 많아지고 있는 건 사실이다. 최근에 《뉴욕 타임스》는 다음과 같은 글을 실었다. "바쁜 전문직 종사자들에게는 회의나 저녁 약속의 취소야말로 가장 값진 선물이 될 수 있다. 굳이 말을 하지 않아도, 일과표 한 구석이 비는 것은 더할 나위 없는 사치이자 기쁨이라는 것을 양측 모두 알고 있기 때문이다. 부자들이 돈 주고 살 수 없는 것이 바로 시간이다."

실업자들에겐 많은 여가시간과 적은 돈이 있다. 그러나 시간에 예속된 전문직들에게는 많은 돈과 턱없이 적은 시간이 있다. 이 그룹을 다른 그룹과 뚜렷이 구분할 수 있는 선은 없지만, 로빈은 분명 이 그룹에 속할 만한 전형적인 인물이다. 색색가지 네모칸으로 구분된 최첨단 일과표를 냉장고에 붙여놓고 살아가는 앨리도 마찬가지다. 로빈과 앨리 모두 자신들이 부자라고 생각하지 않을지도 모른다. 그러나 맞벌이인 그들은 대다수 다른 가정들보다는 분명 경제적으로 윤택한 삶을 살고 있다.

미국 센서스국 통계에 따르면, 2005년 현재 맞벌이 가구의 연간 평균소득은 6만 6,067달러다. 전체 가구 중위소득인 4만 6,326달러보다 40% 이상 높은 소득이다. 맞벌이 가구는 자신들이 심한 시간 부족에 시달리고 있다고 호소한다. 지난 20여 년 동안 여가시간이 가장 많이 줄어든 가구 역시 맞벌이 가구다. 어떤 조사방법을 사용해도 동일한 결과가 나온다. 1970년부터 2000년까지, 부부의 주당 근로시간은 적게는 10시간, 많게는 63시간 증가했다. 1970년에는 부부 네 쌍 중 한 쌍만이 맞벌이였으나, 2000년에는 두 쌍 중 한 쌍이 맞벌이다. 1970년 맞벌이 부부의 주당 평균 근로시간은 78시간이었으나, 2000년에는 82시간으로 늘어났다.

2005년의 ATUS 통계 역시 동일한 상황을 보여준다. 전 산업분야에 걸쳐, 18세 이상 근로자의 일일 평균 여가시간은 5.1시간이다. 그러나 18세 이하의 자녀가 있는 근로자들의 일일 평균 여가시간은 남성이 4.7시간, 여성이 4.1시간이다. 자녀가 어릴수록 맞벌이 부부의 여가시간은 더욱 줄어든다. 6세 이하의 자녀가 있는 남성은 4.4시간, 여성은 3.8시간의 여가를 갖는다.

투자상담가, 건축설계사, 변호사 등과 같은 전문직 종사자들 역시 시간예속이라는 점에서는 적신호가 켜진 집단이다. 미국 사회학회의 한 연구에 의하면, 관리직이나 전문직 종사자들일수록 더 장시간 노동을 한다. 2003년 현재, 관리직이나 전문직에 종사하는 남성 근로자

90 · THE LEISURE ECONOMY

세 명 중 한 명은 주당 최소한 50시간 이상을 일한다. 관리직이나 전문직에 종사하지 않는 남성들의 경우 다섯 명 중 한 명만 주당 50시간 이상을 일한다. 여성의 경우, 관리직이나 전문직에 종사하는 여섯 명 중 한 명이, 그리고 그렇지 않은 직종에 종사하는 열네 명 중 한 명이 주당 50시간 이상을 일한다. 이들 고숙련 근로자 집단은 높은 교육수준을 요하는 직종, 그리고 가장 장시간 노동이 예상되는 직종에 주로 종사한다. 즉, 오늘날에는 학력이 높은 사람일수록 여가시간이 적은 직종에 취업하는 경향이 있다. **ATUS 통계에 따르면, 고졸 이상의 학력을 가진 근로자들은 하루 평균 6.3시간의 여가를 갖지만, 대졸 이상의 학력을 가진 근로자들은 4.3시간의 여가를 갖는다.**

믿기 힘들 만큼 장시간 업무를 하는 전문직 종사자들을 흔히 볼 수 있다. 법조계 종사자들이 그 대표적인 예다. 법조계 내에서는 지난 몇 십 년 동안 '규범적 근로시간'의 기준이 비약적으로 상승했다. 법조계 종사자들을 주 대상으로 하는 국제 컨설팅 회사인 커마 파트너스Kerma Partners에서 일하는 캐런 매케이Karen MacKay는 이렇게 말한다. "20년 전까지만 해도, 뉴욕의 내로라 하는 법률회사에서 일하는 변호사들의 고객 상담시간은 한 해에 1,500시간 정도였어요. 지금은 2,200시간 내지 2,600시간 정도 됩니다. 다시 말해서 하루에 11시간 정도 일한다는 거죠. 1970년대에는 상상조차 할 수 없는 일이었죠."

신기술 분야의 경우 주당 80시간 노동이 당연시된 것은 이미 오래 전 일이다. 신기술 산업이 호황을 누리던 시절, 전문직 근로자들은 하루 중 깨어 있는 거의 모든 시간을 업무에 바쳤다. 그 대가로 스톡

옵션과 무료 식사, 그리고 애완견을 사무실에 데려올 수 있는 권리를 확보했다. 지금으로부터 10여 년 전쯤에 문을 연 기업들의 경우, 초창기 근로자들의 대다수는 직장경력이 짧은 사회 초년생들이었다. 닷컴 기업들이 몰락한 지 5년 정도가 지난 오늘날에는 그림이 약간 달라졌다.

일렉트로닉 아트Electronic Arts Inc.라는 회사는 최근에 한 소송에서 패소했다. 자사의 프로그래머들이 시간외 수당을 지급하라며 제기한 소송이었다. 회사는 법원의 판결에 승복하여 현재 추가임금을 지급하고 있는 중이다. 추가임금 지불 대신 근로시간 단축을 요구할 수도 있었지만, 프로그래머들은 시간 대신 돈을 택했다. 그들은 조금 더 많은 돈을 벌게 되긴 했지만, 시간예속에 시달리는 것은 예전과 다름없다. 어떤 신문기사는 위 사건의 법원 판결을 보도하면서 이렇게 썼다. "오늘날의 대다수 신기술 전문직 종사자들은 미혼 시절에 그 일을 시작했다. 그러나 지금은 대부분이 가정을 꾸리고 있다. 가족들과 저녁식사를 하기 위해 1분이라도 먼저 퇴근하고 싶어 안달을 할 시기가 아닌가." 하지만 어떤 법원도 프로그래머들로 하여금 그러한 욕망을 갖도록 강제할 수는 없는 일이다.

'고소득 저여가'의 삶을 살게 된 것은 반드시 근로시간 때문만은 아니다. 직장 이외의 생활에서도 사람들은 그저 너무 바쁘다고 아우성이다. "아이들이 생기기 전에도 우리는 늘 시간에 쫓겼어요." 로빈이 말한다. "물론 직장일이 많긴 했죠. 하지만 인생을 즐기기도 했어요. 매일 헬스클럽에도 다니고, 주말이면 스키도 타러 다녔죠. 지금

도 그런 취미생활은 어느 정도 계속하고 있어요. 남편은 지난 여름을 너무 바쁘게 보냈다고 투덜대지만, 사실 바빴던 이유 중에는 우리가 여러 차례 요트 여행을 한 것도 포함되죠."

1980년대와 90년대에 걸쳐, 각종 일간지에는 시간예속에 관한 많은 기사가 실렸다. 당시 몇몇 연구자들이 시간예속에 관한 조사를 한 뒤 매우 비판적인 견해를 피력한 바 있다. 2003년 텍사스 주립대학 경제학과 교수인 대니얼 해머메시Daniel Hamermesh와 정민 리Jungmin Lee는 《내셔널 뷰로 오브 이코노믹 리서치National Bureau of Economic Research》에 발표한 논문에서 이러한 시간예속은 단지 '여피들의 푸념'에 불과하다고 잘라 말했다. 각기 다른 대륙에 위치한 4개국(미국, 캐나다, 호주, 한국)의 자료를 분석한 그들은 시간예속 현상이 실재하는 것은 사실이지만, 그것은 오직 고소득층에 국한되어 있을 뿐이라고 결론 내렸다. 그 이유는? 돈이 많을수록 구입할 수 있는 것이 더 많아지고, 따라서 그 상품들을 소비할 시간이 더 많이 필요해진다는 것이다.

해머메시와 리가 언급한 사례 중 하나를 살펴보자. 소득이 높은 가정은 유럽여행을 준비한다. 그와 동시에, 여행기간 동안 집을 리모델링 할 계획을 세운다. 저소득 가정은 여행도, 리모델링도 할 수 없다. 직장일이 바쁜 것은 사실이지만 단지 그것 때문에 시간예속이 초래되는 것은 아니다. 해머메시와 리는 독일의 자료도 검토했는데, 고소득 남편을 둔 전업주부는 저소득 남편을 둔 전업주부에 비해 훨씬 더 시간에 쫓긴다는 사실을 발견했다. 조사된 모든 국가들에서, 소득이 많을수록 그리고 맞벌이일수록 시간 스트레스가 심해지는 현상이 나타났다. 따라서 시간예속의 문제는 여피들의 투덜거림에 불과하며, 대다수가 빈곤에 허덕이며 살아가는 지금의 현실에서 결코 심각하게 취급될 사안이 아니라고 저자들은 주장했다. 또한 해머메시와 리는 앞으로 시간 스트레스는 더 커질 것이라고 예측했다. 경제규모가 확대됨에 따라 사람들은 더욱더 많은 상품(윈드서핑이든 중국여행이든)을 소비할 기회를 갖게 될 것이고, 그에 따라 일과표는 더욱더 빽빽이 메워질 것이라는 주장이다.

해머메시와 리의 주장에 어느 정도 일리가 있는 것은 사실이지만, 시간예속은 경제적 풍요 이외의 요소와도 분명 관련이 있다. 한 세대 전에도 아이들은 수영장에 가고, 바이올린을 배웠다. 하지만 부모들이 매일매일 시간표에 맞춰 그들을 수영장으로, 바이올린 교실로, 축구교실로, 발레교실로, 어린이 요리교실로, 음악감상 교실로 이동시켜 주지는 않았다. 중산층 어린이들이 이 모든 다양한 경험들을 누리는 것이 반드시 나쁜 일은 아니다. 그러나 이를 위해 부모들이 매일 턱없이 많은 시간을 아이들의 이동에 쏟아야 한다는 데에 문제가 있다. 또한 저소득층 부모들은 그렇게 할 수 없는 경제사정 때문에 스트레스를 받는다. 해머메시와 리도 저소득층 가정들 역시 스트레스를 받는다는 점을 지적한다. 단, 그들의 스트레스는 시간의 부족이 아니라 소득의 부족에서 기인할 뿐이다.

'여피들의 푸념'은 시간예속 경제가 마치 유행처럼 자리 잡게 된 이유를 부분적으로 설명해 준다. 시간보다는 돈이 없어서 스트레스를 받는 사람이 훨씬 많은 것이 현실임은 분명하다. 가장 부유한 층

이 가장 심한 시간예속을 경험하는 층이라면, 가장 심한 시간예속을 경험하는 층이 가장 많은 지출을 하는 층일 것이다. 각종 자료들도 그 사실을 입증해 준다. 미국 노동부 통계에 따르면, 가구주의 나이가 35~44세인 가구(최소한 한 명 이상의 자녀와 한 명 이상의 소득인이 있는 가구)의 경우 2005년 현재 연평균 5만 5,190달러의 지출을 한다. 여가시간이 좀 더 많은 가구일수록 소득이 적다. 예를 들어, 가구주의 연령이 44세 이상인 가구는 연평균 3만 2,866달러를 지출한다. 여가산업 경영자들의 시각에서 보자면, 여가시간은 임자를 잘못 만난 셈이다. 소비능력이 적은 층일수록 여가시간이 많고, 소비능력이 높은 층일수록 시간예속에 허덕이기 때문이다.

시간예속에 시달리는 여피 투덜이들은 사회 지도층이기도 하다. 그들은 경영자들이고, 교수들이고, 변호사들이고, 정치인들이고, 정책 결정자들이다. 각종 TV 드라마는 그들을 모델로 한 등장인물들로 가득하다. 기자들은 그들의 말을 인용해서 기사를 쓴다. 그들은 유행을 만든다. 21세기 현재, 그들이 만들고 있는 유행은 바로 이것이다. "시간예속이야말로 쿨한 삶이다."

신 여가세계로의 도피 :

        북미인들이 세계의 다른 지역 사람들에 비해 상대적 풍요를 누리고 있는 것은 사실이다. 그러나 오늘날 북미인들은 현재의 경제력과 풍요를 유지하는 일만으로도 무척 허덕인다. 과거 수십 년 동안 우리는 시간 대신 돈을 중시해 왔고, 그 결과 이제 전통적 의미의 여가시간은 사라졌다.

하지만 꽤 흥미로운 아이러니도 등장했다. 사람들을 언제 어디서고 '업무 중'으로 만든 신기술(밤늦게 집에서 고객에게 이메일을 보내건, 혹은 해변에서 상관에게 문자메시지를 보내건)의 힘은 그 반대 방향으로도 작용하고 있다. 이베이(Ebay, 미국 최대의 온라인 경매 사이트-옮긴이)에서 '직장에서의 감시대상 행위 목록'을 읽어본 적이 있는 사람이라면 너무나 잘 아는 사실이다. **지난 2000년, 《패스트 컴퍼니** *Fast Company***》라는 잡지는 직장에서 인터넷 서핑을 하거나 컴퓨터 게임을 즐기는 행위를 일컬어 '신여가**neo-leisure**'라고 명명했다.** 예전 같으면 '게으른 짓'으로 손가락질 받았을 이 '신 여가'는 이제 지식노동자들의 휴식과 레크리에이션으로 자리 잡았다. 회사 전화를 이용한 폰섹스 비용을 계산하는 일이 경리사원 업무의 일부분이 되었을 정도다. 집안일을 회사에 와서 처리하는 것 역시 신 여가의 한 특성이다. **미국 소매협회**U.S. National Retail Federation**의 보고서에 따르면, 2006년 현재 직장에서 인터넷 이용이 가능한 사람들의 반 이상이 업무 중 온라인 쇼핑을 한다고 한다.**

이리하여 직장과 가정의 경계선은 한층 더 희미해졌다. 직장일은 가정으로 침입해 들고, 가정일은 직장일로 침입해 든다. 이러한 상황이 생산성에 도움이 되는지 아닌지를 판단할 공식적인 지표는 없다. 하지만 이것을 환영하는 사람은 아무도 없는 듯하다. 보험회사 마케팅 매니저로 일하는 에리카의 경우를 보자. 그녀는 어느 정도의 집안일은 직장에서 처리할 수밖에 없다고 말한다. "아이들 축구교실 스케줄을 잡는다든가 하는 일은 직장에서 할 수밖에 없어요. 직장일을 집

으로 가져가는 건 물론이고요. 출장도 가야 하고, 사무실에 늦게까지 남아 있는 경우도 많아요. 어느 정도의 개인적 사무는 직장에서 해야죠. 달리 시간이 없으니까요." 에리카 역시 여피 투덜이다. 맞벌이를 하고 있고, 아이들을 여러 가지 방과 후 프로그램에 가입시켰으며, 각종 가족 이벤트와 여행 계획을 세우느라 분주하기 짝이 없다.

하지만 시간에 예속된 모든 사람들이 그러하듯, 에리카의 상황 역시 이 시대의 산물이다. 21세기는 혼란스런 경제상황 속에서 시작되었다. 그리고 그러한 경제상황은 많은 사람들이 시간 부족에 쩔쩔매는 세상을 만들어냈다. 지난 10여 년 동안 시간예속 경제는 정점에 달했다. 하지만 지금은 상황이 달라지고 있다. 이 달라져 가는 상황은 우리를 레저경제로 이끌어 갈 것이다. 그러나 정확히 언제 레저경제가 도래할 것인가는 바로 우리 자신에게 달려 있다. 우리가 여가를 돈과 맞바꾸어 왔다는 것, 그리고 그 대가가 너무 비쌌다는 것을 빨리 깨달을수록 레저경제의 도래는 앞당겨질 것이다.

THE
LEISURE
ECONOMY

제3장

⋯ 레저경제의 서막

> "맞아요. 전 많은 시간을 일합니다. 직장생활을 하면서 세 건의 인수합병을 겪었어요. 그 때문에 많은 사람들이 직장을 잃었지요. 생산성이 높은 사람이건 아니건 관계없어요. 지금 내 생각엔, 그저 내 스마트폰으로 질 높은 시간을 보내는 게 제일 유익한 것 같습니다."
>
> – 짐(Jim, 경영 컨설턴트이자 베이비붐 세대),
> '왜 일중독자로 사는가'에 대한 답변 중에서

이느 회창힌 금요일 오후였다. 가을은 익어가고 있있고, 오크빌 글럽Oakville Club은 아주 조용했다. 부드러운 산들바람이 야외 수영장에 잔잔한 물결을 일으켰다. 토론토 교외 오크빌에 위치한 이 클럽은 요트클럽이자 고급 사교클럽이기도 했다. 아름다운 한낮의 가을을 만끽하기에 더없이 좋은 장소였다. 하지만 사람들은 별로 없었다. 수영장 풀 안에는 이제 막 걸음마를 시작한 듯한 아이 하나와 그 엄마만 있을 뿐이었다. 클럽의 바 안에는 나이 든 신사 몇 사람이 골프 이야기를 나누고 있었고, 수영장 주변의 테이블은 한 개를 제외하고는 모두 텅 비어 있었다.

풀장 옆에서 타월 정리를 하고 있는 젊은 직원들에게 이러한 고요함은 달콤한 휴식과도 같을 것이다. 하지만 이 평화가 오래 지속되지 않으리라는 것을 그들은 잘 알고 있다. 잠시 후면 한 무리의 베이비붐 세대 클럽 회원들이 퇴근 열차에서 내려 이 클럽에 몰려와 칵테일을 마시고 저녁식사를 할 것이다. 물론 금요일에도 늦게까지 사무실에서 일하느라 오지 못하는 회원들도 있겠지만, 그들도 토요일에는 풀장의 물살을 가르거나 테니스 코트를 누비게 될 것이다. 그러나 이 젊은 직원들이 모르는 것이 한 가지 있다. 금요일 오후의 이 잠시 동안의 평화도 조만간 사라질 것이라는 점이다. 베이비붐 세대들이 퇴근 열차에서 영원히 몸을 내리게 되는 날, 그날은 '금요일 오후의 고요' 역시 사라지는 날이 될 것이다. 베이비붐 세대는 곧 노동 없는 세계에 진입하게 된다. 그때가 바로 레저경제가 시작되는 날이다.

인구통계학 – 변화의 스타트라인 :

　　　　　　　　　　　　이렇듯 여가가 부족한 사회가 된 중요한 이유 중 하나는 인구학적 변화다. 베이비붐 세대가 노동시장에 진입하고 가정을 꾸리기 시작하면서 여가 빈곤의 시대도 시작되었다. 자식을 키우고 노동을 하느라 베이비붐 세대 근로자들은 태양 아래에서 스포츠를 즐기거나 느긋하게 와인을 마실 시간을 갖지 못했다. 지난 수십 년간 레저산업이 발전해 온 것은 일종의 기적이라 할 수 있다. 인구학적 상황으로는 도저히 그럴 수 없었기 때문이다. 베

이비붐 세대는 여가를 누릴 시간이 없었을 뿐만 아니라, 휴가를 갖는 것 자체에 대한 반감을 지녀왔다. 아마도 그것은 순전히 그들의 규모, 즉 인구수 때문이었을지도 모른다. 베이비붐 세대는 인구가 너무 많아서 자신이 원하는 것을 향해 늘 치열하게 경쟁해야 했다. 또한 자신이 원하는 것을 구입하기 위해 열심히 노동해야 했다. 이것은 시간예속의 악순환을 낳았다.

거대한 인구 규모를 자랑하는 베이비붐 세대가 장년기에 접어들었던 시기, 즉 그들이 가장 바쁜 나날을 보내던 시기에 이 사회는 더욱더 빠르게 돌아갔고, 더욱더 경쟁적으로 변했다. 그리고 그러한 추이는 그들이 좋아하던 로큰롤과 자유연애와 나팔바지만큼이나 확실하게 사회 구석구석으로 스며들었다. 그러나 이들 베이비붐 세대가 노동의 절정기를 지나면서부터는 반대의 징후가 등장하게 될 것이다. 북미인들의 상당수는 지난 수십 년간의 삶과는 달리 '일과표가 텅 빈 날'을 점점 더 많이 갖게 될 것이다. 하지만 일단 그러한 생활에 익숙해지면, 그들은 '여가란 쿨한 것'이라는 생각을 하게 될 것이다. 그리고 실제로 여가는 '쿨한 것'이 될 것이다.

제1세대 베이비부머들은 캡틴 캥거루(Captain Kangaroo, 미국 CBS TV에서 1955년부터 1985년까지 방송했던 어린이 쇼-옮긴이)와 재니스 조플린(Janis Joplin, 1960년대에 미국에서 큰 인기를 끌었던 여성 로커-옮긴이)을 스타로 만들었다. 그들의 부모는 이 제1세대 베이비부머들을 키우기 위해 '교외 주택가'를 건설했고, 그들을 교육시키기 위해 무수한 대학을 만들어냈다. 제1세대 베이비부머들이 20대에 접어들었을 무렵

'청년문화'라는 용어가 등장했다. 노동시장으로 진입한 후 그들은 시간예속 경제를 창조해 냈다. 베이비붐 세대가 무엇을 하건, 그것은 사회에 대한 우리의 관점을 규정하고 결정해 왔다. 그리고 지금 이들 베이비부머들이 새로운 경제, 즉 레저경제를 만들어가려는 참이다.

나이와 여가의 함수관계 :

이 세상에서 가장 많은 시간을 가진 사람들을 만나고 싶다면 취학 전 아이들을 만나보라. 공원에서 한참을 놀다가 이제 돌아갈 시간이라고 말하면 아이들은 이렇게 묻는다. "왜 지금 가야 하는 거죠?" 다섯 살짜리 아이들로서는 꽤 타당한 물음이 아닐 수 없다. 그들은 다음 날 출근하지도 않고, 저녁식사를 준비해야 하는 것도 아니며, 세탁소에서 옷을 찾아와야 하는 것도 아니다. 대부분의 시간이 오로지 그들의 것이다. 다섯 살짜리 아이들은 이 시간을 충분히 즐겨야 할 것이다. 그럴 수 있는 시기가 그리 오래 지속되지 않을 테니 말이다. 여가시간의 양은 나이에 따라 변한다. 인생의 시작과 끝에 우리는 가장 많은 여가시간을 갖는다.

ATUS 자료(이 장의 자료는 미국에 국한되었다. 미국은 매년 자료가 업데이트 되지만 캐나다는 그렇지 않기 때문이다. 약간의 차이들은 있지만, '나이-여가'의 상관관계는 캐나다 역시 대체로 미국과 유사한 패턴을 보인다.)는 인생주기에 따른 시간의 흐름을 잘 보여주고 있다. 단, ATUS는 16세 이하 인구에 대한 자료를 포함하고 있지 않다. 그러나 16세 미만 아이들이

어떤 식으로 하루를 보내는지 짐작하기란 그리 어렵지 않을 것이다. 그들에게 학교에서 보내는 시간 외의 대부분의 시간은 사실상 '여가' 다. 숙제나 심부름을 하느라 약간 시간을 보낼 수 있고, 등하교에도 물론 시간이 걸린다. 하지만 그 나머지 시간은 대체로 놀이를 하며 보내게 마련이다. 축구교실 등 팀 운동을 하거나 각종 방과 후 활동을 하며 시간을 보낼 수도 있다. 물론 '너무 바쁜 아이들'에 대한 문제제기도 있고, 매일 오후 이 축구장에서 저 축구장으로 이동하는 일은 여가라기보다 노동에 가깝다고 주장하는 사람도 있다. 하지만 직장도 없고, 여름철에는 거의 완전한 자유시간을 보내는 16세 미만 어

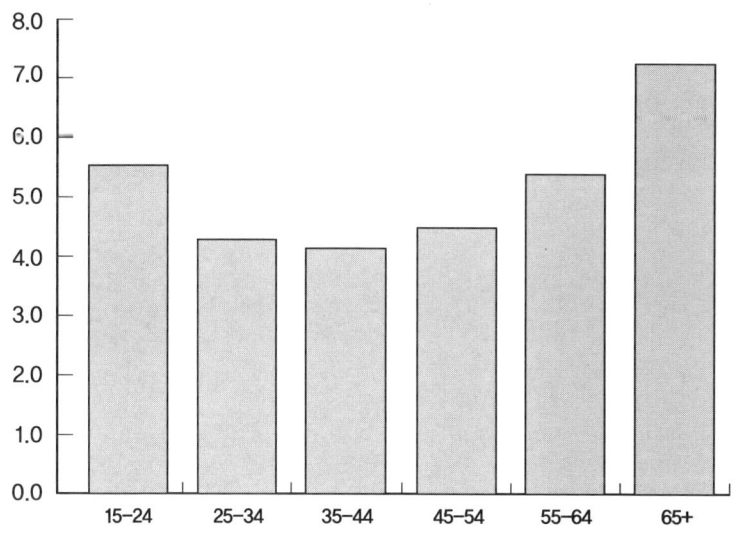

■ 생애주기별 여가시간
연령별 일일 여가시간

| 출처 : ATUS(American Time Use Survey, 2005)

린이들은 가장 여가가 많은 삶을 누리는 연령대임이 분명하다.

　15~24세 연령대 역시 많은 여가를 누리고 있다. ATUS 자료에 따르면, 2005년 현재 이 연령대는 하루에 5시간 33분의 여가시간을 갖는다. 흥미로운 것은, 이토록 젊은 연령대에서도 남성들이 여성들보다 더 많은 여가시간을 누린다는 점이다. 남성들은 하루에 6시간 14분, 여성들은 4시간 52분의 여가를 누린다. 이 연령대의 많은 여성들이 아이를 갖고 가사노동을 시작하게 된다는 사실이 그 한 가지 이유일 것이다.

　학교를 졸업하고 취업을 하게 되면 여가시간은 사라진다. **25세 이후부터 여가시간은 곤두박질친다. 공식 통계에 의하면, 25~34세 연령대의 일일 평균 여가시간은 4시간 17분이다. 성별로 보면 남성은 4시간 49분, 여성은 3시간 55분이다.**

　숫자로 보면 여가시간이 제법 많다고 생각될지도 모른다. 20대 후반에게는 그럭저럭 괜찮은 양의 여가일 수 있다. 조디의 사례를 보자. 직접 헬스클럽을 운영하며 트레이너로도 일하는 28세의 조디는 일주일에 70시간 정도를 헬스클럽에서 일한다. 이 때문에 하고 싶은 많은 일들을 포기해야 한다. 건강에 좋은 음식을 만들어 먹고 싶지만 요리할 시간을 내기란 불가능하다. 휴가계획 짜는 일은 악몽에 가깝다. 하지만 이따금 친구들과 만나는 일, 그리고 일주일에 두 번씩 하는 축구만큼은 늘 우선순위에 둔다. 조디는 이렇게 말한다. "저 자신을 위해서 그 일만큼은 꼭 해요. 너무 바쁘긴 하지만, 돌볼 아이들이 있는 것도 아니잖아요. 자유로운 편이죠."

하지만 조디의 이러한 여가시간도 오래가지는 못할 것이다. ATUS 자료에 따르면, **35~44세는 그 어느 연령대보다도 여가시간이 적다. 2005년 현재 이 연령대는 일일 평균 4시간 12분의 여가시간을 갖는다.** 여성들의 경우 3시간 55분으로, 25~34세와 동일한 양이다. 그러나 남성들의 여가시간은 4시간 28분으로 줄어든다. 부모 역할에 좀 더 많은 시간을 할애할 시기이기 때문일 것이다.

자녀가 있는 가구와 그렇지 않은 가구가 여가시간에서 차이를 보인다는 점은 놀라운 일이 아니다. 모든 연령대에서 유자녀 가구와 무자녀 가구의 여가시간은 차이가 있다. 특히 35~44세에서 그 차이가 가장 크게 벌어진다. 이 연령대에서 17세 미만의 아이를 둔 가구는 하루 평균 4.37시간의 여가를 갖는 반면, 그렇지 않은 가구는 5.66시간의 여가를 갖는다. 이 중에서도 가장 시간에 쪼들리는 사람들은 누구일까? 6세 미만의 자녀를 가진 직장여성이다. 앞서 1장에서 소개했던, 영업부장이자 아이 엄마인 리사는 이 같은 정부 통계가 자신의 실제 경험과 유사하다며 반가워했다. ATUS 통계에 비추어 보면, 리사는 주중 하루 평균 2.1시간의 '자유' 시간을 갖는다. 리사 자신의 추정과 거의 일치한다.

연령별 여가시간 통계만 보더라도, 북미사회가 왜 시간예속 경제로 변화해 왔는지 쉽게 알 수 있다. 베이비붐 세대가 시간예속 연령대로 접어듦에 따라, 지난 수십 년 동안 여가 없는 사람들의 수가 기하급수적으로 증가해 왔다. 미국 센서스국의 조사에 따르면 1975년에는 2,280만 명이 35~44세의 시간예속 연령대에 속해 있었다. 2000년에 그 숫자는

4,520만 명으로 늘었다. 97%가 증가한 것이다. 같은 기간, 이 연령대가 전체 인구에서 차지하는 비율은 10.6%에서 16%로 늘어났다. 전체 인구 중 상당 부분이 시간 부족에 허덕이고 있다는 뜻이다. 그들은 눈뜨면 직장에 출근하고, 저녁이면 퇴근해서 집으로 돌아온다. 그 후 잠자기 전까지 나머지 일들을 모두 처리해야 한다.

베이비붐 세대가 시간예속 연령대에 진입했다는 물리적 현상만이 변수는 아니었다. 시간예속 연령대에 진입함과 동시에, 그들은 한 가구가 얼마나 시간에 허덕일 수 있는지에 대한 기존의 통념을 부수어 버렸다. 1970년, 기혼부부의 평균 근로시간은 53시간이었다. 2000년에 그 숫

■ 1990년대에 '시간예속' 연령대가 증가하다
미국 전체 인구 중 35~54세 인구의 연도별 비율(단위 : %)

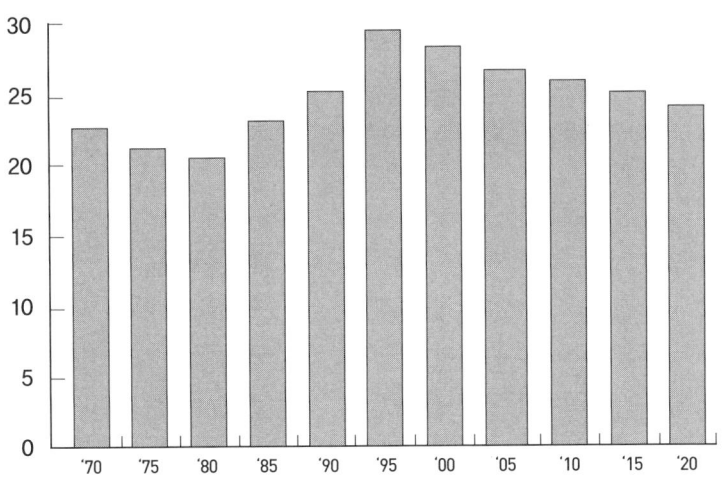

| 출처 : 미국 센서스국(U.S. Bureau of the Census)

자는 63시간으로 늘었다. 이 증가분은 평균 근로시간의 길이와는 아무 관련이 없다. 여성들이 대규모로 노동시장에 진입한 것이 유일한 이유다.

이러한 변화는 아주 매력적인 시장을 창출했다. 많은 베이비붐 세대 여성들이 시간은 부족하지만 쓸 돈은 많아지게 된 것이다. 유례없는 일이었다. 이러한 변화가 시간예속 경제를 만들어냈다는 것을 이해하기란 어렵지 않다. 하지만 이 현상은 단지 한 세대에 걸쳐 진행된 것일 뿐이라는 점을 명심해야 한다. 앞으로는 이토록 빠른 취업인구의 증가를 찾아보기 힘들 터이기 때문이다.

오늘날의 시간예속은 단지 베이비붐 세대가 특정한 연령대에 진입했기 때문에만 발생한 것은 아니다. 베이비붐 세대의 특정한 가치관, 혹은 사고방식도 중요한 역할을 했다. 시간에 쪼들리는 삶은 베이비부머들의 세계관과 잘 들어맞았다. 사실상, 시간예속은 전적으로 베이비붐 세대 현상이다. 훌라후프, 바비인형, 요요가 그러했던 것처럼.

세대가 여가를 결정한다 :

베이비부머에 대한 이야기는 잠시 중단해 보자. 그보다 우선되어야 할 것은, 과연 '세대'라는 변수가 여가시간에, 즉 우리가 얼마만큼의 여가를 갖는가, 그리고 얼마만큼의 여가를 원하는가에 어떤 영향을 미치는지 살펴보는 일이다. 사실 세대라는 변수는 우리가 하는 모든 일에 영향을 미친다. 여가를 포함하여 삶의 모든 영역에 대한 우리의 태도는 우리가 태어난 시기, 우리가 처한 경제

형태 등에 의해 모양 지어진다. 윌리엄 스트라우스William Strauss 와 닐 하우Neil Howe 는 1991년에 출간된 『세대들Generations : A History of America's Future』이라는 책에서 이 문제를 다루었다. 그들은 미국의 각 세대는 네 가지 세대적 원형들을 순서대로 반복해 왔다고 주장한다. 예언자, 유목민, 영웅, 예술가가 그것이다. 그들의 논지에 따르면, 역사의 주기 역시 반복된다. 그들은 이 주기를 '선회turning' 라고 명명했다. 한 주기는 20년 동안 지속된다. 하나의 선회가 일어날 때 어떤 연령대에 속해 있는가에 따라 특정 연령대의 세대적 특성이 결정된다. 예컨대 '병사 세대GI Generation' 는 제2차 세계대전 기간 동안 청춘기를 보낸 연령층이다. 이는 그들이 장차 보수적인 가치관 및 제도를 신뢰하고 존중하는 세대가 되었음을 의미한다. 또한 팀워크를 중시하고 시민적 책임을 강조하는 세대가 되었음을 의미하기도 한다.

특정한 세대적 유형이 주기적으로 반복된다는 이들의 이론을 수용하지 않는 사람들도 있을 수 있다. 그러나 사회적으로 중요한 사건들이 일어난 시기에 어떤 연령대에 속해 있었는가에 따라 세대적 특성이 형성된다는 이 주장은 반박하기 힘들다. 제2차 세계대전 시기에 성장한 사람들에게 결정적인 사건은 진주만 습격이나 전쟁의 종식이었을 것이다. 베이비붐 세대의 어린 시절에는 아폴로 우주선의 달 탐험, 케네디 대통령의 암살, 텔레비전의 등장 등이 대대적인 사건이었을 것이다. Y세대, 즉 1980년대 초 이후에 태어난 세대에게 가장 결정적인 사건은 아마도 9.11 사태일 것이다.

자신이 어느 세대에 속해 있는가는 자신이 얼마만큼의 여가를 누릴

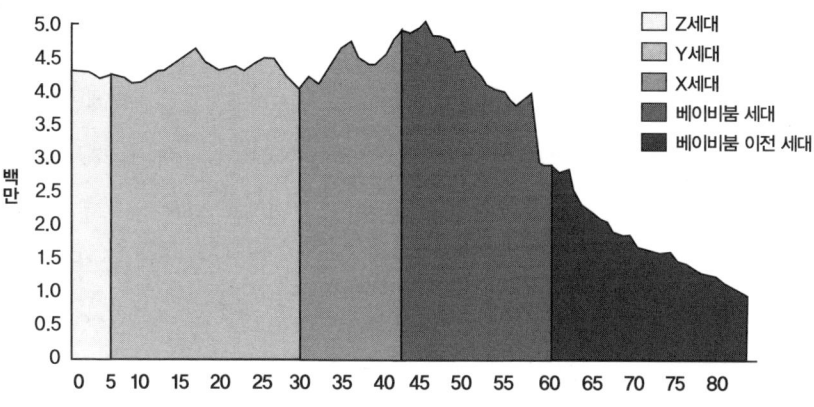

수 있는가를 결정하는 중요한 변수로 작용한다. 다른 변수가 없다고 가정할 때, 자신이 속한 세대의 인구 규모가 크면 클수록 경쟁 역시 치열해진다. 일자리를 두고 경쟁하는 사람이 많으면 많을수록, 다른 경쟁자들보다 더 열심히 일하지 않으면 안 된다. 따라서 인구 규모가 큰 세대는 인구 규모가 작은 세대보다 여가시간이 적을 수밖에 없다. 인구 규모가 큰 세대에게는 주택을 둘러싼 경쟁도 훨씬 거세다. 그들 모두가 비슷한 시기에 생애 첫 주택을 마련하고자 할 테고, 그들이 동시에 주택시장에 뛰어들면서 주택가격은 상승한다. 이것은 또다시 그들로 하여금 더 많은 시간, 더 오랜 기간 노동할 수밖에 없도록 몰아붙인다. 그리하여 경쟁이 덜 치열하던 예전 세대와는 달리, 여가는 일종의 사치로 간주된다.

베이비붐 이전 세대 – 무대연출자들 :

베이비붐 이전에 태어난 세대들에게도 레저는 일종의 사치로 여겨졌었다. (베이비붐 세대와 그 이전 세대를 구분하는 정확한 시점은 여전히 논쟁거리다. 스트라우스와 하우의 개념에 따르면, 생존 중인 베이비붐 이전 세대는 두 세대, 즉 1901~24년에 태어난 '병사 세대'와 1925~42년에 태어난 '침묵의 세대'다.) 대체로 그들은 요즘 기준으로는 꽤 검소하다고 할 만한 삶을 살았다. 휴가여행이라든가 세컨드 카 등은 필수품이 아닌, 꽤 사치스러운 항목으로 여겨졌다. 그들은 약 40년간 노동했고, 대부분의 가사일을 직접 처리했다. 20, 30년 전까지만 해도 사람들이 가사노동에 얼마나 많은 시간을 투여했는지 알면 독자들은 깜짝 놀랄 것이다. **1965년에 18~64세 여성들은 일주일에 평균 26.9시간을 가사노동에 쏟았다. 하루에 3.8시간을 할애한 셈이다.** 냉동음식이 시장에 갓 선보인 상태였고, 웬만한 주부들은 전기세탁기를 사용하고 있었는데도 말이다. 하지만 1950년대와 60년대의 여성잡지들을 훑어보면, 다음과 같은 광고문구들이 심심찮게 눈에 띈다. "리니트Linit 세탁풀! 뭉치지 않고 흔적도 없이! 다림질을 한결 수월하게!" "코트 앤드 클락Coats and Clark 바느질 실! 실을 다시 꿰지 않고 몇 시간이라도 계속 재봉틀 질을!" 이러한 광고들로 미루어 보아, 그 당시 주부가 직접 세탁물에 풀을 먹이고, 재봉질을 했던 것이 일반적이었음을 짐작할 수 있다. 물론 세탁풀과 바느질 실은 지금도 판매된다. 그러나 월간지의 한 지면이 세탁풀과 바느질 실 광고로 가득 차 있는 경우란 요즘에는 결코 찾아볼 수 없다. **1975년에 이르자, 주당 평균 가사**

노동 시간은 21.3시간으로 줄어든다. 1985년에는 다시 18.7시간으로, 그리고 2005년에는 12.5시간으로 줄어든다.

그럼에도 전후 세대가 여가를 위해 지출한 돈과 시간에 대해 그들의 조부모 세대는 경악을 금치 못한다. 1958년 《라이프 매거진 Life Magazine》은 '윤택한 삶 Good Life'에 대한 특집호를 낸 바 있다. 미국인들이 "그 어떤 사회에서보다도 많은 자유시간을 누리고 있다"는 내용이었다. 토요일이 휴일이 된 지 얼마 되지 않았던 당시, 《라이프 매거진》은 두 가족의 어느 토요일 오전시간을 밀착 취재했다. 두 가족은 여러 가지 집안일을 했고, 쇼핑을 했다. 《라이프 매거진》은 두 가족 모두 토요일을 이렇듯 가사노동으로 보내는 것에 대해 전혀 문제 삼지 않았을 뿐만 아니라, 오히려 이렇게 경탄했다. "오늘날, 자동화에 의한 대량생산 덕분에 토요일 아침은 자유롭고 유쾌한 시간이 되었다. 이는 미국인들이 전보다 더 나은 삶을 살고 있다는 증거다."

《라이프 매거진》은 또한 여가비용이 크게 증가한 것에 대해 상세히 기록했다. 그들의 계산으로는 당시 여가산업의 규모가 400억 달러에 이르렀다. 그로부터 40년 후, 경제학자 도라 코스타 Dora Costa는 당시의 가구당 총지출에서 여가비용의 몫이 크게 늘고 있었음을 확인했다. 그녀의 추산에 따르면, **1930년 가구당 총지출에서 여가비용이 차지하는 비율은 3.5%였고, 1950년에 4.5%로 증가한 후 1970년대 초까지 그 선에 머물렀다.**(정확히는 1934~35년에 3.5%, 1950년에 4.5%, 1972~73년에 4.6%였다.)

돈은 차치하고라도, 베이비붐 이전 세대 사람들은 여러 가지 측면에서 꽤 여유로운 삶을 살았다. 우선, 그들 대부분은 부부 중 한 사람만 취업했다. 즉, 부부가 맞벌이일 경우에 발생하는 스트레스를 겪지 않았다는 의미다. 둘째, 그 자녀들의 일과는 나중 세대에 비해 훨씬 느슨하게 짜여 있었다. 공식적이고 미리 조직된 스포츠 교실을 좇아 이리저리 시간에 맞추어 이동한 것이 아니라, 그저 집 앞 공터에서, 혹은 길거리에서 공을 차며 놀았던 것이다.

어떤 면에서 보면 베이비붐 이전 세대는 경제적으로 많은 스트레스를 받은 세대라고 할 수 있다. 많은 사람들이 대공황이나 전쟁기간에 즈음하여 태어났거나 성장했기 때문이다. 그러나 다른 면에서 보면 이들은 이후 세대에 비해 경제적 어려움을 덜 겪었다고 할 수도 있다. 예를 들어 1960년에는 주택가격이 지금보다 훨씬 낮았기 때문이다. 1963년 미국 주택의 중위가격은 1만 8,000달러였고, 1970년에는 2만 3,400달러였다(미국 부동산협회). 2006년의 달러가치로 환산하면 각각 11만 9,940달러와 12만 2,970달러다(미국 노동부의 소비자 가격 지표 계산법). 2006년 8월 현재 미국 주택의 중위가격인 22만 5,000달러와는 상당한 격차가 있다.

베이비붐 세대 – 막강한 주연의 등장:

베이비붐 세대들은 그들 부모 세대와는 다른 현실에 직면해 왔다. 1946~64년에 태어난 베이비부머들은 제2차 세계대전 이후의 시대를 지배해 온 '악명 높은', 그리고 수적으로도 압도적인 세대다. 그들이 선택하는 것은 무엇이든 유

행이 되었다. 그리고 그들은 여가 대신 노동을 택했다. 그들의 부모 세대에게는 억울한 일이지만, 베이비부머들은 너무나 많은 것들을 당연시하며 자라났다. 그들은 훨씬 더 젊은 나이에, 훨씬 더 먼 곳으로 여행을 다녔다. 그리고 이전 세대와는 비교할 수 없을 정도의 물질적 재화를 거머쥐었다. 그들은 1970년대와 80년대에 결혼했고, 결혼선물로 각종 가전제품과 값비싼 물품들을 받았다. 이전 세대는 평생 걸려도 구입할 수 있을까 말까 한 물건들이었다. 하지만 베이비부머들이 많이 갖지 못한 것이 하나 있다. 바로 여가시간이다. 사실 그들은 여가시간을 요구하지조차 않았다.

노동윤리인가, 일중독인가?

베이비붐 세대는 현재 가장 시간에 예속된 연령층에 해당하고, 지난 20여 년 동안 줄곧 그래왔다. 만일 그들이 일과 여가에 좀 더 느슨한 태도를 지녀왔다면, 우리는 지금과 같은 시간예속 경제의 근저에도 이르지 않았을 것이다. 베이비붐 세대는 본성적으로 목표 지향적이고 노동 지향적이다. 또한 그들은 나머지 인생도 빡빡한 스케줄로 달려가려 한다. 그들이 장년기에 도달하면서 시간예속 경제가 정점에 이르게 된 것은 결코 놀라운 일이 아니다.

이유가 무엇이건, 베이비붐 세대는 매우 강력한 노동윤리를 지녀왔다. 하나의 세대로서, 그들은 직업을 위해 많은 희생을 치를 수밖에 없었고, 또 그렇게 해왔다. 롱아일랜드대학 경영학과 교수인 조든 캐플런Jordan Kaplan은 이렇게 말한 바 있다. "베이비부머들에게는 목표가 있었고, 기회도 있었다. 그들은 풍부한 교육기회가 있었고, 그 기회를 이용했다. 그리하여 그들은 그 이전의 어떤 세대보다도 학력이 높은 세대가 되었다. 학력이 낮은 사람들이라 하더라도 보수가 높은 블루칼라 직업을 얻을 수 있었다. 베이비부머들은 상당히 좋은 여건을 누렸다."

그러나 또 다른 측면에서 보면, 베이비부머들은 앞으로 나아가기 위해 너무 많이 애써야 했다. 수적으로 규모가 거대한 그들은 평생 동안 치열한 경쟁을 치러야 했다. 뿐만 아니라, 그들의 유년시절은 당시의 시대적 고통을 분담할 수밖에 없던 시기이기도 했다. 그들이 유치원에 입학할 당시, 유치원은 그야말로 콩나물 교실을 방불케 했고, 그 어떤 재화도 사람수에 비해 부족했다. 그들이 노동시장에 진입하던 때도 상황은 마찬가지였다. 제1세대 베이비부머들은 대체로 경기가 호황을 누리던 1960년대 말에 취업하기 시작했다. 좋은 경제상황에도 불구하고 동일한 연령대의 다른 근로자들과 늘 경쟁해야 했다. 뒤이은 베이비부머들 역시 1973년의 오일쇼크, 그로 인한 인플레이션과 치솟는 실업률을 겪었다. 얼마 지나지 않은 1980년대에는 극심한 경기후퇴와 그 후유증을 경험하기도 했다.

경쟁이 치열하면 노동의 양이 늘어나게 마련이고, 따라서 항상 시간 부족에 허덕이게 된다. 광고주들이 베이비부머들에게 앞 다투어 다가가려는 이유는 그들의 숫자가 많기 때문이다. 반면 고용주들은 그 반대 입장에 있다. 취업하고자 하는 베이비부머들이 산재해 있기 때문에 피고용인들과 타협할 이유가 별로 없다. 막 취업하려는 사회 초년생들일 경우에는 더더욱 그러하다.

또한 베이비붐 세대는 열정적으로 일에 임한다. '일중독자'라는 단어는 1971년 『어느 일중독자의 고백 Confessions of a Workaholic』이라는 책에 처음 등장했다. 저자인 웨인 오츠Wayne Oates는 일에 대한 자신의 강한 집착을 표현하기 위해 알코올중독자를 의미하는 '알코홀릭 alcoholic'에서 이 용어를 창안했다. 그 후 '일중독'이라는 용어는 베이비부머들의 일에 대한 태도를 묘사하는 데 자주 사용되었다. 지난 20여 년간 베이비부머들은 일중독자가 되었다. 그 정도는 아닌 경우라해도, 적어도 회사의 충성스런 병사가 되었다. 그들은 주말근무, 하루 10시간 노동, 휴가 포기 등이 일상화되어 버린 기업풍토를 만들었다. 전문직 종사자들일수록 더욱 그러했다. 그 이유는 무엇이었을까?

베이비부머들이 일하는 스타일은 부분적으로는 그들의 부모 세대에게서 물려받은 것이다. 베이비부머들, 특히 제1세대 베이비부머들의 역할모델은 대공황을 버텨낸 그들의 부모였다. 베이비붐 세대가 철저한 노동윤리를 내면화하게 된 이유가 바로 여기에 있다고 진단하는 사람들이 있다. 또한 베이비부머들은 부모 중 한 사람만 노동을 하는 전통적인 가정에서 자랐으며, 틀에 짜인 생활 속에서 성장했다. 특히, 경제가 호황을 누리던 시기에 성장기를 거친 제1세대 베이비부머, 즉 1946년에서 50년대 말 사이에 태어난 사람들은 열심히 일하기만 하면 성공은 그들의 것이라는 말을 들으며 자라났다. 따라서 그들이 낙천적이며 부지런한 세대가 된 것은 전혀 이상한 일이 아니다. 그러나 어떤 조건 하에서 성장기를 보냈건 간에, 그들이 노동시장에 진입할 무렵부터는 혹독한 경기침체가 이어졌다. 무사히 취직은 했지만 대대적인 정리해고로 동료들이 일터를 떠나는 모습을 지켜봐야 했고, 때로는 자신이 일자리를 잃기도 했다.

또한 베이비붐 세대는 '맞벌이 가구', '나홀로 어린이(latchkey kids, 부모가 일하러 나가고 난 빈 집에 혼자 문을 열고 들어가는 아이들을 지칭-옮긴이)', '고강도 스트레스' 등의 용어들을 만들어냈다. "우린 대학교육을 받았어요. 여자들 사이에서도 취업은 당연한 것으로 여겨졌죠." 제인이 말한다. 52세인 그녀는 현직 교사이며, 1977년에 첫아이를 낳았다. "하지만 가정에서는…… 아직 과도기였어요. 남편이 집안일을 조금 거들기는 했지만 충분히 제 역할을 하지는 않았죠." 그래도 제인은 자신의 직업이 만족스러웠다고 말한다. 여름방학, 크리스마스 연휴, 그리고 봄방학 등 휴가가 많아서 아이들과 비교적 많은 시간을 보낼 수 있었기 때문이다. "직장을 가진 제 친구들 중 상당수는 아침 7시에 집을 나서서 저녁 6시에야 집에 돌아왔죠. 그때부터 잠자리에 들 때까지 정신없이 집안일을 해야 한 거죠. 저는 그 정도는 아니었어요."

베이비붐 세대의 활약

역설적이게도, 베이비붐 세대는 그들의 부모 세대보다 더 많은 여가시간을 누려왔다. 앞서 1장에서 이와 관련한 자료를 소개한 바 있다. 일상생활의 지겨움을 잠시라도 털어내고자 했던 그들은 청소대행 서비스에서부터 드라이브스루 패스트푸드에 이르기까지, 시간을 덜어줄 여러 가지 상품들을 만들어냈다. 그들이 제법 많은 시간을 여가에 소비해 온 것은 확실하다. 경제학자 도라 코스타의 계산에 따르

면, 1991년에 자녀를 키우는 베이비부머들은 가구 예산의 5.6%를 여가활동에 할애했다. 1970년대 초반의 4.6%에서 1%포인트 상승한 것이다.

또한 베이비붐 세대는 미래학자 페이스 팝콘Faith Popcorn이 '작은 사치small indulgences'라고 칭했던, 소소한 일상의 쾌락이 풍미하는 시대를 이끌어냈다. 작은 사치에는 각종 여가활동도 포함된다. 10, 20년 전의 중산층 골퍼들이 중간 규모의 평범한 도로변 골프장에 만족했다면, 베이비붐 세대의 골퍼들은 최고의 골프장을 원했다. 베이비부머들은 여행에도 꽤 많은 돈을 들였다. 여행협회의 보고에 의하면, "베이비부머들은 여행을 사치가 아닌 필수항목으로 여긴다". 베이비붐 세대가 어렸을 때에는 여행이래야 차를 타고 해변에 가는 것이 고작이었다. 그들이 성년기에 접어들 무렵에는 항공료가 매우 저렴해졌고, 그들의 소득 또한 증가했다. 그리하여 많은 베이비붐 세대 젊은이들은 유럽으로 그들의 첫 여행을 떠났거나, 혹은 유럽을 첫 여행지로 정해놓고 돈을 모았다. 그들의 부모 세대에게는 소수 부유층을 제외하면-카리브 해 연안국가로 여행을 간다는 것은 꿈도 꿀 수 없는 일이었다. 하지만 베이비붐 세대의 경우, 그다지 소득이 높지 않은 경우에조차도 저렴한 항공료와 패키지 여행상품 덕택에 카리브 해의 태양을 찾아 어렵지 않게 휴가를 떠날 수 있었다. 그랬다. 1, 2주 휴가를 내는 일이 그다지 쉬운 것은 아니었지만, 일단 휴가를 낼 수 있기만 하면 그들은 그 시간을 최대한 만끽했다. "열심히 일하고, 열심히 놀자"가 그들의 슬로건이 되었다.

여행에 대한 이러한 탐닉은 앞 장에서 언급했던 '시간 부족이란 여피들의 푸념일 뿐'이라는 냉소적 비판을 낳는 데 기여했다. 소득이 높아지면서, 많은 베이비부머들은 1년에 여러 차례씩 여행을 떠난다. 물론 대부분 단기여행이긴 하지만, 어쨌든 매번 여행을 떠나기 위해서는 사전계획과 준비작업이 필요한 법이다. 이를 위해 많은 이들은 인터넷을 이용한다. 인터넷을 이용하면 직접 여행사를 찾아가서 호텔과 항공편 예약을 하는 것보다 훨씬 시간이 절약될 것이라고 생각하기 때문이다. 하지만 실제로는 맘에 드는 호텔과 가장 저렴한 항공편을 찾아내는 데 아주 긴 시간을 쏟아야 하는 경우가 많다. 이렇게 하면 더 나은 휴가를 보내고 돌아올 수 있을까? 그럴 수도 있다. 하지만 분명한 것은, 이러한 방식의 여행 준비는 '일과표'에 더 많은 항목을 추가하게 된다는 사실, 그리하여 시간 스트레스가 더욱 가중된다는 사실이다.

베이비붐 세대와 그 자녀들 – 메아리 효과

베이비붐 세대는 노동시장에서 극심한 경쟁을 치러야 했다. 그리고 그들은 자신들이 만들어낸 경쟁심과 일중독의 틀 속에 자기 자녀들의 삶을 짜 맞추었다. 노동의 세계가 얼마나 혹독한지 너무도 잘 아는 그들은 자신의 '에코 붐(echo boom, 베이비붐 세대들의 수가 많은 만큼 그 자녀들의 수도 많다는 의미에서 만들어진 용어-옮긴이)' 자녀들이 그 혹독한 세계에서 성공하는 데 필요한 모든 것을 주려고 안간힘을 썼다. '과잉 부모역할'이라는 용어도 등장했다. 태어나기도 전에 아이에게 모차르트를 들려주는가 하면, 아이가 두 발로 일어설 나이가 되자마자 '당신

의 아이도 아인슈타인이 될 수 있다'는 타이틀의 DVD를 보여준다. 아이가 초등학교에 들어가면서부터 부모들은 이 학원, 저 학원에 아이들을 등록시키고 실어 나르느라 정신이 쏙 빠진다.

"1990년대 초부터 아이들을 키웠어요." MBA 학위를 가진 마케팅 매니저인 질Jill이 말한다. "슈퍼 맘, 슈퍼 키드라는 말이 유행하던 시기였죠. 그 모든 것을 다 해내야 한다는 부담감이 이만저만이 아니었어요. 아이들에게 필요하다고 생각되는 모든 프로그램들을 다 시켜야 한다고 믿었죠. 주중에는 매일같이 회사일을 하고, 토요일마다 큰아이를 아침 8시까지 음악학원에 데려다줘야 했어요. 그 다음엔 또 다른 학원, 또 다른 학원……. 작년이 절정이었죠. 두 아이 모두 십대가 되었고, 꽤 알아주는 축구교실에도 들어가게 되었거든요. 일주일에 6일을 매일같이 아이들을 어딘가로 데려가거나 어딘가로부터 데려와야 했죠. 축구연습 한 번에 최소한 두 시간이 걸려요. 그 애들을 내가 직접 실어 나르거나, 아니면 누군가가 그 애들을 실어 나르도록 카풀 계획을 짜야 했어요. 카풀 계획을 짜는 데 얼마나 시간이 많이 들던지……. 사실, 제가 직접 실어 나르는 시간과 엇비슷했죠."

이전 세대 부모들도 종종 이 같은 일을 했다. 그러나 '사커 맘(soccer mom, 아이 교육에 열성적인 백인 중산층 가정의 엄마를 일컬음–옮긴이)'은 분명 베이비붐 세대의 한 전형이다. 물론 좋은 의도에서 시작된 것은 분명하다. "여러 가지 면에서, 요즘 부모들은 그 어느 세대 부모보다 자기희생적입니다. 아이들을 '승자'로 만들 수만 있다면 자신의 개인적인 행복은 얼마든지 희생할 각오가 되어 있어요." 『너무 바쁜 아이들』의 저자이자 부모학 전문가인 앨빈 로젠펠드 박사의 말이다. 이것이 아이들에게 좋은지 나쁜지는 또 다른 문제다. 확실한 것은, 과잉 부모역할 현상은 베이비붐 세대 부모들이 그 이전 세대 부모들이라면 상상조차 할 수 없었을 정도로 많은 시간을 아이들의 과외활동에 쏟아 붓고 있다는 사실을 말해준다.

어쨌든 이러한 추세는 '시간 없는' 세대를 만들어냈다. 회사일도 너무 많고, 차로 움직여야 할 일도 너무 많고, 스케줄 짜야 할 일도 너무 많고, 알아봐야 할 일도 너무 많다. 그 결과 우리는 여가다운 여가 없이 지난 수십 년을 보냈다. 하지만 이제 그 끝이 서서히 시야에 들어오고 있다.

좋든 싫든 많아지는 시간 :

베이비붐 세대의 고령화는 시간예속 경제를 레저경제로 바꾸어가는 주요 동력이 될 것이다. 베이비붐 세대가 노동시장으로부터 은퇴한다고 해서 북미경제가 일시에 뒤흔들릴 것이라는 뜻은 아니다. 우선 서서히 영향을 미치면서, 결국에는 거대한 파도로 바뀔 것이라는 의미다. **현재 미국에는 7,700만 명의 베이비부머들이 있다.** 가장 나이가 많은 층은 1940년대 말에서 50년대 초에 태어난 사람들로, 이미 노동시장에서 은퇴했거나 은퇴를 눈앞에 두고 있다. 그보다 젊은 베이비부머들도 속속 은퇴하게 될 것이다. 여가를 추구

할 꽤 많은 시간이 그들 앞에 기다리고 있는 것이다.

2006년 현재, 베이비붐 세대는 미국 노동력의 40% 정도를 차지하고 있다.(나의 계산에 따른 것으로, 미국 노동통계국의 인구조사 자료 중 1946~64년 자료 및 연도별 연령 데이터를 사용했다.) 현재(2008년) 40대 중반에서 60대 초반에 이르는 이들은 상위 직급에 속해 있으며, 노동시장에서 상당한 영향력을 행사하는 집단이다. 이들을 가리켜 '회색 천장'이라고 부르는 사람들도 있다. 현재의 직급에 상당히 여러 해 머물러 있으면서 후배들의 승진에 방해가 되는 사람들이라는 뜻이다. 그러나 그들의 은퇴시기가 다가오고 있다. 상당수에게는 그 시기가 매우 빨리 올 것이다. **매 8초마다 미국의 베이비부머 한 명이 60세가 된다**는 사실을 상기해 보라. **이것은 다음 20년 동안 미국의 모든 베이비부머들이 사실상 은퇴연령에 진입하게 된다는 뜻이다.**

노동시장에 있지 않은 사람들일지라도 역시 커다란 변화를 맞게 될 것이다. 예컨대, 아직도 많은 베이비부머들은 십대 혹은 그보다 어린 자녀들을 키우고 있다. 향후 20년 동안 이 '에코 부머들'은 부모로부터 독립하게 될 것이다. 독립은 아니더라도, 최소한 학교에 통학을 시킨다든가 매일 밥을 차려줘야 하는 등의 일상적 돌봄은 더 이상 필요로 하지 않게 될 것이다. 따라서 베이비부머들의 일상은 몇 년 안에 급격한 변화를 맞게 될 것이다.

베이비부머들의 고령화는 그 자체만으로도 여가시간의 커다란 증가를 의미하게 된다. 베이비부머들 자신에게는 물론, 사회경제 전반에 있어서도 그러하다. 여가시간이 삶의 주기를 통해 어떻게 변화하

■ **여가시간은 치솟을 것이다**
미국에서의 연도별 총 여가활동 시간(단위 : 10억)

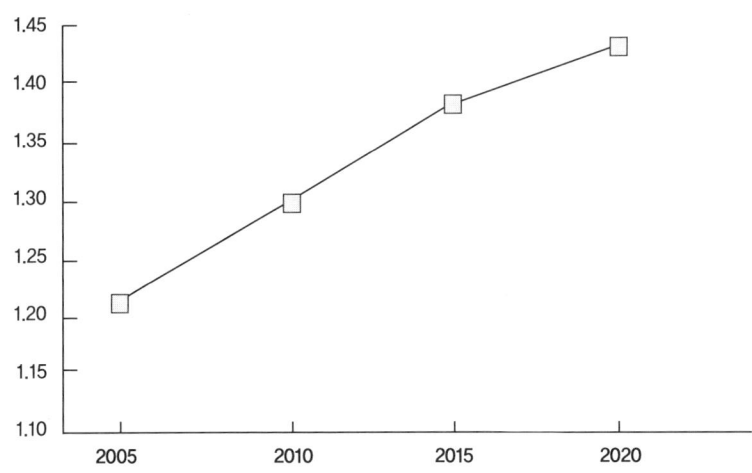

| 출처 : ATUS(American Time Use Survey, 2005) 및 필자의 추정치

는지를 살펴보면 이것을 쉽게 알 수 있다. ATUS 자료에 따르면, 45~54세 인구는 2005년 현재 하루 평균 4.5시간의 여가를 갖는다. 그들이 55~64세가 되면 여가시간은 5.4시간으로 늘어나며, 65세 이상이 되면 다시 7.3시간으로 증가한다. 이러한 추산이 맞는다고 할 때, 베이비부머들이 노동시장으로부터 은퇴하는 향후 20여 년 동안 얼마나 많은 여가시간이 경제적 변수로 작용할 것인가를 가늠하기란 그리 어렵지 않다. 다른 모든 변수들이 동일하다고 가정할 때, 2005~15년 사이에 미국의 총 여가시간은 약 12% 증가한다. 55~64세 인구의 여가시간은 33%, 65세 이상 인구의 여가시간은 28% 증가한다. 2015년 이후에도 여가시간은 지속적으로 증가하여

2015~25년 사이 미국의 총 여가시간은 11% 더 늘어날 전망이다. 특히, 65세 이상 인구의 여가시간은 훨씬 더 늘어나서 36% 증가율을 보일 것이다. 같은 기간, 55~64세 인구의 여기시간은 2.5% 증가가 예상된다.(별도의 언급이 없는 한, 이와 관련한 모든 예상치들은 내가 직접 도출한 것이다. 내가 사용한 데이터는 ATUS 및 미국 센서스국의 인구 추정치. 나의 예상치들은 연령별 불변 시간 사용을 계수로 하여 작성되었다. 이 계수들을 다시 미국 센서스국이 계산한 연령별 인구 추정치[기초사례 추정]에 대입했다. 최종 수치들은 각 인구 집단별 여가시간의 총량을 나타낸다.)

시대를 조금이라도 앞서 가려는 사업가라면 이러한 신호를 잘 읽어내고자 할 것이다. 시간예속 경제에 영합했던 사업을 중지하고, 새로운 레저경제를 위해 준비해야 할 때가 왔다. 베이비부머들이 진정한 여가에 시간을 허락할 순간이 다가오고 있는 것이다.

하지만 베이비부머들은 늘 예상을 뒤엎는 일을 해왔다. 여가시간과 관련해서도 그러한지 모른다. 그들은 이진 세대와는 다른 삶을 살아왔기 때문에, 그들의 은퇴 후 삶 역시 이전 세대와 똑같은 형태를 취하지는 않을 것이다. 한 가지 분명한 차이점은 베이비부머들은 이전 세대보다 훨씬 늦은 나이에 자녀를 가졌다는 점이다. 그리고 많은 베이비부머들이 이혼을 했고, 재혼을 했고, 더러는 삼혼도 했다. 이전 세대들은 65세가 되었을 때 자녀들을 모두 키워놓은 상태였다. 그러나 베이비부머들은 65세가 되어서도 어린 자녀들을 가진 경우가 많다. 부모로서의 의무가 아직 끝나지 않은 상태인 것이다. 퓨 리서치 센터Pew Research Center의 조사에 따르면, **2005년 현재 베이비부머들의 약**

반수가 한 명 또는 그 이상의 미성년 자녀들을 키우고 있거나, 한 명 또는 그 이상의 성년 자녀들에게 경제적 지원을 계속하고 있다. 또한 18세 이상의 자녀를 가진 베이비부머들의 17%가 자녀들에게 경제적 지원을 하고 있다. 이것은 무척 중요한 사실이다. 오늘날 20대들은 과거 그 어느 시대의 20대보다 학자금 융자 또는 여타의 부채를 안고 있는 경우가 많다. 따라서 그 부모인 베이비부머들은 이전 세대 그 어느 부모들보다 오랜 시간 자녀들을 경제적으로 뒷받침해야 하는 상황이다. 이는 곧 그들이 과거 어느 세대보다 오랜 기간 노동시장에 머무르고자 하리라는 것을 의미한다.

아이들이 경제적으로 자립했다 하더라도, 베이비부머들은 자신들의 노후를 꾸려가는 데에 어려움을 겪을 수 있다. 베이비부머들의 노후준비 상황에 대해서는 5장에서 자세히 살펴볼 것이다. 일단 여기에서는 노후준비에서 베이비부머들 사이에 커다란 격차가 존재한다는 사실을 지적해 두고자 한다. 일부 베이비부머들은 65세 이후에도 계속해서 일하지 않으면 안 되는 상황이다. 그러나 노후준비가 잘 된 베이비부머들 중 상당수 역시 계속해서 일하고 싶어한다. 챌린저 그레이 & 크리스마스Challenger, Gray and Christmas 사의 조사에 따르면, **2006년 현재 베이비부머의 70%가 65세 이후에도 일을 계속할 계획임을 피력했다고 한다.**

그러나 이 모든 요소들을 십분 고려한다고 해도, 앞으로 20년 안에 상당수 베이비부머들이 은퇴할 것이라는 점은 자명하다. 그들이 아무리 발버둥 치며 저항해도 은퇴를 피할 수는 없다. 제1세대 베이비부

머들 중 일부는 이미 은퇴했다. 미국 의회 예산사무소의 연구에 따르면, **2004년 현재 400만 명이 넘는 베이비부머들이 이미 노동시장을 떠났다.** 장애로 인해 어쩔 수 없이 떠난 사람들도 있지만, 대부분은 은퇴해도 먹고살 수 있기 때문에 떠났다. 같은 연구의 추산에 따르면, **이러한 추세가 계속된다고 할 때 베이비부머 남성들의 3분의 1, 그리고 베이비부머 여성들의 절반 정도만이 62세 생일을 여전히 일터에서 맞게 될 것이다.**

모린과 폴 부부가 그 전형적인 예다. 두 사람은 전통적인 직업에 종사하는 전형적인 베이비부머로 사회생활을 시작했다. 모린은 기자로 시작하여 나중에 홍보 전문가가 되었고, 폴은 도시개발업자로 일했다. 폴이 캐나다 북부의 건설공사를 따내서 잠시 그곳에서 생활한 적도 있다. 두 사람은 자신의 직업분야에서 대체로 성공을 거둔 편이었다. 40대 초반에 접어들 무렵인 1980년대에 두 사람은 직장을 그만두고 자기 사업을 시작했다. 고급 직물을 파는 가게를 연 것이다. 두 차례 큰 위기를 맞기도 했지만 결국 사업은 성공적이었고, 넉넉한 노후자금을 마련할 수 있었다. 그리고 결정했다. 은퇴하기로. 스스로도 놀랄 정도로 그들은 은퇴 후 생활을 즐겼다. 예상보다 훨씬 더 만족스런 생활이었다. 요즈음 모린은 자원봉사 활동에 적극적으로 참여하고 있다. 지금은 어떤 자선기관의 후원을 요청하는 기사를 쓰고 있는 중이다. 폴은 지금 살고 있는 집의 리모델링에 푹 빠져 있다. 지난 수십 년 동안 꿈꾸어 오던 일이었다. "지금 하고 있는 홍보일이 10년 전에 하던 일보다 훨씬 더 재미있어요." 모린이 말한다. "제가 진심으로 신뢰하는 단체를 위한 일이거든요. 정말 많은 보람을 느끼죠."

모린이 그러하듯, 다른 베이비부머들 역시 그들 인생의 나머지 나날들을 여러 가지 활동들로 가득 채우게 될 것이다. 이것은 한 가지 중요한 의미를 말해준다. '시간이 많다는 것'과 '시간에 예속되어 있지 않다는 것' 사이에는 분명한 차이가 있다는 사실이다. 베이비붐 이전 세대 사람들은 은퇴 후 주로 자질구레한 집안일 돕기라든가 손주들과 놀아주는 일로 소일했다. 그러나 베이비부머들은 새로운 종류의 일거리를 찾아 스스로를 시간에 속박하려는 경향이 있다. 평생을 그렇게 시간에 묶여 살아왔기 때문일 것이다. 하지만 은퇴 이후의 시간예속은 좀 더 부드러운 시간예속이다. 주택융자금 갚을 돈을 벌기 위해, 아이들을 축구교실이나 태권도 교실에 보내기 위해, 또는 가족들의 점심 도시락 준비를 위해 꽁꽁 묶여 있던, 그런 종류의 시간예속과는 아주 다르다. 모린은 그것을 이렇게 표현한다. "아주 바쁜 생활이지만, 그러면서도 동시에 아주 편안한 생활이기도 해요. 그럴 수 있다는 게 신기하죠." 분명 그럴 수 있다. 그리고 이러한 새로운 라이프스타일은 아주 많은 사람들, 아주 많은 영향력을 지닌 사람들 앞에 아주 가까이 놓여 있다.

베이비부머, 여가를 재정의하다 :

장담컨대, 이러한 새로운 라이프스타일은 시장성도 매우 크다. 베이비부머들이 좋아하는 모든 것은 시장성이 있다. 1960년대에 그들이 몰던 포드 머스탱이 그랬고, 1980년대

의 미니밴도 그랬다. 음악도 예외가 아니다. 십대들은 최신 팝송을 찾아 라디오 채널을 이리저리 돌리지만, 헛수고일 뿐이다. 대부분의 채널에서는 베이비부머들을 위한 1960, 70년대 노래들만 흘러나오기 때문이다. 십대들이 아예 라디오 듣기를 포기하고 아이팟에만 열중하는 것은 바로 이 때문이다.

베이비부머들은 평생 동안 새로운 유행을 창조해 왔다. 수십 년 동안 미디어는 그들의 라이프스타일을 추어올렸고, 모든 이들로 하여금 그들의 라이프스타일을 따르도록 부추겨왔다. 베이비부머들이 최대의 권력을 휘두르던 지난 10년은 더더욱 그러했다. 1992년에 대통령에 당선된 빌 클린턴은 최초의 베이비붐 세대 출신 대통령이다. 조지 부시 또한 베이비부머다. 캐나다 총리인 스티븐 하퍼도, 영국 수상을 지낸 토니 블레어와 고든 브라운도 베이비부머들이다. 케이티 쿠릭(미국 3대 공중파 방송의 하나인 CBS의 간판 프로그램〈CBS 이브닝 뉴스〉를 단독 진행하는 최초의 여성 앵커 옮긴이), 마이클 조든, 빌 게이츠, 오프라 윈프리, 톰 행크스, 제이 리노(NBC TV의〈투나잇 쇼〉를 진행하는 코미디언-옮긴이), 미 국무부 장관 콘돌리자 라이스, 힐러리 클린턴, 찰스 황태자, 영화감독 마이클 무어, 음악가 보노, 미국 연방준비제도 이사회 의장 벤 버냉키도 마찬가지다. 모든 베이비부머 명사들이 일중독자로 알려진 것은 아니지만, 일중독자가 아닌 경우 비난당하기 일쑤다. 예컨대 조지 부시 대통령은 휴가를 자주 갖는다는 이유로 전형적인 베이비부머 일중독자였던 전임자 빌 클린턴과 비교되며 곱지 않은 시선을 받았다.

하지만 현재 빌 클린턴은 반은 은퇴한 처지다. 각종 연설과 자선활동으로 여전히 바쁜 나날을 보내고는 있지만, 그는 아이를 다 키웠고, 생의 가장 중요하고 힘든 일들은 다 넘긴 상태다. 앞으로 많은 베이비부머들이 그의 뒤를 따를 것이다. 가장 젊은 베이비부머들도 이미 40대에 접어들었다.(베이비붐은 1964년경에 끝났다.) 마이크로소프트 회장인 빌 게이츠 역시 주요 직책에서 물러났고, 남은 생을 자신이 세운 재단을 통해 자선사업에 열중하며 보내겠다고 선언했다. 그 외에 여러 베이비부머들도 차츰 노동시장을 떠나고 있다. 그리고 자신들이 새로 맞이할 여가시간을 어떻게 보낼 것인지에 대해 설계하고 있다.

1970년대의 한 화장품 광고에는 혹독할 정도로 바쁜 직장생활을 하는 커리어 우먼이 등장한다. "점심시간에조차 과연 화장 고칠 짬을 낼 수 있습니까?" 광고 속 목소리가 묻는다. 그러고는 여간해서 지워지지 않는다는 신제품 액상 파운데이션을 소개한다. "점심시간이 넉넉하다고요? 그렇다면 당신은 뭔가 잘못된 직장생활을 하고 있는 것이 분명합니다." 광고 속 목소리가 암시하는 메시지는 바로 이것이었으리라. 자, 그렇게 바빠 살아왔던 세대가 이제 곧 넉넉한 점심시간을 갖게 된다. 자선사업에 열중할 시간을 가질 수도 있고, 어떤 것이든 자신이 원하는 뭔가에 뛰어들 시간을 가질 수도 있다.

베이비붐 세대가 노동시장을 떠나게 되면서 '레저'의 정의도 또 한 차례 바뀌게 되리라는 점을 명심해야 한다. 어떤 면에서 시간예속 경제는 여전히 살아남을 것이다. 은퇴한 베이비부머들은 열심히 골프를

치느라, 독서모임에 참석하느라, 또는 자원봉사 활동에 열중하느라 늘 시간에 쫓기게 될 것이기 때문이다. '레저경제'라는 용어는 아마도 수많은 노인들이 해먹에서 낮잠을 즐기거나, 레모네이드를 마시며 여유롭게 책장을 넘기는 이미지를 떠올리게 할지도 모른다. 설령 그 이미지가 현실의 한 부분을 나타낸다 하더라도, 레저경제를 새롭게 규정하고 그 내용을 꾸려갈 주체가 베이비부머들이라는 점을 결코 간과해서는 안 된다. 레저경제는 일평생 우리 경제 전체를 좌지우지해 온 사람들에 의해 주도될, 새롭고도 독특한 발명품이 될 것이다. 아마도 레저경제는 시간예속의 삶과 해먹에서의 삶이 적절하게 어우러진 모습일 가능성이 높다.

여가시간이란 고용, 학업, 사업, 가사노동 등과 같은 의무적인 활동을 하며 보내지 않는 시간을 뜻한다. 그러나 여가시간에 비하여 갖가지 엄격히 개구분할 수 없는 그 질은 별의 여부를 실제로의 뜻이는 시간과 여가에 대한 오해남의 혼란을 잘 포착하고 있다. Wikipedia의 정의에 따르면, 여가leisure라는 단어의 어원은 라티어인 licere로서, "자유로운 상태, 혹은 "허락 최근의 여가부족 현상을 예견 같은데 "자유로웠던" 시간의 의무적 활동들을 끼어 넣은 것이다. 또다, 이 점은 아이를 키우는 부모들의 경우에 아주 분명하게 드러난다. 부모 모두 맞벌이를 용을 위한 판매컴을 운영하고 있는 캘리Kelly는 이렇게 말한다. "집안주부와 제도 결국 집에 머물러 있는 적이 없이요. 그들에게는 자심의 직장을 갖지 못한 것을 정당화하니다 해" 니, 좀 쉬서야했어요. 안 그러면 당신 그만한 직원 소리가 될 것 같군요. 라고요." 개개인의 삶이 나두나 많은 활동으로 자 대비된 나이의 아주 어린 아이들 조차도 원래의 대로 얻어 타 에서 로젠펠드는 "부모들이 자신의 아이들에게 나부나 많은 경험을 해주도록 애쓰는 탓에 부모와 아이들 모두 심하게 지치있다고 지적했다. 예컨데는 전영가"가 자기 아이를 겨울야 직도 감수해 지도 모른다. 한 살아래의 아이들가건 엄마들이 오늘날 할 수 있는 그 아이 이름 있는, 일은 "놀아들아리집" 강좌에 가서 다른 엄마들과 나란히 앉아서는 자들을 올려줄 고 부모들은 아이들을 미교로 책 교실로 분주히 실어나이야 한다. 아이들은 수영이나 스케이트, 또는 악기를 배우는 것은 여러가지 측면에서 긍정적이고 좋은 일이다. 그러나 부모들 진한다. "정말 미친 짓 같아요." 다섯 살과 세살 된 아이 들을 키우는 직장여성인 줄리Julie는 말한다. "바빈데 아이를 그 수도물을 올렸어요. --본 아이들에 앞으로 제즈댄스나 발레 중 쑥한 많은 부모들이 하는 대로 자신도 하고 싶었다가가. 고소득 전문직종사자이고, 고급 주택가에서며, 전반적 자녀는 여자인 줄리는 누릴 수 있는 그런 부를의 부모들처럼 일하며. 람다. 또한, 아이들이 어린 시절에 되도록 다양한 활동을 경험해야 기를 바라고 있다. 중 여가를 다 손해 그 몇 가지는 정리하게 되는다는 말이다. 줄리는 아이들에게 수영이 축구처 는 것만은 확다. 줄리는 좋은 부모가 되려면 일정 정도의 희생과 처리야 한다고 생각한다. 그러고 가성이 짝도록 확실이 마른 시(아이들)고 개산한다. 줄리가 가진 둥가가 좋은 것이 너무 분주한 가정의 아이들은 스트레스, 우울증, 낮은 자존감 등에 시달릴 확률이 훨씬 높다는 경고를 덧붙이도록 게재주었다. "입주일에 청요한 새 번에서 다본 반동 가족들이 같게 분주원 가정에 말라는 것은 그들이 원요로 하는 서비스 시간이 그만큼 크다는 것. 굳은 의미에 한 일이다. "시간(여)행", 흑 우리 사회의 성공한 이들이라는 데 이의를 제기할 사람 며칠, 또는 및 주의 시간 만이다. 대문은 아이를 볼보는 일이라는 것이 역시 "가사노동을 흙시 동반되도 수행되어야 되지만, 매일, 또는 매주 규칙적으로 "가유" 시간을 갖는 일은 더욱 이곤

···Part II
레저경제의 주인공들

제4장

… 느슨한 삶을 찬미하며

> 점심은 대체로 집에 와서 먹습니다. 그리고 한 주에 2, 3일은 쉬죠. 아이들과 시간을 많이 보내는 편이고, 그래야 한다고 생각합니다. 쉴 새 없이 일에 열중하는 것이 멋진 삶이라면, 제 삶은 전혀 멋지지 않은 거겠지요. 하지만, 느슨하게 사는 건 좋은 일입니다.
>
> – 제프(Jeff, 검안사이자 X세대의 한 사람),
> '왜 일중독자로 살지 않는가'에 대한 답변 중에서

"글쎄요, 우린 좀 게으른 세대일지도 모르죠." 29세인 멜리사가 말한다. 농담만은 아니다. "제 말은, 베이비붐 세대 사람들이 지금까지 얼마나, 정말로 얼마나 열심히 일해왔는지 알아요. 그에 비하면 우린 게으른 편이라는 거죠."

비영리 단체에서 프로젝트 간사로 일하고 있는 멜리사는 자신이 얼마나 '축복받은 세대'인지 잘 안다. 그녀에게는 직장 구하는 일이 힘들었던 적이 한 번도 없었다. 고등학교 졸업 후 얼마 동안은 주로 스키장에서 여러 가지 잡일을 했다. 대학을 졸업한 뒤 어떤 정치인 사무실에서 일하기도 했지만, 곧 그 일에 환멸을 느끼고는 지금의 직장에 취직했다. 멜리사는 영리한데다 대학까지 졸업했다. 하지만 그녀는 자신의 행운이 오로지 쾌활한 성격이나 개인적 능력 덕분만은 아니라는 것을 잘 안다. X세대 후반에 태어난 멜리사는 노동시장에서 혹독한 경쟁을 치를 필요가 없었던 운 좋은 세대의 일원이다.

하지만 멜리사는 베이비붐 이후 세대로서 누리게 된 이 자유를 단지 부자가 되는 데 사용할 생각은 없다. 사실, 북미에서 가장 집세가 높은 지역 중 하나인 밴쿠버에 살고 있는 그녀로서는 매월 집세를 내고 나면 수중에 남는 돈이 별로 없다. 보너스가 두둑한 직장도 나쁠 것 없겠지만, 멜리사에게 지금의 직장이 더 좋다고 느껴지는 이유는 바로 넉넉한 여가시간 때문이다. 차로 두 시간만 가면 휘슬러 블랙콤Whistler-Blackcombe산에 닿을 수 있다. 너무나 신비스러울 정도로 아름다운 산이어서 2010년 동계올림픽 때 몇몇 경기는 이곳에서 열릴 예정이다. 멜리사에게는 라이프스타일이 아주 중요하다. 자신이 원하는 생활을 하기 위해 몇 가지 다른 것을 포기해야 한다면 기꺼이 그럴 의향이 있다.

레저경제에 온 것을 환영한다! 베이비붐 이후 세대 덕분에, 레저경제는 이미 시작되고 있다. 베이비부머의 바로 뒤를 이은 X세대건, 혹은 1980년대 이후에 태어난 Y세대건, 우리는 지금 그 이전 세대와는 매우 상이한 관점을 가진 인구집단을 마주하고 있다. 그들은 벌써부터 자신들은 노동 이상의 것을 추구한다고 주장한다. 그들이 베이비붐 세대의 뒤를 이어 노동시장에 진입하게 될 때, 일터의 모습은 달라질 것이다. 베이비붐 이후 세대들은 일터가 자신들의 가치관과 좀 더 조화될 수 있도록 바꾸려 할 것이 분명하다. 동시에, 그들은 시간

예속 경제를 구성하고 있는 다른 부분들도 흔들어놓을 것이다.

게으름뱅이 세대의 탄생 :

베이비붐 세대가 기업을 위해 헌신하는 '일중독자'라는 별명을 얻었다면, 그 이후 세대는 기업들로부터 좀 덜 우호적인 별명을 얻었다. '게으름뱅이 세대slacker generations'가 그것이다. 이 명칭은 애초에는 X세대를 일컫는 말이었으나, 회사 관리자들은 Y세대 역시 게으름뱅이 세대에 포함된다고 주저 없이 말한다. "그들에게 토요일에 근무하라고 말할 때마다 이를 악물어야 해요." 고급 스파의 매니저로 일하는 재니스의 말이다. 주말마다 그녀의 스파는 손톱, 발톱을 손질하려는 고객들로 문전성시를 이룬다. 그러나 재니스는 신규 채용된 미용사들의 심드렁한 태도에 이따금 절망감까지 느낀다. 미용사들의 대부분은 X세대나 Y세대 젊은이들이다. "진 주말에도 일해요. 우리 세대의 다른 미용사들도 마찬가지죠. 여간해서는 쉬겠다는 말을 할 수가 없죠. 하지만 그 애들은 늘 쉬고만 싶어해요." 그럴 때마다 재니스는 이만저만 짜증 나는 게 아니다. 포스트 베이비붐 세대들은 '게으름뱅이들'이라는 별명에 대해서도 그닥 불만스러워하는 것 같지 않다. "베이비부머들은 자신들이 능력 있다는 것을 입증해야만 했어요. 여자들의 경우에는 더더욱 그랬죠." 비영리단체 프로젝트 간사인 멜리사가 어깨를 으쓱하며 말한다. "저도 나름대로는 열심히 일하고 있어요. 그들만큼은 아니더라도 말이죠."

X세대(1965~76)

어떻게 해서 이 같은 상황이 도래했는가를 이해하기 위해서는 시간을 잠시 뒤로 돌려 우리의 경제사를 훑어볼 필요가 있다. X세대부터 시작해 보자. X세대의 시작점을 정하는 것은 약간 까다로운 일이다. 'X세대'라는 용어는 그 말이 유행한 시점보다 꽤 앞서 등장했다. 위키피디아의 설명을 들어보자.

'X세대'라는 말은 1964년에 처음 등장했다. 영화감독 제인 데버슨Jane Deverson이 영국에서 발행되던 《여성만의 것 Womani's Own》이라는 잡지에 십대 청소년들과의 인터뷰 기사를 실으면서 이 용어를 처음 사용했다. 그 후 이 용어는 1976년 빌리 아이돌Billy Idol이 이끄는 펑크록 밴드의 이름으로 사용되기도 했다.(그 밴드는 1981년 해체되었다.)

하지만 이 용어가 대중화된 것은 1991년 더글러스 커플랜드Douglas Coupland가 『X세대 Generation X : Tales for an Accelerated Culture』라는 책을 내놓으면서부터였다. 당시 커플랜드는 베이비붐 세대의 마지막 인구 집단, 즉 너무 어려서 1960년대의 저항문화를 기억하지 못한 채, 그저 거대한 베이비붐 세대와 그 막대한 영향력을 원망하는 세대를 X세대라고 지칭했다. 이 X세대는 기본적으로 베이비부머의 일부분으로, 미국의 경우 1958~64년에, 캐나다의 경우 1958~66년에 태어난 사람들이다.(캐나다의 베이비붐은 미국보다 조금 늦게 끝났다.)

어느 시기에 태어난 사람들을 X세대로 부를 것인가에 대해서는 다

양한 의견이 있다. 『세대들』이라는 책에서 스트라우스와 하우는 1961~81년에 태어난 사람들을 X세대라고 지칭했다. 스트라우스와 하우는 출생 인구수의 산술적 크기보다는 그 세대가 태어날 당시의 시대적 사건들을 기준으로 하여 정의했다. 경제학자이자 인구학자인 데이비드 풋David Foot은 그의 저서 『베이비붐, 베이비 기근 그리고 에코 붐Boom, Bust & Echo : Profiting from the Demographic Shift in the 21st Century』에서 1960~66년에 태어난 사람들을 X세대로 정의했다. 그 시기에 출생한 사람들의 수가 여전히 매우 많긴 했지만, 그들은 베이비부머들과 매우 상이한 삶을 경험해 왔기 때문이라는 것이다. 풋은 1967~79년에 태어난 사람들을 '베이비 기근 세대baby bust'라고 일컬었다. 그 기간 동안 출생률이 급격히 떨어졌기 때문이었다. 이외에도 여러 의견들이 있다. 컨설팅 회사인 레인메이커 싱킹Rainmaker Thinking Inc.은 1965~77년, 소비자 연구회사인 얀클로비치 파트너스Yankelovich Partners는 1965~78년, 제너레이션 엣 워크Generations at Work 사의 CEO 클레어 레인스Claire Raines는 1960~80년에 출생한 사람들을 X세대로 부른다. **이 책에서는 1965~76년에 태어난 사람들을 X세대로 간주하고자 한다.** 1976년은 출생률이 크게 줄어들기 시작한 해다. X세대를 규정할 공식적이고 객관적인 하나의 기준은 없다. 그러나 각각의 의견들이 비교적 엇비슷한 시기 설정을 하고 있으므로, 그것만으로도 X세대의 시기적 특성을 확실히 파악할 수 있다. X세대는 '우리가 세상을 바꿀 수 있다'는 정신세계를 소유한 베이비부머들 이후에, 그리고 이와는 조금 다른 종류의 낙관주의를 소유한 Y세대 이전에 태어났다.

X세대 (1965~76)	Y세대 (1977~99)
냉소적	쾌락 추구
부모가 정리해고 당하는 것을 목도	다양성 추구
노동시장에서 환영받지 못함	'닷컴' 세대
'회색 천장' 때문에 불안	낙천적: 이전 세대에 비해 근거는 박약
팀워크 지향적	칭찬받기를 좋아함
가족 지향적	난 즐거운 인생을 원해!
승진할 때지만 승진을 원하는지는 불확실	

운이 없는, 그리고 냉소적인 세대 ··· X세대가 운이 별로 없는 세대라는 점에는 누구나 동의할 것이다. 스트라우스와 하우는 그들을 가리켜 '13번째 세대'라고 불렀다. 그들이 미국 독립 이후 13번째 세대라는 사실 때문만은 아니다. 여러 가지 측면에서 정말로 운이 나쁜 세대이기 때문이다. 경제상황 역시 마찬가지였다. 초기 베이비부머들의 2세인 이들은 주택가격 폭등에서부터 노동시장 침체에 이르기까지 온갖 사회적 역경에 직면해 왔다. 커플랜드의 책에 등장하는 주인공은 대학을 졸업했으나 임시직으로 겨우 취업해서 생활을 유지하는 25세의 케빈Kevin이다. 그는 낮은 소득과 세상에 대한 냉소로 가득 찬 X세대 젊은이들 중 한 명이다. 커플랜드는 자기 자신을 X세대의 전형으로 간주하지는 않았지만, 분명 그 세대에 대해 날카롭게 꿰뚫고 있었다.

X세대가 사회생활을 시작할 무렵, 그들에게는 베이비부머들이 겪은 것보다 훨씬 더 어려운 경제상황이 기다리고 있었다. 그들이 노동

시장에 진입하기 시작하던 1980년대에 북미경제는 두 번의 심각한 경제후퇴기를 겪었다. 그 결과, X세대는 경제현실에 대해 둔감하거나 무신경한 태도를 갖게 되었다. 이러한 그들의 태도는 냉소주의로 불리기도 한다. 1994년에 첫 방송을 탄 미국의 인기 시트콤 〈프렌즈 Friends〉의 주제가는 X세대의 불안감을 단적으로 드러내준다. 주제가를 부른 팝 그룹 렘브란츠The Rembrandts는 이렇게 노래한다. "우리의 직장은 보잘것없고, 우리의 주머니는 텅 비었고, 우리의 연애는 시작되자마자 사망선고를 받는다네."

가족주의로의 회귀 ··· X세대는 경제 이외의 영역에서도 베이비부머들과는 다른 어려움을 겪어왔다. X세대는 그 어느 세대보다도 많이 부모의 이혼을 경험했고, 또 그 어느 세대보다도 많이 맞벌이 가정에서 자라났다. 결과적으로, X세대는 자신의 부모들과는 다른 부모역할을 하기를 원한다. 아이들과 좀 더 많은 시간을 놀아주려 하며, 부모 둘 다 동시에 집을 비우는 일이 없도록 노력한다. 이들은 '가족 우선 세대family-first generation' 라고 불리기도 한다. "X세대는 초기 베이비부머들의 자녀들이죠. 그들에게 물어보세요. 거의 예외 없이 이런 대답이 주종을 이룰 겁니다. '내가 아이를 갖게 되면 내 부모들이 했던 것보다 훨씬 더 많은 시간을 내 아이들과 보내겠다' 라고요." 클레어 레인스의 말이다. "요즘은 어디를 가도 가족, 가족 하는데, 결코 놀라운 일은 아니에요." 아이들과 시간을 보내기 위해 직장을 그만둔 전직 기업 변호사인 제니퍼도 여기에 적극적으로 동의한다. "제 어머니는 미용사였는데, 밤낮없이 일만 하셨어요. 주말에도 쉬는 법이 없었죠. 우린 말 그대로 '나홀로 어린이'였어요. 제가 직장을 그만 두고 집에 있기로 결심한 데에는 그런 경험도 크게 작용했지요."

모든 시리즈가 끝날 무렵 이미 30대에 접어들고 안정적인 직장생활을 누리게 된 〈프렌즈〉의 주인공들처럼, X세대는 지금 직장생활의 안정기에 접어들었다. 몇 년 안에는 직장생활의 절정기에 이르고, 퇴직하는 베이비부머들을 대체하여 회사의 관리자나 중역으로 승진하게 될 것이다. 이러한 변화는 또 다른 변화와 만나게 될 것이다. 관리자가 된 X세대가 '관리' 하게 될 직원들은 바로 Y세대이기 때문이다.

Y세대(1977~99)

Y세대는 북미사회를 레저경제로 급격히 몰아가게 될 집단이다. Y세대가 1976년에 태어나기 시작했다는 사실은 매우 중요하다. 그해는 매우 주목할 만한 해였다. 미국 곳곳에는 독립 200주년을 기념하는 깃발이 휘날리고 있었고, 콩코드 항공기가 뉴욕과 유럽 간을 운항하기 시작했으며, 이스라엘 특공대가 우간다의 엔테베Entebbe에서 인질들을 구출했다. 엔터테인먼트 산업에서는 영화 〈록키Rocky〉가 전무후무한 흥행기록을 세웠고, TV 시리즈 〈미녀삼총사Charlie's Angels〉는 파라 포싯 메이저스Farrah Fawcett-Majors라는 이름의 금발 여배우를 메가톤 급 스타로 만들어냈다. 캐나다에서는 토론토의 CN타워CN Tower가 완공됐고, 이튼Eaton 백화점이 문을 닫았다.

하지만 짐보리 실내 놀이터Gymboree Play and Music가 그해에 문을 열었다는 사실은 '역사 속 오늘' 코너에서는 거의 취급되지 않고 있다.

짐보리 실내 놀이터는 일정한 프로그램에 따라 운영되는 어린이 놀이방이다. 부모들은 일정한 요금을 내고 아이들을 프로그램에 등록시킬 수 있는데, 아직 기저귀도 떼지 않은 아이들도 받아준다. 사업은 성공적이었다. 1986년에 짐보리는 소매시장으로도 사업을 확장하여 7세 이하 어린이를 겨냥한 고급 아동복을 제조, 판매하기 시작했다. 이전 세대 부모들은 아이들에게 할인마트에서 산 저렴한 청바지를 입히고, 동네 놀이터에 데려가는 것으로 만족했었다. 짐보리는 새로 등장한 베이비부머 부모들의 취향과 욕구에 적절히 영합했다. 베이비부머 부모들은 '포겟 미 낫Forget Me Not'이라든가 '컨트리 클럽Country Club' 등의 상표가 달린 값비싼 옷을 아이들에게 입혔다. 교육적으로 섬세하게 짜인 짐보리 놀이 프로그램에 아이들을 가입시킨 것은 두말 할 필요도 없다.

그리고 Y세대가 등장했다. 짐보리는 유행을 1년 앞서 갔다. X세대의 출생은 공식적으로 1976년에 끝났다. **종종 '밀레니엄 세대**millennium generation' **혹은 '에코 붐 세대**the echo boom'**라고도 불리는 Y세대의 출생은 1977년에 시작되었다.** 대체로 베이비붐 세대의 자녀들인 Y세대는 상당히 높은 자존감('지나치게 높은 자존감'이라고 말하는 사람들도 있다.)을 갖도록 키워졌다. 이들은 상당히 다양한 취미활동을 경험했고, 신기술의 효율성을 만끽하면서 자라났다. 작가인 돈 탭스콧Don Tapscott은 이들을 '넷 세대generation net'라고 칭하기도 했다. 컴퓨터 마우스를 전화기만큼 친숙하게 다루고, DVD와 스마트폰과 아이팟을 두루 섭렵하는 집단이라는 의미다.

고학력, 그리고 다양성의 세대 … Y세대는 대체로 학력이 매우 높다. 베이비붐 세대의 경우, 가문 최초로 대학에 간 사람들이 많았다. Y세대는 그렇지 않다. 그들은 대학 진학을 인생의 당연한 순서처럼 여기며 자라났다. 2003년에 고등학교를 졸업한 남학생의 60%, 여학생의 64%가 대학에 진학했으며, 그 중 85%는 풀타임 대학생이다. 그러나 Y세대를 섣불리 일반화하는 것은 위험하다. Y세대는 인종적으로, 그리고 태도 면에서 아주 다양하다. Y세대 미국인 세 명 중 한 명은 백인이 아니다. 그러나 다른 모든 세대와 마찬가지로, Y세대 역시 공통의 사회적 사건들을 경험했고, 그 사건들은 그들에게 하나의 세대로서의 공감대를 형성시킨다. 그들은 많은 공통적인 특성을 지니고 있지만, 사업가들도 학자들도 그 특성들을 아직 충분히 파악하지 못하고 있다.

신기술에 해박한 세대 … Y세대의 가장 큰 특징은 뭐니 뭐니 해도 신기술에 대한 해박한 지식이다. 베이비부머들은 물론이거니와 심지어 X세대와도 달리, Y세대는 자신들이 언제 처음으로 컴퓨터를 접했는지 기억하지 못한다. 그들은 눈앞에 등장한 모든 신기술 제품을 수용하고, 사용한다. 부모 세대보다 그 속도가 훨씬 빠르다. 덕분에 그들은 변화를 보다 쉽게 받아들이고, 변화에 보다 쉽게 적응해 왔다. 하지만 부정적인 측면도 있다. 그들은 인내심이 부족하다. 휴대전화와 문자메시지는 그들에게 기다리는 법을 가르쳐주지 못했다. 이 때문에 직장생활의 고달픔을 피하려는 태도가 키워졌다고 지적하는 사람들도 있다. 베이비부머 상원의원인 힐러리 클린턴은 2006년의 한 연

설에서 다음과 같이 말한 바 있다. "우리 아이들 중 상당수는 노동의 의미를 모릅니다. 그들에게 노동이란 자신들과 아무 상관없는 두 글자에 불과합니다.…… 그들은 취업하자마자 곧장 사다리 끝으로 올라가서 연봉 5만 달러 이상을 거머쥘 수 있을 거라고 생각합니다. 그렇게 오르기까지 얼마나 열심히 일해야 하는지 모르고 있습니다." 얼마 후 힐러리는 연설 내용 중 일부를 철회했다. 자신의 Y세대 딸로부터 비판을 받은 탓도 있을 것이다. 하지만 대다수 베이비부머 회사 관리자들은 힐러리 클린턴의 생각에 상당히 동의하는 것이 사실이다.

과잉보호 받은 세대, 혹은 버릇없는 세대? … 여러 면에서 Y세대는 매우 버릇없는 세대다. X세대처럼, Y세대 역시 갓 노동시장에 진입했다. 평생고용이라는 개념이 사라진 지 한참이 지난 시기다. 하지만 베이비부머의 자녀들인 그들은 여러 가지 사치를 누려왔다. 심보리 옷을 비롯하여 로고가 새겨진 45달러짜리 공과 20달러짜리 폭죽을 즐긴 세대다. 그들의 부모는 그들이 어릴 때부터 삶의 구석구석에 깊숙이 관여해 왔다. Y세대는 너무 바쁜 일정 속에서 지냈고, 그들의 부모는 이 놀이에서 저 놀이로, 이 학원에서 저 학원으로 그들을 실어 나르느라 엄청난 시간을 소비했다. 그들은 많은 것을 누리고 경험했다. 그 결과 그들은 앞선 두 세대보다 훨씬 더 자신감에 넘치고 낙관적인 태도를 지니게 되었다. 이렇게 된 데에는 부모들의 역할이 결정적이었다. 많은 젊은이들은 부모가 늘 곁에 머물며 자신들을 지켜주리라는 믿음을 지니고 있다.

"그들은 자기가 아주 특별한 아이라는 말을 들으며 자라났지요." 클레어 레인스가 말한다. "그들의 부모가 아직도 그들의 삶에 얼마나 개입하고 있는지, 정말 놀라울 뿐이에요. '헬리콥터 부모'라는 말이 딱 어울리죠. 예컨대 많은 대학생들이 휴대전화를 갖고 있지 않습니까? 부모들이 하루에 두어 번씩 전화를 하는 게 보통입니다. 이게 현실이고, 이게 우리 사회 20대 젊은이들이에요. 직장에서 문제가 생기면 그들은 곧장 부모에게 달려갑니다. 그리고 부모가 상관에게 전화를 하죠."

부모에게서 받은 이 같은 과잉보호 때문에 Y세대는 종종 '게으름뱅이'라는 별명으로 불린다. 적절한 별명이라고 그들 스스로 인정하는 경우도 있다. "맞아요. 저도 우리가 게으른 세대라고 생각해요." 25세의 미용사 애슐리가 말한다. "전 게으르지 않아요. 제 남자친구도 게으르진 않죠. 하지만 솔직히 말씀 드리자면, 제 친구들은 모두 게으름뱅이들이에요. 그 애들의 부모는 그들에게 뭐든지 다 해줘요. 제 친구 한 명은 계속 직장에서 해고를 당하고 있어요. 그 애가 일을 잘 못해서 그런 거죠. 그럴 때마다 부모는 그 애를 집에 불러서 함께 살게 하고 용돈을 줘요. 그 애는 부모님 집 소파에 앉아서 자기랑 똑같은 고만고만한 친구들과 맥주를 마시며 소일해요. 그러다가 밤에는 밖으로 놀러 나가고요. 그 애들 모두 차가 있어요. 버스나 지하철을 타고 놀러 나갈 인물들은 결코 아니거든요. 아마도 차가 없으면 집에서 한 발짝도 안 나갈걸요."

21세의 대학생인 크리스틴 역시 자신의 친구들이 대체로 게으른 편이라는 데 동의한다. "사실 그건 저한테 이로운 거죠. 나이는 같지만, 저는 일에 대해 그 애들과 다른 철학을 갖고 있거든요. 그 애들은 정말 너무 게을러요. 그리고 그럴 수밖에 없다고 생각해요. 제 생각에는, 우리 부모님들이 우리의 삶에 너무나 깊숙이 관여해 왔어요. 그 때문에, 우리가 어려워지면 부모님들이 우리를 도와주실 거라는 걸 잘 알죠. 부모들의 그런 양육방식 때문에 책임감이라곤 눈곱만큼도 없이 자라난 젊은이들이 꽤 많은 게 사실이에요."

우리가 X세대(운이 없고 냉소적이며 가족 지향적인 세대)와 Y세대(신기술에 해박하고 학력이 높으며 버릇없는 세대)를 어떻게 묘사하든 간에, 이 젊은 세대들이 베이비붐 세대와 완전히 다르다는 것은 분명한 사실이다. '게으름뱅이 세대'의 여가 지향적 태도는 이미 기존 노동세계의 질서를 조금씩 흔들어왔다. 그리고 앞으로 시간이 지날수록 더욱 더 세차게 흔들게 될 것이다.

느슨한 세대가 만드는 일터의 풍경 :

X세대는 '진정한 삶'을 원한다. 그리고 그것을 향해 몇 걸음을 내디뎠다. Y세대 역시 진정한 삶을 원하고, 또 고용주들이 그것을 위한 충분한 시간을 줄 것을 기대한다. 따라서 일터에서 베이비부머들이 X세대와 Y세대를 접하며 혼란을 느끼는 것은 당연하다. 후배 세대들이 베이비붐 세대와는 다른 삶과

다른 일터를 원하게 된 것은 모종의 가치관 변화에서 기인한다. X세대와 Y세대가 전성기에 접어들면서, 일터 역시 그들의 가치관에 보다 부합하는 모습으로 바뀌게 될 것이다.

일터에서의 X세대

여가에 대한 X세대의 태도는 전적으로 그들의 경제상황과 관련이 있다. 그들은 1980년대 말과 1990년대 초에 노동시장에 진입했는데, 당시 경제상황은 그다지 좋지 않았다. 1980년대 초에 찾아온 경기침체는 꽤 심각했으며, 경기회복 후에도 상당수 업종에서 직원 채용을 꺼리는 분위기였다. 경력이 없는 신참내기들은 더더욱 채용하려 하지 않았다. 따라서 상당수 X세대들은 자신이 원하는 직업을 갖지 못한 채 한참을 보내야 했다. 원하는 직업의 근처에도 가지 못한 경우가 많았다. 대기업에 취직한 사람들조차도 암울한 분위기 속에서 일해야 했다. "취업이 되어 직장에 발을 딛는 순간부터 그들은 오랜 시간 그곳에서 일해온 베이비부머들이 하루아침에 정리해고 되는 모습을 수도 없이 보게 되었죠. 너나 할 것 없이 '인원감축을 해야 할 때가 왔어'라는 말을 들으며 초조하게 하루하루를 보냈습니다. 사회생활 초반부터 X세대들은 이미 '안정된 직장'이란 존재하지 않는다는 것을 알게 된 것이죠." 관리자 교육을 전문으로 하는 레인메이커 싱킹의 책임자이자 『여러 세대 직원들을 관리하는 법 Managing the Generation Mix : From Urgency to Opportunity』의 저자이기도 한 캐럴린 마틴 Carolyn Martin의 말이다.

그때는 일터 문화에서 새로운 시대가 시작되던 때였다. X세대는 기존의 지배적인 일터 문화에 섞여 들어갈 수밖에 없었다. 하지만 그들에게는 다른 과제가 있었다. 지난 1997년, 탁월한 경영인으로 알려진 톰 피터스Tom Peters는 《패스트 컴퍼니》라는 잡지에 「너」라는 이름의 상표The Brand Called You' 라는 기사를 실었다. "개인주의 시대인 오늘날에는 당신이 당신 자신의 브랜드가 되어야 한다"는 요지의 이 기사에 많은 X세대들이 전적인 동의를 표했다. X세대는 탄력적 근로 시간을 요구했고, 텔레커뮤팅을 요구했고, 휴가를 요구했다. 이러한 요구들은 제한적이나마 성공을 거두었다. "수십 년 동안 일만 하다가 퇴직하고, 그러고 나서야 비로소 여가시간을 갖게 되는 기존의 노동 패러다임은 이제 끝났다는 것을 X세대는 깨달았습니다." 캐럴린 마틴은 말한다. "그들은 직업을 일종의 '가치관 거래value transaction'로 간주했죠. 직장생활은 회사에 득이 되면서, 동시에 자기 자신에게도 득이 되어야 한다고 생각하기 시작한 겁니다."

X세대는 이전 세대와는 다른 종류의 일터를 만들어내고자 했다. 하지만 그렇게 할 수 있는 수단과 자원은 부족했다. 그들의 초기 취업생활은 북미사회를 강타한 경기침체 속에서 이루어졌다. 엄청난 규모의 산업 및 기업 구조조정이 잇따랐고, 주식시장도 거의 녹아내릴 지경이었다. 뿐만 아니라 X세대들에게는 관리직으로 승진하는 것 역시 하늘의 별 따기였다. 베이비부머 선배들이 그들 앞을 완전히 가로막고 있었기 때문이다. 그러나 요즈음 상황은 변하기 시작했다. **오늘날 X세대는 미국 노동력의 27%를 차지한다. 베이비부머들은 약 40%다.**(미

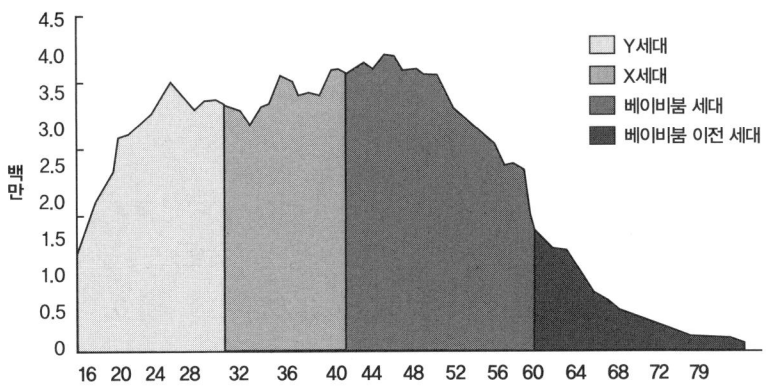

■ 노동시장에서의 세대분포(2006년)
미국의 연령별 근로자 수(2006년)

| 출처 : 미국 현재 인구 서베이(U.S. Current Population Survey), 단위 구분은 필자

국 노동통계국의 현재 인구 서베이에 기초한 수치다. 이 서베이는 1946~59년에 출생한 사람들을 베이비붐 세대로, 1960~79년에 출생한 사람들을 X세대로 규정했다. 노동통계국의 자료는 5세 간격으로 작성된다는 점을 고려해야 한다. 즉, 노동통계국의 자료에서는 노동시장에 참여하는 베이비붐 세대는 47~61세가 아니라 46~60세다. X세대 통계 역시 27~46세가 아니라 26~45세다.) 장차 베이비부머들이 노동시장에서 물러남에 따라 X세대는 승진 사다리를 타게 될 것이고, 그들 자신의 가치관에 따라 일터 문화를 좀 더 적극적으로 변화시킬 수 있게 될 것이다.

일터에서의 Y세대

Y세대는 X세대와 매우 다른 노동시장을 경험해 왔다. 그들은 대체

로 경제상황이 좋은 시기에 자라났고, 멋진 세상이 그들을 기다리고 있을 것이라는 말을 들으며 성장했다. 부모들이 그렇게 가르치기도 했지만, 인구학적 측면에서도 틀린 말은 아니었다. 베이비부머들은 언젠가는 늙어갈 것이며, 따라서 그들이 가졌던 일자리는 궁극적으로 Y세대의 몫이 되리라는 것은 Y세대가 아주 어릴 때부터 공공연히 언급되곤 했다. 초창기 Y세대가 노동시장에 진입할 때의 상황은 그러한 예상과 잘 맞아떨어졌다. 예컨대 1990년대에는 서비스 직종이 급격히 늘어나서, 학교에 다니면서도 시간제 일자리를 구하는 데 아무런 문제가 없었다. 9.11 사태 이후 경기가 크게 위축되었음에도, 대학을 갓 졸업한 Y세대는 취업에 별다른 어려움을 겪지 않았다. 과거와는 달리 경기침체기에도 미국의 실업률은 크게 높아지지 않았고, 학사학위를 소지한 젊은 Y세대는 자신들의 기술을 필요로 하는 기업을 어렵지 않게 찾을 수 있었다. 캐나다도 마찬가지였다. 9.11로 인한 미국의 경기침체는 캐나다에 큰 영향을 미치지 않았을 뿐만 아니라, 오히려 그 이후 캐나다의 일자리는 기록적으로 증가했다.

이 모든 것을 고려할 때, Y세대가 직장을 선택하는 데 왜 그렇게 까다로운 태도를 보이는지 충분히 이해가 간다. **대학 졸업자의 실업률이 2%에 불과한 상황에서**(미국 노동통계국에 따르면, 대학 졸업자의 실업률은 2006년 10월 현재 1.8%다.), **Y세대는 자신들이 상당한 교섭력을 지니고 있다는 점을 알고 있는 것이다.** 리서치 및 컨설팅 기업인 유니버섬 Universum은 지난 11년 동안 매년 대학 졸업반 학생들을 대상으로 설문조사를 실시해 왔다. 2006년에는 2만 9,046명의 학생을 대상으로 조사를 실시했는데, 최근으로 올수록 학생들이 고용주로부터 더 많은 것을 요구하고 기대하는 경향이 있음을 발견했다.(2006년 대학 졸업생들은 1980년대 중반 출생자들로 '확실한' Y세대들이다. 초기 설문조사는 X세대를 포함했을 가능성이 있다.) Y세대는 양질의 건강보험과 퇴직연금을 주로 요구했다. 몇 년 전 X세대가 취업할 당시만 해도 좀처럼 없던 일이었다.

"그들은 온갖 항목의 수당을 요구합니다." 인재채용 회사의 매니저로 일하는 케이트의 말이다. "대부분 비현실적인 요구들이에요. 10년 전과는 아주 달라졌어요. 믿기 어려울 정도로 엄청난 자부심을 가진 젊은이들이라고 할 수 있죠. '알았다, 당신 회사에서 일하겠다'고 대답하고는 며칠도 안 돼서 취소하는 사람들이 몇 년 전부터 크게 늘었어요. 더 좋은 직장을 찾은 거죠. 이렇게 말하면 너무 심할지 모르겠지만, 예전 젊은이들은 훨씬 더 고결했다고 생각해요. 지금은 달라졌어요. 어딜 가도 마찬가지예요. 캘리포니아도, 아이오와도, 매사추세츠도."

비영리단체 간사로 일하는 멜리사 역시 자신이 직장 선택에서 아주 까다로운 편이라는 것을 인정한다. "저는 직원으로서 제가 많은 기여를 할 수 있는 그런 직장을 원해요. 뿐만 아니라 제가 계속해서 뭔가를 배울 수 있는, 계속해서 제게 동기를 부여하고 저를 성장시키는 그런 직장을 원해요." 딜로이트 휴먼 리소스Deloitte Human Resources 사가 수행한 한 연구는 멜리사의 이 말을 다시 한 번 확인해 준다. "Y세대는 자신들이 모든 것을 아주 빨리 배울 수 있다고 생각한다. 어려운 업무를 책임질 수 있는 것은 물론, 베이비부머들이 생각하는 것보다

훨씬 빨리 회사에 중요한 공헌을 할 수 있다고 믿는다." 텍사스 주에 있는 쉘 오일Shell Oil의 직원채용 책임자도 이 점에 동의한다. "Y세대 직원들을 다룰 때 가장 중요한 일이 바로 그것입니다. 계속해서 뭔가 도전적인 업무를 주지 않으면 금방 염증을 느끼죠. 하지만 원하는 업무를 하기 위해선 그 전에 먼저 그 일을 배워야 하는 것 아닙니까?"

딜로이트 휴먼 리소스가 2005년에 발표한 한 연구에 따르면, Y세대는 일에 대해 이전 세대와는 매우 다른 견해를 갖고 있다고 한다. 신기술에 해박한 그들은 업무란 반드시 특정한 장소에서 해야 할 필요가 없다고 믿는다. 중요한 건 최종 결과물이지, 그 일에 투여된 액면 시간이 아니라는 것이다. 그렇다고 해서 Y세대가 이전 세대에 비해 고용주와의 관계를 소홀히 여기는 것도 아니다. "그들도 고용주와 장기적이고 돈독한 관계를 맺기를 원한다. 단, 자신들이 원하는 방식으로 그렇게 되기를 원할 뿐이다. 그들은 가족과 좀 더 많은 시간을 보내기 위해, 출퇴근에 허비되는 시간을 좀 더 줄이기 위해, 개인적인 스트레스를 좀 덜 받기 위해 직업적 야망을 줄인다. 이것이 그들의 '진정한 혁명'이다."

한마디로 요약하자면, Y세대는 여가시간을 중시한다는 것이다. 직원채용 담당자들은 Y세대가 일과 여가의 균형을 얼마나 중요하게 생각하는지를 목도하며 놀라움을 금치 못한다. 케이트는 이렇게 말한다. "그것은 그들에게 아주 중요한 문제입니다. 어떤 입사 지원자가 있었어요. 맹세코, 제가 지어낸 얘기가 아니에요. 그 지원자가 아주 단호하게 제게 이렇게 말하더군요. '4시 30분 퇴근이 보장되지 않으면 당신 회사에서 일할 수 없습니다'라고요." 회사에서 실시하는 '일-여가 양립' 프로그램은 Y세대 대학 졸업자들을 끌어들이는 매우 유용한 당근이다. "괜찮은 직원을 채용하는 건 쉬운 일이 아닙니다. 우리 회사에서는 일과 여가의 조화를 앞세운 정책을 펴고 있는데, 덕분에 실력 있는 젊은이들이 많이 몰리는 편이죠." 휴스턴 브라운의 말이다. "우리 회사에서는 매월 둘째 주 금요일을 휴일로 정하고 있어요. 대신 그 주 월요일부터 목요일까지는 9시간을 일합니다. 평소보다 한 시간 더 일하는 셈이지요. 관리자들도 똑같이요. Y세대가 아주 좋아한답니다."

평생직장이라는 신화는 Y세대가 태어나기도 전에 이미 사라졌다. 여가시간을 조금 더 보장해 주는 회사가 나타나면 Y세대는 다니던 직장을 미련 없이 때려치우는 경향이 있다. 베이비부머들과는 비교할 수조차 없을 뿐 아니라, X세대보다도 훨씬 더 그러하다. 애너 바니Anna Bahney는 2006년 6월 《뉴욕 타임스》에 이렇게 썼다. "이전 세대들은 종신고용과 직업적 출세를 아주 중요시했다. 그러나 Y세대는 활주로(여행, 즉 여가시간을 의미-옮긴이)를 사다리(승진 또는 직업적 출세를 의미-옮긴이)만큼 좋아한다."

"우리가 회사를 쉽게 그만둘 수 있는 것은 우리 세대가 이전 세대보다 회사에 대한 충성도가 떨어지기 때문일 겁니다." 26세인 엘라의 말이다. 대학까지 졸업한 그녀는 현재 카페 점원으로 일하고 있다. "우리는 사람들이 대규모 정리해고 되는 모습과 공장이 문을 닫는 모습을 보며 자랐어요. 회사에 모든 것을 바치면서 그들이 뭔가를 해주

기를 바랄 게 아니라, 우리는 우리 스스로가 잘 지켜가야 한다는 인식을 갖게 된 거죠. '이 직장을 떠나도 다른 직장이 반드시 기다리고 있을 거야' 라는 근거 없는 믿음도 지배하고 있기는 해요. 제가 근거 없는 믿음이라고 말한 건, 전 그걸 믿지 않기 때문이에요. 지금 우리 경제는 꽤 좋지 않다고 생각해요. 일자리들이 사라지고 있죠. 대학 졸업자들은 학력이 너무 높아서 아무 일이나 할 수도 없고요. 하지만 반평생을 '너는 최고야, 너는 특별해, 멋진 직업을 갖게 될 거야, 문제없고말고!' 라는 말을 들으면서 살아보세요. 현실을 제대로 보기가 어렵죠. 우리 세대는 아직 꿈에서 깨어나지 못하고 있다고요."

Y세대가 자영업에 관심이 많은 이유 중 하나는 자기 스스로 시간을 조절하기가, 특히 여가시간을 내기가 용이하기 때문이다. 《보스턴 글로브*Boston Globe*》지의 한 기사에 따르면, 하버드대학이나 카네기멜론대학 등과 같은 일류대학 졸업생 중 30~40%는 졸업 후 5년 이내에 자기 사업을 시작한다. 그러나 현재 대다수 Y세대는 창업을 시도할 사정이 못 된다. 무엇보다도 초기 자본을 마련하기가 어렵기 때문이다. 특히 직원을 채용해야 할 경우 건강보험 비용이 아주 큰 부담이 된다. 미국 노동통계국의 연구에 따르면, 2003년 현재 25세 미만 근로자의 1.9%만이 자영업 종사자다. 25~34세 근로자의 경우 그 비율은 5.3%로 높아진다. 나이가 들면서 자본을 모으게 되면 점점 더 많은 Y세대가 자기 사업을 시도하게 될 것이다.

"전 아주 놀라울 정도로 강한 노동윤리의 소유자라고 생각해요." 메이크업 아티스트인 지니의 말이다. 지니는 풀타임 정규직 취업을 포기하고 프리랜서로 일하기로 결정했다. "지난 몇 주 동안은 주말에도 일을 했어요. 이따금 방송국에 새벽같이 일하러 가기도 하고, 밤 늦게까지 일하는 경우도 있어요. 정신이 하나도 없죠." 프리랜서로 일하기로 결심한 이유가 뭐냐고 묻자, 지니의 얼굴에는 당혹스러운 기색이 떠올랐다. "글쎄요…… 자유시간을 갖기 위해서죠. 전 승마를 엄청 좋아한답니다. 아홉 살 때부터 학교 졸업할 때까지 말을 탔죠. 그런데, 우선 먹고살아야 하잖아요. 말도 타야 하고 말이죠. 무슨 일이 있어도 여름 한 철은 말을 타야지, 생각했어요. 그 때문에 보통 직장에는 취직할 수가 없죠. 제가 원할 때 시간을 낼 수 없으니까요."

'일-여가 양립'이 중요시되면서, 철저하고 요지부동인 근로시간으로 정평이 나 있던 직종들에도 변화가 일어나고 있다. 지난 2004년, 에지 인터내셔널Edge International이라는 컨설팅 회사는 법률회사에서 일하는 25~30세의 젊은 변호사들을 대상으로 국제적 설문조사를 실시했다. '자율성', '금전적 보수', '직업 안정성' 등이 포함된 17개의 항목을 제시하며 직장과 관련하여 자신에게 가장 중요한 항목들을 순서대로 기록하도록 했다. '전문가로서의 성공', '승진 기회', '직업 안정성' 등이 상위 4개 항목에 포함되었다. 이는 전혀 놀랍지 않다. 하지만 이 세 항목 어느 것도 1위를 차지하지는 못했다. 1위를 차지한 항목은 '사생활을 위한 시간 보장'이었다. 북미지역의 경우, 변호사 세 명 중 한 명꼴로 이 항목을 '매우 중요하다'고 표시했다. 이 설문조사는 법률회사 대표들에게 '당신 회사의 변호사들이 사생활을 위한 시간 보장을 어느 정도로 중요하게 생각할 것이라 보는가?'라

고 물었다. 대표 다섯 명 중 한 명꼴로 '매우 중요하다고 생각할 것'이라고 답했다. 그러나 실제 조사 결과, 사생활을 위한 시간 보장이 '매우 중요하다'고 체크한 변호사는 2.4명당 한 명꼴이었다.

의료 종사자들 역시 이러한 변화를 보이고 있다. 인재 채용회사 대표인 캐럴 웨스트폴Carol Westfall과 법률가인 존 파워스John Powers는 《그룹 프랙티스 저널Group Practice Journal》에 게재한 글에서 "의료계에도 변화가 일고 있다"고 강조했다. 적절한 후배 의사를 물색하는 나이 든 의사들에게 웨스트폴과 파워스는 이렇게 충고한다. "신세대 의사들이 구세대들이 했던 것과 동일한 방식으로 흔쾌히 일하고자 할 것이라는 기대는 접어야 한다.…… 젊은 X세대, 그리고 지금 부상하고 있는 Y세대들은 자신들의 시간을 매우 중시한다. 그들은 결코 자신들의 시간을 직장이나 직업에만 쏟아 붓고 싶어하지 않는다. 그들은 자신의 원칙과 가족에는 매우 충실하지만, 고용주에게는 과거 세대만큼 충성스럽지 않다. 그들은 평생직장을 꿈꾸며 한 직장에 다니지 않는다. 현 직장은 그저 자신의 포트폴리오를 만들기 위한 하나의 수단일 뿐이다."

Y세대를 연구하는 사람들은 Y세대가 조만간 자신들의 다양한 욕망을 접고 회사생활에 전념하게 될 것이라고 낙관하지 않는다. 클레어 레인스는 이렇게 말한다. "그들은 수없이 많은 취미활동을 경험하며 자라난 세대예요. '자, 됐어. 이제 다 정리하고 회사일에만 충실하자'라고 마음먹을 일은 없을 겁니다." 마케팅 회사의 부회장인 짐 랜잘로토Jim Lanzalotto도 이 말에 동의한다. 그는 Y세대는 과거와는 아주

다른 일터를 원하며, 또 그것을 실현할 수 있을 것이라 말한다. "닷컴 시대에 등장했던 회사들을 기억하시지요? 애완견을 데리고 출근할 수 있었던 그런 회사들 말입니다. Y세대가 원하는 게 바로 그런 겁니다. 그리고 그와 유사한 회사들이 틀림없이 다시 등장하게 될 겁니다. 자, 보십시오. 인구학적으로 이제 그들의 시대입니다. 전 베이비부머예요. 어릴 때를 기억해 보면, 제가 학교를 졸업하고 나면 얼마 안 돼서 제가 다녔던 학교가 문을 닫곤 했습니다. 학생수가 줄어든 탓이죠. 조만간 노동시장에서도 같은 현상이 나타날 겁니다. 일할 사람이 적어지는 거죠. 따라서 Y세대가 요구하는 것은 받아들여지게 되어 있습니다."

직업과 관련하여 또 한 가지 고려해야 할 점은, Y세대가 봉사정신의 중요성을 매우 강조하는 교육을 받으며 자라났다는 점이다. 그들은 자원봉사 활동을 의무적으로 해야 했던 교과과정을 밟은 세대다. **미국인의 자원봉사 활동에 관한 어느 연구에 따르면, 2002~05년에 대학생들의 봉사활동은 20% 증가했다.** 따라서 봉사활동을 경험한 많은 Y세대는 봉사활동 역시 자신들의 삶에서 매우 가치 있는 부분이며, 시간을 내서 참여해야 할 일이라고 생각한다. "저는 봉사활동 프로그램이 있는 회사에서 일하고 싶어요. 그런 회사라면 오래 일할 수 있을 것 같아요. 기업의 사회적 책임을 중시하는 그런 회사 말이죠." 21세인 대학생 크리스틴의 말이다. "고등학교 다닐 때 줄곧 자원봉사 활동을 했어요. 전 그 일을 아주 좋아했죠. 저한텐 아주 중요한 일이에요." 인재채용회사 매니저인 케이트 역시 Y세대 젊은이들이 세계와 지역사회

에 많은 관심을 갖고 있다는 것을 잘 알고 있다. "그런 면에서 그들은 결코 이기적인 젊은이들이 아니에요. 여러 가지 정의로운 대의에 관심이 많습니다. 그리고 그것을 위해 시간을 할애할 의사도 있지요."

전반적으로, '여가는 없고 노동만이 지배하는 삶'은 X세대와 Y세대에게 들어맞지 않는다. 지금까지 그들은 자신들의 가치관을 기존 질서에 심고자 애써왔다. 기존 질서는 아직 그에 대한 준비가 되지 않았다. 하지만 곧 그들의 가치관에 좀 더 마음을 열게 될 것이다. Y세대의 경우에는 더욱 그러하다. 그들은 곧 사회를 주도할 연령에 도달할 것이고, 베이비부머를 대체할 것이다. 그들의 교섭력은 만만치 않다. 케이트는 이렇게 말한다. "아마도 그들은 진정한 '일과 여가의 양립'을 이루어낼 겁니다. 일과 가족과 사회봉사를 골고루 영위하는 방법을 터득하게 될 것이 분명해요. 우리 회사를 비롯한 많은 기업들이 Y세대가 원하는 근무 스케줄을 채택하게 될 거라고 봅니다. 베이비부머들이 사라지고 나면 더 이상 선택의 여지가 없으니까요."

자발적 실업자, 혹은 우아한 실업자 :

기업이 '일과 여가의 양립' 원칙에 입각하여 내부 체계를 바꾸는 것은 그다지 큰 문제가 아닐 수 있다. 그러나 만일 신세대들이 취업을 완전히 포기하고자 하면 어떻게 될 것인가? 실제로 그런 사례들이 있다. 여가를 위해 노동시장으로의 진입을 완전히 포기하는 사람들이 있는 것이다. **미국의 경우, 노동시장**

참여율(노동능력이 있는 사람으로서 현재 취업 중이거나 구직 중인 사람의 비율)은 2000년 67.1%에서 2005년 66.2%로 감소했다. 이는 1989년 이후 최저수준이다. 얼핏 보면 대단한 수치가 아닌 듯싶을 것이다. 하지만 좀 더 깊이 들여다보면 문제가 달라진다. 만일 현재의 노동시장 참여율이 계속된다면, 5년 후 미국에는 지금보다 170만 명이나 더 많은 사람들이 노동시장에서 사라질 것이다.

연령별로 나누어 보면, 모든 연령층에서 몇 년 전보다 적은 수의 사람들이 노동시장에 참여하고 있음을 알 수 있다. 미국 노동통계국의 자료에 따르면, 2001년 경기후퇴가 시작될 때부터 2005년 말까지 16세 이상 인구의 노동시장 참여율은 1.1%포인트 하락했다. 이 중 가장 큰 하락률을 보인 연령층은 16~24세 인구집단으로, 무려 5.2%포인트가 하락했다. 경기침체로 인해 좀 더 많은 젊은이들이 취업보다는 학교에 머물려 했던 것이 큰 요인이었다. 더욱 흥미로운 것은, 전통적으로 노동시장 참여율이 가장 높았던 연령대 역시 참여율이 떨어졌다는 점이다. 25~54세 남성의 참여율은 1.2%포인트 떨어졌고, 같은 연령대 여성의 참여율은 1.5%포인트 떨어졌다. 노동시장 참여율이 상승한 유일한 연령대는 55세 이상 연령대로, 남녀 합해서 같은 기간 동안 4.8%포인트 상승했다. 이 연령대의 노동시장 참여율이 높아진 이유 중 하나는 베이비붐 세대의 여성들이 이 연령대로 접어들고 있기 때문일 것이다. 그들은 이전 세대 여성들보다 노동시장 참여 욕구가 더 높다.

노동시장 참여율의 하락이 '보다 많은 사람들이 노동보다는 여가생활을 지향한다는 사실'을 직접적으로 입증하는 지표가 될 수는 없

다. 노동시장 참여율 하락에는 '주기적' 요인이나 경기 불안정 같은 요인도 작용할 수 있다. 이러한 변수가 없다면 경기가 좋을수록 노동시장 참여율은 높아지게 마련이다. 예컨대 경기가 좋은 상황이라면 대학원생들이 학업을 잠시 중단하고 한시적으로 취업을 할 수도 있는 것이다. 경기침체기에 노동시장 참여율이 떨어지는 것이 자연스러운 이유가 여기에 있다. 그러나 몇몇 연구들은 경기침체가 최근의 노동시장 참여율 하락에서 결정적 요인은 아니라고 주장한다.

"고마워하지 않는다거나 불평하는 건 아니에요." 36세의 제니퍼가 말한다. 나와 대화를 나누는 중에도 그녀는 아주 바빴다. 그녀의 한쪽 팔에는 만 한 살 된 아기가 안겨 있었다. 눈이 아주 커다란, 올리비아라는 이름의 딸이었다. 다른 팔은 네 살 난 아들인 데이비드의 코를 솜으로 막아주고 있었다. 아이의 코피를 멎게 하기 위해서였다. "전 제가 운이 좋은 사람이라고 생각해요. 교육도 많이 받았고, 변호사로 일할 때도 굵직한 사건을 꽤 여러 개 맡았었죠. 지금 이런 일을 할 수 있게 된 것도 아주 행운이고요." 제니퍼가 지칭하는 '이런 일'이란 전업주부로서의 생활을 뜻한다. 10여 년 전까지만 해도 제니퍼가 전업주부로 살게 되리라고 예상한 사람은 아무도 없었다. 그녀가 누구인가. 최고의 성적으로 법대를 졸업한 그녀였다. 기업들마다 그녀를 데려가려고 안간힘을 쓰던, 그런 재원이었다.

요즈음 고급 주택가 근처의 놀이터를 둘러보면 제니퍼 같은 '왕년에는' 주부들이 아이들과 시간을 보내고 있는 모습을 흔히 볼 수 있다. "왕년에는 변호사였죠", "왕년에는 대기업 홍보이사로 일했었죠", "왕년에는 월스트리트에서 일했는데, 이따금 그때 받은 보너스가 그립기도 해요"라고 말하는 여성들이다. 이전 세대의 많은 여성들처럼 이들도 자녀양육과 가사일을 위해 직장을 그만두었다. 빡빡한 직장생활을 하며 가정을 돌보는 것보다 훨씬 더 여유 있게 가정에 전념하기 위해서였다. 그러나 이전 세대 여성들과 다른 점도 있다. 이들은 취업 시 예전의 여성들보다 훨씬 더 많은 돈을 벌었고, 훨씬 더 많은 시간을 자신의 직업적 성공을 위해 쏟았었다. 즉, 이들은 자신들이 원하는 여가시간을 갖기 위해 훨씬 더 많은 비용을 치러야 했던 것이다.

지난 2003년,《뉴욕 타임스》의 리사 벨킨Lisa Belkin은 이러한 현상을 가리켜 '자발적 이탈 혁명Opt-Out Revolution'이라고 부른 바 있다. 벨킨은《뉴욕 타임스》일요판 기사에서 이렇게 역설했다. "노동시장이 이들 여성들을 붙잡아두는 데 실패했다고만 볼 수는 없다. 이 여성들 스스로도 노동시장을 거부했다." 그녀는 캐런 휴스Karen Hughes의 경우를 인용했다. 베이비부머인 휴스는 부시 대통령의 정책자문관으로 일하던 중 가족들이 고향에 돌아가고 싶어한다는 이유로 백악관을 떠난 여성이다. 벨킨은 직업적 성공을 위해 가족의 희생을 감수하려는 여성들은 이제 점점 줄어들고 있다고 지적한다. 물론 휴스는 '자발적 이탈자'의 적절한 사례가 아니다. 일을 그만둔 지 2년도 채 안되어 다시 풀타임 전문직으로 복귀했기 때문이다. 그러나 벨킨은 한 가지 중요한 현상을 지적했다. 최소한 X세대 여성의 경우, 지난 수년간 노동시장으로부터 이탈하는 사례가 꾸준히 증가하고 있는 것은 사실이라는 것이다.

여성들의 노동시장 참여율은 꽤 놀라운 변화를 보여왔다. 25~34세 여성의 노동시장 참여율은 1997년 76.0%에서 2005년 73.9%로 하락했다. 35~44세 여성의 경우 역시 1997년 77.7%에서 2005년 75.8%로 떨어졌다. 누군가 노동시장을 떠나고 있거나, 혹은 노동시장에의 참여를 애초부터 거부하고 있다. 여성의 노동시장 참여율 하락에는 여러 가지 요인이 있을 수 있다. 그 요인들에는 장애 여성의 증가, 여성 취업률이 상대적으로 낮은 남미계 여성인구의 증가 등도 포함될 것이다. 그러나 보스턴 연방준비은행의 한 연구에 따르면, 노동시장 참여율 하락은 주로 대학을 졸업한 여성들에게서 집중적으로 나타나며, 하락률이 가장 높은 집단은 대학을 졸업하고 6세 미만의 자녀가 있으며 남편의 소득이 높은 기혼여성이라고 한다. 즉, 전도양양한 직업을 때려치운 제니퍼와 같은 여성들이다. 이는 X세대와 베이비붐 세대 여성들 간의 커다란 차이점이 아닐 수 없다. 1980년대에는 자녀가 있는 대졸 여성들은 노동시장에 남는 것을 선택했었다. 그 결과, 여성의 노동시장 참여율은 상승했다. 그러나 2000년대에 접어들면서 그와 동일한 성격의 집단, 즉 자녀가 있는 대졸 여성들로 인해 여성의 노동시장 참여율이 하락하고 있다.

"변호사로 성공하기까지 정말 많은 노력을 했어요." 제니퍼가 말한다. "기업법률을 전공했고, 법률회사에서는 한 팀을 이끌었어요. 일하면서 신나는 일도 정말 많았죠. 하루에 12시간, 14시간씩 일하는 것이 보통이었어요. 12년 가까이 일하면서 정도 많이 들었고요. 회사도 저도 서로에게 투자한 게 엄청나게 많았죠. 하지만 결국 선택의 여지가 없다는 생각이 들었어요. 회사를 떠나는 것밖에는 말이죠. 보통 회사들처럼 매일 저녁 5시에만 퇴근할 수만 있었어도 계속 일했을지 몰라요. 하지만 우리 회사에서는 시간제 근무란 있을 수가 없었죠. 둘째 아이가 태어나자 더 이상 그곳에 있고 싶지 않더군요."

아마도 이들은 여가시간만을 열렬하게 추구하는 집단은 아닐지도 모른다. 그러나 직업적 삶과 개인적 여가가 적절하게 어우러지기를 희망하는 집단임에는 틀림없다. 다른 세대들 역시 그러한 삶을 원했을 수도 있다. 그러나 X세대는 자신들이 원하는 것을 좀 더 분명하게 표현할 자세가 되어 있고, 보다 많은 여가시간을 위해 고용주와 흥정할 준비가 되어 있는 세대다. 그들은 이미 레저경제의 시작을 만들어 냈다. 앞으로 그들의 교섭력이 증대됨에 따라 레저경제의 지평은 크게 확장될 것이다. 그들은 일정 기간 동안 노동시장으로부터 완전히 이탈할 수도 있고, 노동시장을 자신들이 원하는 삶의 스타일에 맞게 바꾸어놓을 수도 있다. 즉, 노동을 하되 그 외의 삶도 풍요로울 수 있도록 노동시장을 변화시킬 수 있는 것이다.

이러한 변화를 보여주는 증거는 제법 많다. 노동가족연구소Work and Family Institute가 수행한 한 연구를 예로 들어보자. 이 연구는 직장인들을 여러 가지 유형으로 분류했다. 가족보다는 일을 우선시하는 직장인들을 '일 중심형'으로, 일보다는 가족을 우선시하는 직장인들을 '가족 중심형'으로, 일과 가족에 동일한 비중을 두는 직장인들을 '양립형'으로 이름 붙였다. 인터뷰 자료에 따르면, **베이비부머의 22% 가 일 중심형인 데 반해, 이후 세대는 12% 내지 13%만이 일 중심형이다.** X세

대의 경우 52%가 가족 중심형인 데 반해, 베이비부머는 41%가, Y세대는 50%가 가족 중심형이다. 이러한 결과는 부모역할과 관련하여 베이비붐 세대와 X세대 간에 현격한 '세대 차이'가 존재함을 보여준다.

더욱 놀라운 것은, 대학에 다닐 나이의 Y세대 여성들이 벌써부터 취업을 미룰 계획을 세우는 경우가 많다는 사실이다. 2005년 말 《뉴욕타임스》에 실린 한 기사는 적지 않은 사람들에게 충격을 안겨주었다. 일류대학에 재학 중인 여학생들 중 약 60%가 '아이를 낳으면 일시적으로, 혹은 완전히 직장을 그만둘 생각'을 하고 있다는 내용이었다. 표본집단이 너무 적다는 문제점은 있지만(138명), 자못 놀라운 결과임은 분명하다. 이들은 일단 취업만 하면 경제적 성공을 거둘 가능성이 가장 높은 엘리트 집단이다. 이들은 일류대학에서 최고의 교육을 받고 있으며, 장차 자기 세대의 지도자가 될 수 있는 집단이다. 그럼에도 이들은 찬란한 직업적 성공 대신, '21세기 사커 맘'이 될 만반의 준비를 갖춘 듯 보인다. "둘째 아이를 낳을 때까지만 일을 할 생각이에요." 기사 속 한 여학생이 말한다. "직업적으로 크게 성공가도를 달리고 있다 하더라도 상관없어요. 내가 원하던 것을 한번 해보았다는, 좋은 경험으로 남겠죠." 물론 기사 속 여학생들이 궁극적으로 어떤 길을 택할지는 아직 알 수 없다. 다른 변수가 등장해서 일을 계속해야만 할 상황에 봉착할 수도 있다. 혹은 좀 더 가족 친화적인 직장을 찾게 되어 일을 그만둘 필요가 없을 수도 있다.

그러나 보다 걱정스러운 것은 '엄마 직장인들의 이탈mommy drain'이 아닌, '부모 직장인들의 이탈parent drain'이다. 베이비붐 세대 아빠들은 자녀 양육에 적극적으로 참가하기 시작한 첫 아버지들이다. X세대 아빠들은 더욱 그러하다. X세대 아빠들은 한 세대 전의 아빠들보다 한층 더 많은 시간을 자녀 양육에 쏟는다. 물론, 2005년 ATUS 자료에 의하면 여전히 여성이 남성보다 훨씬 더 많은 시간을 자녀 양육에 소비한다. 하루 평균 여성은 2.5시간을, 남성은 1.3시간을 자녀 양육에 할애한다. 그러나 **지난 수십 년간 기혼 남성들의 자녀양육 시간은 크게 증가하여, 1965년 주당 2.6시간에서 2005년 6.5시간으로 두 배 이상 늘어난 것으로 보고되고 있다.** 또한 적어도 한 세대 전에 비해서 부모가 자녀 양육을 분담하는 경향이 크게 높아졌다는 것은 모두가 인정하는 점이다. 리치 어드바이저스Reach Advisors 사는 3,000명의 부모들을 대상으로 설문조사를 실시했는데, X세대 아빠들은 자신의 아버지들에 비해 두 배 정도 더 많은 시간을 아이들과 함께 보낸다고 대답했다. 자녀 양육에 쏟는 시간의 증가는 노동시장에서의 변화로 연결된다. **미국 센서스국 자료에 따르면, 2005년 현재 미국에는 약 14만 7,000명의 전업주부 아빠가 있다. 2002년의 10만 5,000명에서 40% 증가한 수치다.** 물론, 여전히 매우 적은 숫자이긴 하다. 그러나 성역할에 대해 한층 느슨하고 유연한 태도를 지닌 Y세대가 결혼하여 가정을 꾸리게 될 때 이 숫자는 급격히 치솟을 가능성이 높다.

　Y세대는 가족과 좀 더 많은 시간을 갖기 위한 공공정책을 수립하도록 압력을 가하게 될 것이다. '가족휴가family leave'가 제도화된다면, 그들은 주저 없이 신청서를 제출할 것이다. 캐나다의 사례를 보더라도 이러한 추측이 가능하다. 캐나다에서는 지난 2001년부터 부

모 중 한 사람이 '육아휴가'를 택할 수 있는 제도를 실시하고 있다. 여성만이 신청할 수 있는 출산휴가는 지역에 따라 15~18주 정도다. 그 후 37주간의 육아휴가에 대해서는 남성도 신청할 수 있으며, 휴가 기간 동안 기본급의 약 55%를 지급 받는다.(소득수준에 따라 그 비율은 차이가 있다.) 아직도 여성이 압도적으로 많이 육아휴가를 택하긴 하지만, 2005년 현재 약 15%의 남성 근로자들이 육아휴가를 택했다. 미국의 육아휴가는 캐나다에 비해 훨씬 인색하다. 가족 및 질병휴가 법 Family and Medical Leave Act에 의거하여 육아휴가 기간은 최고 12주가 주어지며(공공부문과 75명 이상의 근로자를 고용하고 있는 민간기업에만 해당), 그 기간 동안 임금은 전혀 지급되지 않는다. Y세대 정치가들, 혹은 Y세대를 이해하는 X세대나 베이비부머 정치가들이 이 문제에 덤벼드는 건 시간문제일 것이다.

마지막으로, 노동시장으로부터의 '자발적 이탈'은 여성들에만 해당되는 일도, X세대와 Y세대에만 해당되는 일도 아니다. 은퇴하기 전에는 결코 직장을 그만두지 않을 거라고 다짐했던 사람들에게도 '느슨한 삶'이 영향을 미치기 시작했다. 그들 중 많은 이들은 불가피한 사정에 의해 직장생활을 접은 후 새로 시작된 느긋하고 여유로운 삶을 즐기게 된, 예상치 못한 깨달음을 얻은 사람들이다.

2006년 7월 31일자《뉴욕 타임스》1면에는 '일하지도 않고, 일을 원하지도 않는 남성들'이라는 제하의 기사가 실렸다. 기사를 쓴 경제 칼럼니스트 루이스 어치텔과 데이비드 레너드David Leonard는 몇몇 남성들의 사례를 언급했다. 이 남성들은 직장을 잃은 블루칼라 노동자들로, 자신들의 능력에 맞지 않는 하향 취업을 하느니 차라리 노동시장을 완전히 떠나기로 결심한 사람들이었다. 비록 기사 내용은 '게으른 남성'에 대한 논의였지만, 어치텔과 레너드는 많은 경제학자들이 지난 수년 동안 주시해 온 하나의 경향성을 분명히 드러내주었다. 즉, '한창 나이' 남성들의 노동시장 참여율이 지속적으로 하락하고 있다는 사실이다. 이들은 노동시장에서 가장 안정적인 비중을 차지하는 연령대의 남성들이다. 남성의 노동시장 참여율이 가장 높았던 최근 시기는 1984년으로, 16세 이상 남성의 76.4%가 취업 중이거나 구직 중이었다. 당시에 25~34세 남성의 94.4%, 35~44세 남성의 95.4%, 45~54세 남성의 91.2%가 노동시장에 참여하고 있었다. **2005년 현재, 16세 이상 남성의 노동시장 참여율은 73.3%로, 25~34세 남성이 91.7%, 35~44세 남성은 92.1%, 45~54세 남성은 87.7%다. 1984년의 참여율을 기준으로 할 때, 2005년 현재 약 194만 명의 남성들이 취업도 구직도 하지 않고 있다는 것을 의미한다.**

　이 연령대 남성들의 노동시장 참여율이 하락하는 데에는 다양한 이유가 있다. 지난 20여 년 동안 블루칼라 직종이 크게 줄어든 것도 큰 역할을 했을 것이다. 닷컴 사업으로 백만장자가 된 후 일을 떠난 남자들도 있고, 직장을 그만두고 전업주부 아빠가 되기를 택한 남자들도 늘어났다. 무엇보다 흥미로운 것은, 노동시장을 떠난 이들 중 상당수가 '직장 이외의 삶도 보람 있고 만족스러울 수 있다'는 것을 깨달았다는 점이다. 사실, 한창 나이의 남자가 돈 버는 일이 아닌 다른 일을 하기로 결심한다는 것은 20년 전까지만 해도 사회적으로 용납

되지 않았다. 그 '다른 일'이 아이를 키우는 일이건, 비영리 사회단체에서 봉사하는 일이건 말이다. 레저경제는 그것을 계획하지 않았던 사람들에게도 이미 다가서고 있다.

노동의 가치를 묻다 :

Y세대가 장차 구체적으로 어떻게 일과 여가를 조화시켜 갈지, 아직은 확실히 알 수 없다. 지금 확실한 것은, 그들은 '진정한 삶'을 원한다는 것, 그들에게 더 이상 베이비부머들이 겪었던 것과 같은 혹독한 스트레스와 시간예속을 가져다주는 노동을 강요할 수 없다는 것이다. 물론 그들이 원하는 것을 얻어가는 과정에는 많은 도전이 기다리고 있을 것이다. 또한 어느 정도 타협하지 않으면 안 될 상황이 올 수도 있다.

베이비부머들과 X세대가 이미 일터를 어느 정도 바꾸어놓은 것도 사실이다. "사람들이 일을 덜 하고자 하는 건 아닙니다." 인재 채용 대행회사인 스페리온의 로이 크라우스Roy Krause 사장의 말이다. "그들이 하려는 말은 바로 이런 겁니다. '자, 사장님. 보십시오. 저는 금요일마다 오전에 제 아이의 유치원에 가야 합니다. 그리고 갈 겁니다. 그렇다고 해서 제 봉급이나 보너스를 깎지 마십시오. 그로 인해서 어떤 불이익도 받고 싶지 않습니다.' 뭐, 이런 얘기죠." 크라우스 사장은 2000년 이후부터 회사의 근무환경이 크게 바뀌었으며, 그렇게 된 데에는 신기술의 영향이 크다고 말한다. "모든 직원이 집에 컴퓨터를 갖고 있고, 모두가 이메일을 사용합니다. 직원들에게 일정 시간은 집에서 일하도록 허용하는 회사들도 있습니다." 현재 미국에서 평균적으로 출근에 소요되는 시간은 25분이며, 캐나다의 경우는 30분이다. 일주일에 하루나 이틀을 집에서 일한다는 것은 적어도 출퇴근 시간만큼의 여가시간을 더 가질 수 있다는 것을 의미한다.

Y세대에 대해 가장 궁금한 점은 과연 그들이 어떻게 부모역할을 할 것인가다. 각종 연구 결과들은 그들이 직장보다는 집에 머무르기를 희망한다는 것을 보여준다. 하지만 그것이 어느 정도로 현실화될지는 좀 더 지켜보아야 할 것이다. Y세대 상당수가 전업부모가 되기를 원한다고는 하지만, 일하는 부모의 자식으로 성장한 경험을 긍정적으로 보는 Y세대도 적지 않은 것이 사실이기 때문이다.

X세대에서 Y세대로 넘어가는 과도기에 태어난 헤더는 최근에 첫 아이를 낳았다. 사회복지사인 그녀는 직장에 복귀할 날을 손꼽아 기다리는 중이다. "제 엄마도 일을 하셨어요. 빨리 다시 일하고 싶어요. 그게 제 딸한테도 좋을 거라고 생각해요. 좀 더 사회성이 발달할 테니까요. 전 어릴 때 학교가 끝나면 늘 방과 후 놀이방에 갔어요. 그게 얼마나 좋았는지 몰라요." 일부 부모들은 경제사정 때문에 맞벌이를 해야만 할 경우도 있을 것이다. 미용사인 애슐리는 엄마가 그러했던 것처럼 자신도 가급적이면 전업엄마가 되고 싶어한다. "지금 전 미친 듯이 일을 하고 있어요. 아침 일찍 나가서 밤 8시까지 일하죠. 아이가 생긴 후에도 이런 생활을 한다는 건 상상조차 하고 싶지 않아요." 그러나 애슐리는 일을 완전히 접지는 못하리라는 것을 안다. 최소한 시

간제로라도 일을 하게 되리라고 예상하고 있다. "지금 제 남자친구와 저는 간신히 생계를 꾸릴 정도밖에는 돈을 못 벌고 있어요. 현실적으로 보면, 아이들을 가진 후에도 우리 둘 다 일을 해야만 할 거에요. 하지만 여건만 허락한다면 전업주부로 살고 싶어요. 집에만 있을 수 있다면 휴가여행을 못 가더라도 상관없을 거예요. 진심이에요."

베이비부머는 '과잉 부모역할'을 하며 Y세대를 키웠다. 베이비부머의 자식으로 성장한 경험이 Y세대의 부모역할에 어떤 영향을 미칠지는 아직 불투명하다. 과연 Y세대는 자녀들의 스케줄을 좀 덜 '바쁘게' 만들어줄까? 그 대신 좀 더 많은 '느슨한 시간'을 갖게 해줄까? 『너무 바쁜 아이들』의 저자 로젠펠드는 Y세대가 어떤 식으로 자녀들을 키울지 예측하기에는 너무 이르다고 말한다. "아직은 알 수 없습니다. 생각들이 모두 같지는 않겠지요. 어떤 이들은 아이들을 바삐 움직이게 하는 게 좋다고 생각할 테고, 또 어떤 이들은 좀 다른 방식으로 키우고 싶어하겠죠. 하지만 현재 아이들은 점점 너 많은 스트레스와 빡빡한 스케줄로 고통을 겪고 있는 상황입니다. 이런 상태로 계속 가게 되면 우리 삶의 질은 낮아지게 됩니다. 인도나 중국 같은 나라들이 빠르게 경제 성장을 하면서, 그들을 따돌리기 위해 북미사회의 경쟁력을 더욱 드높여야 한다는 분위기가 팽배해 있습니다. 이런 분위기에서는 '성공'을 위한다는 명분 하에 아이들을 점점 더 바쁘게 내몰게 되겠지요." 클레어 레인스도 이렇게 덧붙인다. "아이들은 부모에 대해 여러 가지 불만을 갖게 마련이죠. 하지만 부모가 자신들에게 지나치게 많은 관심을 쏟는다거나, 자신들을 너무 바쁘게 만든다거나 하는 것에 대해 불평하는 아이들은 별로 없습니다. 그러니 '과잉 부모역할'은 앞으로도 한동안 계속되지 않을까요?"

누가 집에 머물고 누가 직장에 나갈 것인가, 누가 풀타임 여가생활을 누리고 누가 그러지 못할 것인가? 이는 각 세대가 결정할 수 있는 문제만은 아니다. 향후 10여 년간 우리 경제가 어떤 모양새로 전개될 것인가 하는 문제 역시 아주 중한 변수로 작용할 것이다. 정확한 예측은 어렵지만, 모든 사람을 노동시장으로 몰아넣을 만큼 심각한 경기변동이 오지 않는 한, 북미사회는 천천히, 그리고 한 세대 한 세대 차례대로, 레저경제를 향해 나아가게 될 것이다.

X세대에서 Y세대로 넘어가는 과도기에 태어난 29세의 줄리언은 이것을 잘 요약해 준다. "저는 직업이 곧 인생인 그런 삶은 싫어요. 제가 제 인생을 살 수 있도록 도움을 주는 그런 직업을 원할 뿐이죠. 제가 너무 안이하게 보일 수도 있을 거예요. 우리 부모님 세대는 훨씬 더 힘든 상황을 겪으셨으니까요. 하지만 많은 여가시간을 갖는 건 제게 아주 중요해요. 아주 많이요. 제가 노동을 기피하거나 게으른 건 절대 아니에요. 부모님은 목장을 운영하셨기 때문에 저도 어릴 때 일을 많이 했어요. 지금도 마찬가지예요. 일주일에 6일, 그러니까 일주일에 70시간 이상을 일하죠. 마감에 맞추려고 밤새워 일하는 날도 적지 않아요. 하지만, 그래봤자 결국 뭐가 남겠어요? 가족이나 친구들은 다르죠. 그들은 남아요. 그렇지 않나요?"

제5장

··· 새로운 '가진 자' 와 '못 가진 자'

> 부(富)는 좋은 것이다. 그것은 권력을 의미하고, 여가를 의미하고, 또한 자유를 의미한다.
>
> — 제임스 러셀 로웰(James Russell Lowell, 1819~91, 시인이자 풍자가)

"여보, 은행 직원과 얘기를 나눴는데 말이야, 중요한 결정을 하나 내려야겠어."

어느 투자회사 광고에서 남편이 부인에게 하는 말이다. 50대로 보이는 세련된 이 부부는 고급 레스토랑에 앉아 있다. 정갈한 흰 테이블보와 미네랄워터 물병이 그들과 잘 어울린다. 그들은 지금 남편의 은퇴문제에 대해 이야기를 나누고 있다. 부인은 남편 입에서 무슨 말이 나올지 조금은 불안한 표정이다. 마침내 남편이 환하게 미소 지으며 입을 연다. "프랑스의 프로방스로 갈까? 아니면, 이탈리아의 토스카나?" 부인은 안도의 숨을 내쉬고, 둘은 다정하게 포옹한다. 마침내 그들의 미래가 결정된 것이다. 그들 앞에는 맘껏 즐길 수 있는 많은 시간과 그것을 가능케 하는 많은 돈이 있다. 그들의 여가 시간은 아주 길 것이고, 또 금전적으로 풍요로울 것이다. 프로방스와 토스카나의 여행사들은 그들을 성심성의껏 보살피며 안내해 줄 것이다.

광고 속 부부는 소위 '황금 여가계층golden leisurites'이라 불리는 엘리트 집단으로 막 진입했다. 이들은 비교적 운 좋은 베이비부머들로, 지금까지 늘 그래왔듯이 새로운 트렌드를 만들어갈 사람들이다. 레저경제라는 새로운 트렌드를 말이다. 학력도 높고 경제력도 있는 이들은 자신들이 원하면 일을 계속할 수도 있고, 원하지 않으면 당장 그만둘 수도 있다. 원하기만 하면 언제든지 각종 값비싼 취미생활을 즐길 수 있다. 고급 요리강좌를 들을 수도, 고가의 모형기차를 사 모을 수도 있다. 세계여행을 떠날 수도, 집안에 근사한 미디어 룸을 만들 수도, 귀한 야생초 화단을 가꿀 수도 있다. 이들은 몇몇 업종들에게는 입맛 다실 만한 중요한 고객층이다. 그러나 모든 베이비부머들이 다 그런 것은 아니다. 베이비부머들의 상당수는 퇴직 이후 값비싼 여가활동을 즐길 만한 경제력을 갖고 있지 않다. 돈 때문에 쉽게 퇴직할 수 없는 사람들도 적지 않다.

하지만 베이비부머들만이 여가를 가진 자와 못 가진 자로 나뉘는 것은 아니다. Y세대 역시 그렇게 될 것이다. Y세대는 일과 여가의 조화를 지속적으로 주장해 왔다. 가정을 꾸리게 되면, 그들은 근로시간을 줄이더라도 가능한 한 많은 여가시간을 내어 아이들과 지내거나 자신들의 취미를 즐기고자 할 것이다. 그러나 실제로 그렇게 할 수

174 · THE LEISURE ECONOMY

있는 사람은 소수에 불과할 것이다. 대부분은 학자금 융자와 신용카드 대금을 갚느라 하루하루 쪼들리며 살아가게 될 것이 분명하다. 그 중 많은 사람들은 점점 더 많은 빚을 떠안게 될지도 모르고, 그리하여 어쩌면 부모들보다 더 많이, 더 오래 일해야 할지도 모른다. 그들이 결코 원하지 않았던, 부모들의 삶을 답습하게 되는 것이다.

억울한 일이지만 세상은 늘 그래왔다. 그토록 위세를 떨치던 닷컴시대에도 모든 사람들이 대박을 친 것은 아니지 않던가. 자기가 소유한 집이 2년 새에 두 배 이상 값이 뛰어오른 사람이 몇 명이나 되겠는가. 경제는 여러 가지 측면에서 북미사회를 가진 자와 못 가진 자로 양극화시켜 왔다. 1980년대 이후 가장 양극화된 부분은 역시 소득이다. 아무리 경제가 붐을 이루어도 그 혜택이 평등하게 돌아가는 법은 없었다. 주식시장과 부동산시장 덕분에 어떤 사람들은 돈방석에 앉았지만, 어떤 사람들은 차가운 길거리로 내몰렸다. 가진 자와 못 가진 자의 양극화는 소늑에서만 나타나는 현상이 아니다. 여가시간 역시 양극화가 진행될 중요한 영역이다. 바야흐로 여가시간은 '필수품'으로 간주되어 가고 있다. 그러나 그것을 가진 자와 못 가진 자의 구분은 점점 더 뚜렷해질 것이다.

여가시간의 폭발적 증가는 레저경제 도래의 원동력으로 작용할 것이다. 하지만 여가시간 자체가 모든 사람들에게 평등하게 주어지는 것은 결코 아니다. 해먹에서 낮잠을 즐기고, 가족여행을 하고, 지역사회 봉사활동을 하고, 각종 취미활동으로 소일을 할 수 있는 사람들, 그들은 '가진 자'들이다. 물론 '갑절로 가진 자'들도 있을 것이다. 일을 하지 않고 여가만 즐기는데도 계속해서 소득이 들어오는 사람들 말이다.

이와 달리, 자기가 원하던 기간보다 더 오래 노동시장에 남아 일을 하는 사람들도 있다. 그들 중 일부는 시간예속 경제에 계속 머물러 있을 것이다. 즉, 시간절약 물품들을 구매하는 사람들, 먼 훗날의 여가를 꿈꾸면서 당장은 시간에 쫓겨 사는 사람들이다. 자신들을 '못 가진 자'로 생각하지 않는 사람들도 더러 있겠지만, 대부분은 휴식도 여가도 없는 자신들의 삶을 불행하게 생각하며 지낼 것이다.

또 다른 유형의 '못 가진 자'들도 등장할 것이다. 시간은 있지만 돈은 많지 않은 사람들이다. 여가시간을 좀 더 갖기 위해 근로시간을 줄인 비교적 젊은 사람들, 그리고 은퇴한 저소득층 베이비부머들이 그들이다. 그들은 소비패턴을 달리하는 등 라이프스타일을 재조정해야만 할 것이다. 은퇴한 베이비부머들을 겨냥한 사업을 구상할 때 가장 중요한 것은 그들의 소비패턴이 달라지리라는 점을 명심하는 일이다. 은퇴한 베이비부머들은 예전과는 다른 상품들을 원할 것이다. 여전히 격주로 청소 도우미를 불러 집안 청소를 맡기는 사람들도 있겠지만, 그다지 돈이 풍족하지 않은 건강한 60대 노인이라면 그 비용을 다른 용도에 쓰고 싶어할 것이다. 많은 젊은 부부들은 자녀 양육을 위해 두 사람 중 한 사람은 직장을 접고 집에 있기로 결정할 것이다. 소득이 줄어드는 것을 감수하면서 말이다. 이들 역시 집안 청소를 위해 도우미를 부르는 일은 없을 것이다. 애당초 불러본 적도 없을지 모른다. 사업가들은 이러한 변화를 눈여겨보아야 한다.

여가를 가진 자와 못 가진 자로 나뉨으로써 불만도 높아질 것이다. 매일같이 출퇴근 교통체증에 시달리고 일에 파묻혀 지내는 젊은 근로자들은 일주일에 한두 번씩 조조영화를 보러 다정히 집을 나서는 베이비붐 퇴직자들을 부러운 눈으로 바라보게 될 것이다. 조조영화 티켓은 오후시간 티켓보다 저렴한데다, 베이비붐 퇴직자들은 노인 할인까지 덧붙여 받게 된다. 젊은 근로자들의 분노는 극에 달할 것이다. 그리고 어떻게 해서든 정책 결정자들에게 자신들의 불만을 표출하게 될 것이다.

각 세대 내에서도 층이 갈리게 된다. Y세대는 일과 여가의 양립을 추구한다는 자신들의 의사를 분명히 표현해 왔다. 그들이 가정을 꾸리게 되면 그 욕구는 더욱 강해질 것이다. 하지만 Y세대가 처한 경제적 현실은 그들의 욕구와 조화되기 힘들 것이다. 소득은 그리 높지 않은 반면 빚은 산더미일 것이기 때문이다. 학자금 융자액이 적거나 아예 융자를 받지 않은 사람들, 또는 고수득 직종에 취업한 사람들의 경우라면 문제가 없겠지만, 그런 사람들은 소수에 불과할 것이다.

여가와 관련한 베이비부머들 내부의 차이는 좀 더 미묘하고, 좀 더 잔인할 것이다. 일부는 일찌감치 레저경제에 발을 담그고는, 풍족하고 한가한 삶을 향해 출항할 것이다. 더러는 새로 산 요트를 타고서 문자 그대로 '출항'을 할지도 모른다. 하지만 퇴직 연령을 넘겨서까지 일을 하는 사람들도 적지 않을 것이다. 젊은 시절의 계층 차이가 고스란히 노년 시절의 계층 차이로 이어졌기 때문이기도 하다. 지난 20여 년 동안 북미사회에서는 급격한 소득 양극화가 진행되었다. 화이트칼라인가 블루칼라인가, 고급 기술 소지자인가 아닌가, 대학을 졸업했는가 아닌가에 따라 소득의 골은 깊어져 왔다. 지금까지는 금전적 측면에서만 양극화가 강조되어 왔다면, 앞으로는 여가의 양과 질에 있어서의 양극화 역시 심각한 이슈로 떠오를 것이다.

포스트 베이비붐 세대의 '가진 자'와 '못 가진 자'를 겨냥한 사업방법

: 가진 자 – 시간도 있고 돈도 있는 여가계층

이들은 보다 많은 여가시간을 확보하고자 협상할 것이다.(부부 중 한 명은 집에 머물며, 좀 더 긴 휴가기간을 택하고, 탄력근무제를 희망한다.) 그리고 높은 소득을 다양한 여가활동에 사용할 것이다.

- 아이들이 다양한 경험을 할 수 있게 해주는 것을 가장 중요하게 여길 것이다. 가족이 함께 떠나는 모험여행, 주말의 펜싱교실, 엄마와 함께 하는 뜨개질 교실 등, 유익하고 의미 있는 취미활동에 돈과 시간을 쏟을 것이다.
- 집안에 각종 여가시설들을 구비하고자 할 것이다. 집안에 헬스, 수영장, 화실 등을 마련하여 가족 및 친구들과 일상적으로 즐기고자 할 것이다.

: 못 가진 자 – 시간은 많지만 돈이 적은 여가계층

이들은 비록 경제적으로는 빠듯하더라도 베이비부머들처럼 시간 스트레스로 꽉 찬 삶을 살고자 하지 않을 것이며, 제한적이나마 레저경제를 누리고자 할 것이다.

- 가족 모두가 함께 하는 자원봉사 활동은 이들에게 매력적일 수 있다. 가진 자들과 마찬가지로, 이들 역시 자녀들이 다양한 경험을 할 수 있기를 바란다. 반드시 값비싼 활동일 필요는 없다. 자원봉사는 돈이 많이 들지 않으며, 가족들과 함께 할 수 있을 뿐만 아니라 의미 있는 활동이기도 하다.
- 이들은 까다로운 소비자가 될 것이다. 경제적으로 넉넉하지 않기 때문에, 집안 청소라든가 잔디 깎는 일 등 웬만한 일은 사람을 쓰지 않고 직접 하려 들 것이다. 외식을 하기보다는 집에서 직접 요리를 만들고, 집에서 할 수 있는 오락거리를 찾게 될 것이다. 아이들 생일파티에 수백 달러를 쓰기보다는 '손쉽게 케이크 만들기' 책자를 구입하려 할 것이다.

물론, 레저경제에 전혀 발을 딛지 않고 기존의 시간예속 경제에 머무는 X세대와 Y세대도 있을 것이다. 이들은 여전히 '시간절약형 간편상품'을 찾을 것이다. 시간예속 경제와 관련된 시장은 예전처럼 큰 규모는 아닐 것이나, 여전히 존재할 것이다.

원대한 꿈, 막대한 빚더미 :

"저는 막내아이가 초등학교를 졸업할 때까지는 절대로 출퇴근하는 직장에는 다니지 않을 거예요." 대학을 갓 졸업하고 출판사 취직을 알아보고 있는 새라의 말이다. "출판계에서 최소한 5년가량 일하고 나면 더 이상 사무실에 나가지 않고 집에서도 일할 수 있을 정도의 역량이나 인맥을 갖게 되지 않을까요?" 새라는 자신의 앞날에 대해 비교적 구체적인 계획을 세워놓고 있다. 그녀와 약혼자는 2년쯤 더 일을 하다가 결혼할 예정이다. 첫아이는 결혼하고 3~4년가량 후에 갖기로 했다. 첫아이를 가질 무렵에는 반드시 내 집 마련을 할 계획이다. 꽤 원대한 포부이긴 하지만, 새라는 그것을 이룰 수 있으리라 확신한다. "다행히 제 부모님이 어느 정도 소득이 있으신 편이었고, 또 제가 장학금도 많이 받았기 때문에 학자금 융자는 전혀 받지 않고 대학을 마쳤어요. 요즈음엔 그런 경우가 아주 드물죠. 제 약혼자는 아주 괜찮은 직장에 다니고 있어요. 정상적으로 승진하게 된다면 그의 소득만으로도 집을 사고 아이들을 키울 수 있을 거예요."

Y세대는 이제 막 '가진 자'와 '못 가진 자'로 나뉘기 시작하는 세대다. 새라는 분명 '가진 자'에 속한다. 그녀가 얼마나 큰 집을 사고,, 얼마나 높은 생활수준을 구가하려 하는지는 모르지만, 그녀는 대다수 Y세대가 갖고 싶어하는 것을 가질 만한 조건을 구비한 듯 보인다. "사실, Y세대가 중시하는 가치들은 돈이 아닙니다." 스티브 로스버그Steve Rothberg가 말한다. 그는 온라인 취업정보 회사인 칼리지리크루트 닷컴CollegeRecruiter.com의 창립자이자 회장이다. "그들은 가족들과 함께 많은 시간을 보내고 싶어하는 겁니다. 그들이 하고자 하는 건, 어떻게든 요령을 내서 아이들과 집에 머무는 시간을 좀 더 많이 갖겠다는 것이죠. 부부가 역할 분담을 해서 엄마가 집에 있든가 혹은 아빠가 집에 있든가 하는 식이죠. 필요하다면 시간제 취업도 불사하고요. 이들은 베이비붐 세대가 아닙니다. 이들은 일을 최고로 여기는 사람들이 아니에요."

어떤 면에서 보면, Y세대는 그러한 조건을 비교적 용이하게 갖출

수 있을지도 모른다. 막 사회생활을 시작한 연령대인 Y세대는 노동시장에서 수요가 꽤 높다. 이 연령대의 노동력이 부족한 탓이다. 노동시장에서의 이 같은 유리한 지위를 이용하여 그들은 사용자들에게 '일-여가 양립'이 보장되는 일터를 요구하고 있고, 그 요구가 상당 부분 관철될 가능성도 있다. 그러나 바로 여기에 덫이 놓여 있다. 설령 기업들이 그들의 요구를 수용해 준다 하더라도, 막상 그것을 누릴 수 있는 Y세대는 많지 않을 것이다. 많은 여가를 누리는 만큼 경제형편은 나빠질 것이기 때문이다.

교육비

 Y세대 앞에 놓인 경제상황은 그다지 좋지 않다. 어쩌면 그들은 앞의 두 세대가 누렸던 것보다도 적은 여가를 누리게 될지도 모른다. 고등교육을 받지 않으면 오늘날의 경제에서 경쟁할 수 없다는 것을 그들은 잘 안다. 때문에 그들은 엄청난 교육비를 감당해야 한다. X-Y세대인 29세의 줄리언은 그 전형적인 사례다. "저는 파트타임 전문직으로 일하고 싶습니다." 줄리언의 말이다. "지금까지 영어 가르치는 일과 책 편집 일을 해왔는데, 사실 그 일들은 두 사람 몫의 일이에요. 지금 하는 일의 반만 하고, 월급도 반만 받고, 나머지 시간은 여가생활로 보내고 싶은 게 제 심정입니다. 하지만 그렇게 할 수가 없어요. 빚 때문이지요. 학자금 대출 4만 달러에다가 자동차 할부금 1만 2,000달러, 카드빚 5,000달러가 있어요." 다른 많은 Y세대 젊은이들처럼, 줄리언 역시 사회생활에 발을 딛기도 전에 빚더미에 올라앉게

되었다. 빚을 갚기 위해서는 자신이 원하는 스타일의 취업생활, 즉 소득은 적더라도 시간적 여유가 많은 생활을 누릴 수가 없다.

교육비는 Y세대에게 무척 심각한 문제다. 미국 대학위원회U.S. College Board의 통계에 따르면, 실질 교육비는 지난 몇십 년 동안 크게 증가했다. 1976년에는 4년제 주립대학에 입학한 학생 한 명이 1년간 지출하는 **총비용(등록금, 주거비, 기타 학업과 관련하여 소요되는 비용 포함)은 6,877달러였다** (2006년 기준으로 환산한 액수). 그러나 2006년 현재 그 비용은 1만 2,796달러에 달한다. 20년 동안 86%가 증가한 셈이다. 매년 4.3%가 증가한 것이기도 하다. 교육비는 지난 10년간 더욱 빠른 속도로 증가해 왔다. 대학위원회는 지난 10년간 4년제 주립대학 풀타임 학생의 교육비가 연간 6.3% 증가했다고 밝혔다. 인플레이션을 고려하여 현재 물가기준으로 환산하면 연간 3.3% 증가한 셈이다. 캐나다에서 대학교육 비용은 더욱 크게 증가했다. 캐나다 통계청에 따르면, 1990년과 2006년 사이에 대학 등록금이 연평균 7.0% 인상되었다고 한다.

교육비 증가는 곧 Y세대의 부채 증가를 의미한다. **20대의 신용상황에 대한 2006년의 한 조사 결과, 과거 5년 동안 학자금 부채는 16% 증가하여 평균 1만 4,379달러에 달한 것으로 밝혀졌다.** 20대 인구의 약 3%는 2만 달러 이상의 학자금 부채를 짊어지고 있다고 한다. 비율 자체만 놓고 보면 높지 않은 수치지만, 이렇듯 고액 부채를 진 대학 졸업자의 수가 소액 부채를 진 대학 졸업자의 수보다 훨씬 더 빠른 속도로 증가하고 있다는 점에 주목해야 한다. 캐나다의 경우 2000년에 대학을 졸업한 학생들에 관한 자료가 가장 최근의 자료인데, 53%의 학생이 학

자금 부채를 안고 있으며, 평균 부채액은 2만 달러가 넘는 것으로 보고되었다. 졸업 후 2년 이내에 부채를 모두 상환한 경우는 다섯 명 중 한 명 정도에 불과하다.

신용카드

 Y세대는 학비 이외의 빚도 많이 지고 있다. 소비지상주의 시대에 성장한 이들은 소비에 탐닉하는 경향이 높다. 신용카드는 아주 좋은 수단이다. **미국 대학생의 56%는 18세에 첫 신용카드를 발급받았다.** 《USA 투데이》의 설문조사에 따르면, 지난 5년 동안 신용카드 부채는 평균 5,781달러로 크게 늘어났다. 데모스Demos라는 시민단체의 조사결과, 18~24세 젊은이가 세대주인 가구의 경우, 소득의 30%가 신용카드 대금으로 지출된다고 한다.

저축 – 잃어버린 미덕?

 지출이 많아졌다는 것은 곧 저축이 감소했다는 것을 의미한다. 미국 공인회계사협회AICPA의 조사에 따르면, 1985년에는 25~34세 인구의 65%가 어떤 형태로든 저축을 하고 있었다(은행 저축계좌, 주식, 채권, 퇴직금 등). 그러나 2000년에는 59%로 감소했고, 2004년에는 다시 55%로 떨어졌다. 또한 같은 조사는 미국 젊은이들의 순자산이 지난 20년간 7,000달러(1985년)에서 3,700달러(2004년)로 대폭 줄었다고 밝혔다(2004년도 달러가치 기준). 이것은 꽤 큰 감소폭이라고 할 수 있는데, 같은 기간 미국인 전체의 순자산 액수가 증가추세였던 점을 감안하면 더욱 그렇다.

젊은이들의 경제상황이 악화되는 것을 바로잡기 위한 한 방편으로, AICPA는 '돼지를 살찌우자Feed the Pig'라는 대중 캠페인을 시작했다. 여기에서 '돼지'란 돼지 저금통, 즉 저축을 상징한다. 젊은이들이 저축을 통해 조속한 부채상환과 안정적인 미래를 계획하도록 일깨우는 캠페인이다. "이들 젊은이들은 이제 곧 생애 첫 내 집 마련을 해야 할 세대입니다. 결혼해서 가정을 꾸릴 연령대의 사람들인 거죠. 그들이 지금 빚더미에 앉아 있는 겁니다." 캠페인에 앞장서고 있는 회계사 마이클 아이젠버그Michael Eisenberg의 말이다. "이 캠페인은 적은 돈이라도 지금 저축하기 시작하면 자신의 미래가 크게 바뀔 수 있을 것이라는 점을 강조하고 있습니다. 우리는 스타벅스 커피를 예로 듭니다. 스타벅스 커피를 하루에 한 잔만 줄여도 일생 동안 매우 많은 돈을 모을 수 있다는 거죠. 사실 이 세대가 원하는 목표는 도달 불가능한 것이 아닙니다. 많은 젊은이들이 일과 여가의 조화를 원하는데, 일찌감치 계획적인 삶을 살면 충분히 그렇게 될 수 있습니다."

일부 Y세대, 특히 빚 없이 젊은 시절을 시작하는 Y세대는 저축을 통해 여유로운 미래를 계획할 수 있을 것이다. 그러나 그렇지 않은 젊은이들, 이미 많은 빚에 시달리고 있는 젊은이들에게 저축이란 불가능한 꿈처럼 보이는 것이 사실이다.

트렌드 읽기

이 모든 사실들로 미루어 보아, Y세대는 여가 면에서 승자와 패자로 나뉘게 될 것이 분명하다. 고학력 기혼여성들의 취업률이 지난 몇

년간 감소되어 왔지만, 아마도 그 추세는 바뀔 것이다. 학자금 부채가 많은 가정은 내 집 마련 시기를 늦출 수밖에 없다. 또한 Y세대가 자녀를 갖게 될 무렵이면 이번에는 주택융자금을 갚아 나가야 할 처지가 된다. 그리하여 그들은 그토록 피하고자 했던 '맞벌이 가정'의 삶을 살아가게 될 것이며, 시간예속 경제의 손아귀에서 헤어나기 어려워질 것이다. 물론 비싼 집값 때문에 출퇴근 시간이 짧은 지역에 살 형편도 안 될 것이다. 경제적 필요 때문에, 그들은 아마도 장시간 노동의 쳇바퀴에 다시금 빠져들어야 할지도 모른다.

상황이 이렇다면, 과연 레저경제는 Y세대에게 가능한 것일까? 물론 가능하다. 단, 선택적으로만 그러할 것이다. 많은 베이비부머들은 승마를 가르치고 짐보리 옷을 입혀가며 Y세대 자녀들을 키웠다. 그들 중 일부는 자녀들의 대학 학비 전액을 대주기도 한다. 앞서 인용된 새라의 경우가 그 한 예다. 또 일부 베이비붐 세대 부모들은 Y세대 자녀들의 집세를 보태준다든가 학자금 융자의 일부를 갚아주기도 한다. 그런 부모들을 가진 Y세대는 레저경제를 위한 썩 괜찮은 출발을 할 수 있다.

"저는 지금 빚이 엄청나게 많아요." 최근에 대학을 졸업한 캐리가 말한다. "하지만 운이 좋아서 부모님이 융자를 갚아주고 계시죠. 전 지금 부모님과 함께 살고 있는데, 집세나 생활비를 받지도 않으세요. 독립하기 전에 미래를 계획해 볼 시간과 형편이 되는 셈이죠. 저는 좀 특이한 경우라고 할 수 있어요. 아버지는 계속해서 생활비를 지원해 줄 테니 책을 써보는 게 어떻겠냐고 하세요. 죄송하긴 하지만, 그렇게 해주신다면 아버지 말씀대로 할 생각이에요. 이 조건을 활용해서 제가 원하는 분야로 나아갈 수 있다면 아주 좋은 일이겠죠."

물론 자신들이 원하는 여가를 누릴 수 있는 방법은 여러 가지가 있다. 가장 간단한 방법은 소비를 줄이는 것이다. 아주 검소한 수준으로 말이다. 실제로 일부 Y세대는 그런 방식으로 사회생활을 시작한다. "빚 갚을 전략을 세워두었죠." 최근에 로스쿨을 졸업하고 변호사가 된 패트리샤의 말이다. "빚을 다 갚을 때까지는 대학 때처럼 내핍 생활을 계속할 거예요. 그때까지는 내 집 마련도 미뤄야죠. 아무리 오래 걸려도 말이죠. 파산 위험에 빠지지 않으려면 이 방법밖에는 없어요. 아시다시피, 우리 세대 중 많은 사람들이 파산에 이르고 있는 상황이잖아요?" 모든 Y세대가 패트리샤 같은 자세로 산다면 주택시장뿐만 아니라 소비자 부문 전반이 큰 영향을 받게 될 것이다. 또한 Y세대가 레저경제로 돌진하는 시기도 늦춰질 것이다.

그러나 패트리샤 같은 Y세대는 결코 많지 않다. "다른 세대들처럼, Y세대 역시 갖고 싶은 것, 하고 싶은 것이 아주 많습니다." 롱아일랜드대학 경영학과 교수인 조든 캐플런의 말이다. "그들은 신용카드의 맛을 알죠. 하지만, 언젠가 최후의 심판을 맞게 될 겁니다." 이전 세대들과 마찬가지로 Y세대 역시 좋은 옷과 근사한 승용차를 선호한다. 나이가 들면 차 두 대가 들어가는 차고가 있는 집을 원하게 될 것이고, 아이들에게는 자카디(Jacadi, 프랑스의 명품 아동복 브랜드-옮긴이) 옷을 입히고 싶어할 것이다. 원하는 것들을 손에 넣고, 또한 그것들을 즐길 수 있는 시간을 낼 수 있을 때까지 가정 꾸리는 문제를 연기

하는 젊은이들도 있을 것이다. 《USA 투데이》의 조사에 따르면, 많은 빚 때문에 미국 젊은이들의 11%는 결혼을, 14%는 자녀 갖는 것을 미루고 있다고 한다. 빚이 있든 없든 Y세대는 상당히 늦게 가정을 꾸리는 경향이 있다.『너무 바쁜 아이들』의 저자인 앨빈 로젠펠드 박사는 이렇게 말한다. "요즘 아이들은 늦게 성숙하는 편입니다. 성적으로는 그렇지 않은데, 사회적으로는 확실히 늦게 성숙하지요. 요즘의 20대는 청소년기의 연장이라 해도 과언이 아닙니다."

Y세대의 해결사

  물론 Y세대로 하여금 좀 더 쉽게 레저경제로 향할 수 있도록 도움을 주는 몇 가지 특효약도 있다.

할아버지, 할머니 … 아빠, 엄마가 빚을 갚아주듯, 때로는 할아버지, 할머니 역시 큰 도움이 되기도 한다. 조부모들은 주로 유산상속을 통해 도움을 준다. 부모들로부터 많은 재산을 물려받은 베이비부머들에 대해서는 많이 이야기되어 왔다. 그러나 그 재산의 일부는 베이비부머들의 자녀들에게도 물려질 것이 분명하다. 직접적으로든, 혹은 부모를 거쳐서든 말이다. Y세대는 부모들에 의해 귀하게, 그리고 버릇없이 키워졌다. 하지만 그들의 조부모들 역시 손자 손녀인 Y세대를 끔찍이 아꼈다. 이들 중에는 꽤 늦은 나이에 할머니, 할아버지가 된 사람들이 많다. 베이비부머인 자녀들이 30대가 되어서야 결혼을 하고 아이를 낳은 경우가 많기 때문이다. 또한 포스트 베이비붐 세대

중에는 외동이 많다. 부모들이 이혼과 재혼을 하여 두 명 이상의 엄마, 아빠를 가진 젊은이들도 많다. 따라서 조부모들로부터 유산을 받을 가능성은 그만큼 높아진다.

주택시장 … Y세대가 그들의 '여가를 향한 꿈'을 이루는 데 도움을 줄 또 하나의 작은 기적은 바로 주택시장이다. X세대 역시 여가시간을 원했다. 노동시장에서 물러난 베이비부머들 또한 씀씀이를 줄였다. 이들 두 세대는 노동을 덜 하는 것이 매우 어려웠다. 주택가격이 높았기 때문이다. 1991~2006년에 미국 주택의 중위가격은 9만 9,000달러에서 24만 8,000로 올랐다. 15년 동안 250%가 오른 것이다. 매년 10%씩 인상된 셈이다. 같은 기간 동안 이자율이 꽤 떨어지긴 했지만, 내 집 마련은 점점 더 어려워진 것이 사실이다.(미국 주택건설협회에 따르면, 1992년 초에는 중위소득 가구의 52%가 중위가격 주택을 구입할 수 있었다. 1990년대 말에는 68%로 상승했다. 그러나 2006년에는 40.4%로 그 비율이 크게 하락했다.) 주택가격이 크게 떨어진다면 Y세대는 그만큼 노동을 덜 할 수 있을 것이다. 물론 그것을 예측하는 일이란 주식가격을 예측하는 것만큼이나 어려운 일이다.

슬픈 사실은, 상당수 Y세대는 시간예속 세대가 누렸던 물질적 풍요를 맛보지 못할 수 있다는 것이다. 시간예속 시대가 우리를 바쁘게 만들었던 이유 중 하나는, 너무나 많은 물질적 선택을 해야만 했고, 또 그것을 누려야 했기 때문이었다. '여피들의 푸념'은 그 대표적인 예라 할 수 있다. 아이들을 이 학원, 저 체육관으로 실어 나르면서,

그 사이에는 집을 리모델링 해줄 인테리어 업자와 만나야 했고, 또 해외 가족여행을 계획해야만 했던 것이다. 그러나 Y세대의 여가는 한층 검소해질 가능성이 높다. 집 담장을 직접 페인트칠 한다든가, 아이들을 학원에 보내는 대신 뒷마당에서 놀게 한다든가 하는 식으로 말이다. 어떤 면에서 보면, 이 부류의 Y세대는 베이비붐 이전 세대 부모들의 삶을 연상시킨다. 차이가 있다면 Y세대는 '좀 더 많은' 여가를 갖게 될 것이라는 점이다. 또한 그들의 여가는 돈 많은 베이비부머들의 여가와도 다른 양상을 띨 것이다. 빚에 쫓기는 Y세대의 주된 걱정은 아마도 여가시간보다는 그달 그달의 생활비를 벌어들이는 일이 될지도 모른다.

베이비붐 세대의 '가진 자'와 '못 가진 자'를 겨냥한 사업방법

: 가진 자 – 돈도 시간도 다 내 것

- 온종일 고급 여가활동을 즐기려 할 것이다. 오전에는 영화를, 저녁에는 오페라를 감상하는 등 다양하고 값비싼 여가를 마다하지 않을 것이다. 일회성보다는 '시리즈'로 진행되는 여가 프로그램을 고안할 필요가 있다. '매주 화요일, 총 6주간' 식으로 말이다. 물론, 가격은 그에 비례해 높아진다.
- '시리즈'식 상품은 다른 모든 업종에서도 유효하다. 예컨대 뷰티숍의 경우, 6회에 걸친 '깜짝 변신 프로그램'을 개발할 수 있다(2주에 한 번씩 12주 동안 미용 서비스를 제공하여 점차 멋진 얼굴과 몸매를 가꾸어주는 방식 등).

> **: 못 가진 자 – 시간은 홍수, 돈은 가뭄**
> - 시간에 관계없이 할인행사에는 반드시 간다. '오전 반짝세일'은 새로운 것은 아니다. 그러나 시간이 갈수록 베이비부머들에게 더욱더 인기를 끌 것이다. 예를 들어, 극장의 경우 주로 관객이 적은 시간대에 베이비붐 세대 취향의 영화를 상영하면 좋을 것이다.
> - 편리성은 조금 떨어져도 값이 저렴한 상품이 인기를 끌 것이다. 베이비부머들은 돈을 조금 더 지불하면서라도 간편하고 편리한 상품들을 구입해왔다. 하지만 이제 그들은 시간이 많다. 덜 간편하지만 값이 저렴한 상품을 구입해서 직접 품을 들여 사용할 준비가 되어 있다. 조금만 손보면 훨씬 품질이 좋아질 수 있는 상품의 경우 특히 그러하다. 물론, 가장 고전적인 예는 음식이다. 그들에게 조리가 다 된 음식이 아닌 원재료를 판매하라. 단, 조리법이나 요리책을 함께 제공하라. 그렇게 구매하는 것이 훨씬 저렴하며 건강에도 좋다고 말하는 것을 잊지 마라. 그들에겐 직접 음식을 준비할 시간이 있다.

소득 양극화에서 여가 양극화로 :

"우리는 아직 은퇴를 고려하고 있지 않아요. 적어도 일반적인 의미의 은퇴는요. 경제적인 문제 때문은 아니에요. 지금 은퇴해도 살아갈 돈은 있거든요." 55세의 대학교수인 니콜의 말이다. "제 남편은 교사라서 저와 일하는 주기가 같습니다. 여름 한 철은 둘 다 쉴 수 있는 거죠. 모든 시간을 여가활동에만 쏟는

생활은 지루할 것 같아요." 빚 없는 Y세대와 마찬가지로, 니콜 부부는 레저경제에서 '가진 자'에 속한다. 그들은 마음만 내키면 당장이라도 직장을 그만둘 수 있다. 그들은 광적인 여가 애호가들은 아니지만, 여가활동을 꽤 즐기고 있는 편이다. 적당히 시간을 내어 종종 여행도 하고, 요트 타기와 오페라 감상을 즐긴다. 또한 그들은 레저경제에 속한 사람들 중 상당수가 갖지 못한 것도 갖고 있다. 시간을 전적으로 여가에 쏟을 것인가 말 것인가를 주체적으로 결정할 수 있는 조건이 그것이다. 그들이 원하는 한 계속해서 일할 수 있는 직업을 갖고 있기 때문이다.

베이비붐 세대 중에서 니콜 같은 사람은 특별히 운 좋은 편에 속한다. 시간과 돈과 여가가 이렇듯 완벽하게 어우러진 베이비부머들은 극소수에 불과하기 때문이다. 대부분의 베이비부머들에게는 선택의 폭이 그리 넓지 않을 것이다. 일을 계속하고 싶어도 직장을 찾을 수 없는 사람들도 있을 것이다. 의무퇴식세가 시행된 이후 특히 그렇다. 또한 일을 그만두고 싶지만 그만둘 수 없는 사람들도 있을 것이다. 주식시장에서 돈을 날렸거나, 다른 여러 가지 이유로 경제사정이 좋지 않기 때문이다. 그 중에는 건강보험 때문에 계속 직장에 다니는 사람들도 있을 것이다. 직장 건강보험은 경제적 부담도 덜하고 의료혜택도 훨씬 좋기 때문이다. 미국에는 노인 건강보험이 있고, 캐나다는 국가가 건강보험을 운영한다. 그러나 두 나라의 건강보험제도가 매우 제한적이고 불충분하다는 것은 익히 알려진 사실이다. 어떤 처지에 놓여 있건, 베이비부머들은 언젠가는 은퇴를 하게 된다. 그리고 그들의 레저경제는 사람마다 커다란 차이를 보일 것이다. 시간과 돈이 아주 많은 사람들부터 시간은 많지만 돈은 없는 사람에 이르기까지, 베이비부머들의 레저경제는 아주 다양한 스펙트럼을 띠게 될 것이다. 사업을 하는 사람들에게 이 점은 아주 중요한 의미를 갖는다. 막연히 '은퇴한 베이비부머들'을 공략하기보다는, 그들 중 어떤 부류를 겨냥하여 사업을 할 것인가를 꼼꼼히 고려해야 한다. 은퇴를 앞둔 베이비부머들은 대체로 다음과 같은 네 집단으로 분류될 수 있다.

1. 55세 이후, 심지어 65세 이후까지 일을 하고자 하는 베이비부머들

이들은 그 어떤 베이비부머 집단보다 언론의 관심을 많이 받는 집단이다. "이들은 결코 노동시장을 떠나지 않을 것이다. 따라서 이들에게 레저경제는 도래하지 않을 것이다"라고 주장하는 사람들도 있다. 우리는 흔히 '인생은 육십부터' 식의 슬로건을 듣곤 한다. 나이든 베이비부머들이 아직도 직업적 전성기에 있다는 것을 주장하는 슬로건이다. 북미사회의 노동력 부족현상을 해결하기 위해서는 이러한 베이비부머들이 반드시 필요하다는 분석도 셀 수 없이 많다. 그런데 이들이 그토록 은퇴를 늦추고자 하는 이유는 과연 무엇일까?

무엇보다도 그들은 평생 동안 일을 해왔기 때문에, 일하지 않는 삶은 상상할 수가 없다. 니콜의 경우처럼, 그들은 일하지 않는 삶은 지루하다고 생각한다. 이러한 생각은 시간이 지나면서 변할 수 있고, 의미 있는 자원봉사 활동 등으로 자연스럽게 이어질 가능성도 있다. 그러나 특히 초기 베이비부머들일수록 은퇴 이후의 여가를 '죽을 때

까지 카드놀이를 해야 하는' 일종의 종신형처럼 생각하는 경향이 있다. 때문에 은퇴할 엄두조차 내려 하지 않는다.

또한 베이비부머들은 은퇴 후 경제적으로 쪼들리며 살기를 원하지 않는다. 결국 레저경제로 접어들 수밖에 없는 운명이라면, 좀 더 물질적으로도 여유로운 레저경제를 누리고 싶어하는 것이다. 어쨌든 이 세대는 취미활동에 제법 많은 돈을 들이며 자라온 세대가 아닌가. 이들은 어릴 때에는 스케이트보드를 타고 놀았고, 대학 졸업 후 유럽 여행을 즐긴 첫 세대였다. 은퇴 이후의 삶을 풍족하고 낭만적인 모습으로 묘사한 온갖 미디어에 노출되어 온 세대다. 이들이 꿈꾸는 노년기의 삶은 홈시어터와 헬스시설이 구비된 안락한 집에서의 느긋한 삶이다. 현실적 차원에서 보면, 이는 곧 은퇴하기 전에 상당히 많은 돈을 비축해 두어야 한다는 것을 의미한다. 그러기 위해서는 좀 더 오래 직장에 머물러야 한다.

베이비부머들은 자신들이 꽤 오래 살게 되리라는 것을 잘 알고 있다. 통계에 의하면, 현재 60세인 미국 남성은 앞으로 20년을, 현재 60세인 미국 여성은 앞으로 23년을 더 살게 된다. 많은 베이비부머들은 나날이 발전되어 가는 약물과 의학기술에 힘입어 자신들이 그보다 더 오래 살 것으로 믿는다. 그들의 이러한 믿음은 비현실적일 수 있다. 하지만 은퇴 이후의 삶을 꾸려가려면 많은 돈이 필요하다는 믿음은 두말 할 나위 없이 지극히 현실적이다. 금융업체들은 한 사람이 은퇴 후 생활을 해나가기 위해서는 100만 달러가 필요하다는 계산을 종종 내놓는다. 대다수 베이비부머들은 자신들이 현재 가진 돈이 그

근처에도 이르지 못한다는 것을 너무나 잘 안다.

"지난 20여 년 동안 재산관리에 대한 관심은 비약적으로 늘었습니다." 금융 서비스 회사의 이사인 잭 케이힐Jack Cahill의 말이다. "1970년대 말 제가 금융업에서 일하기 시작할 때만 해도 사람들은 소득세나 퇴직금 정도밖에는 아는 게 없었습니다. 1980년대 전반까지도 그랬었죠. 일반 사람들이 《월스트리트 저널》을 읽는 일은 없었어요. 그런데 케이블 TV가 등장하면서 상황이 달라졌습니다. 주가 변동을 실시간으로 알 수 있게 되면서, 사람들은 자신의 미래 경제상황에 대해 큰 관심을 갖게 된 것입니다."

그리하여 니콜 같은 베이비부머들이 등장했다. 일을 계속하기를 원하고, 또 그렇게 할 수 있는 사람들이다. 아직 초기이기는 하지만(베이비붐 초기 세대가 이제 막 60대에 접어들고 있다.) 이미 정년을 연장해 놓은 회사들도 있다. 그러나 자신들이 원할 때까지 일을 계속할 수 있는 사람들은 공공부문, 의료, 교육, 또는 전문직 등 몇몇 직종 종사자들로 한정되어 있는 것이 현실이다. 이러한 사람들은 레저경제의 '가진 자'들이다. 이들은 자신들이 원하는 만큼의 여가를 취할 수 있고, 동시에 소득도 올리는 사람들이다.

2. 은퇴하기를 원하고, 또 그렇게 할 수 있는 베이비부머들

이 '가진 자'들은 보다 '전통적인' 집단으로, 그들 이전 세대의 노인들과 유사하다. 52세인 제인은 자신이 이 집단에 속한다는 것을 인정한다. 20대 초반부터 교사로 일해온 제인은 버지니아 주 교외에 있

는 집을 팔고 좀 더 깊숙한 시골로 이사할 계획이다. 시간예속 경제로부터 벗어나, 줄곧 꿈꾸어왔던 승마를 즐기며 노년을 보낼 생각인 것이다. "제 남편은 저보다 몇 년 더 일할 예정이에요. 어디로 이사할지 그동안 잘 생각해야죠. 우리는 경제적으로 꽤 여유가 있는 편이에요. 저는 연금을 받게 될 거고, 지금 살고 있는 집을 팔면 돈도 많이 남을 거예요. 워싱턴과 가까운 곳에 있기 때문에 제법 값이 나가죠. 시골은 집값이 훨씬 싸지 않겠어요? 저는 50대 중반쯤에 퇴직할 계획이에요. 그 다음 일은…… 글쎄요. 하지만 적어도 공과금 내느라 쪼들리는 생활은 아닐 겁니다."

3. 원하지 않지만 은퇴할 수밖에 없는 '못 가진' 베이비부머들

무엇보다도 이들은 은퇴하고 싶어하지 않는 사람들이다. 대체로 경제적 이유 때문이다. 하지만 그들이 원하는 시기보다 빨리 은퇴할 수밖에 없는 상황에 놓여 있다. 이들의 숫자는 매우 많지만, 상대적으로 덜 주목받고 있다. 정년 이후에도 일하고 싶지만 할 일을 찾기란 쉽지 않다. 퓨 리서치 센터의 조사에 따르면, 2006년 현재 퇴직자의 12%만이 계속해서 소득활동을 하고 있다. 퇴직 후 소득활동을 한 번이라도 해본 경험이 있는 사람은 27%에 불과하다. 또한 미국인들은 평균적으로 61세에 퇴직하기를 희망하지만, 실제로는 57.8세에 퇴직한다. 물론 이 조사는 베이비붐 이전 세대를 대상으로 한 것이다. 즉, 노동영역에서 그다지 많은 변화를 이끌어온 세대에 대한 통계는 아닌 것이다. 그러나 베이비부머들이 본격적으로 은퇴하게 되면 상황은 크게 달라져서, 은퇴가 곧 노동과의 완전한 단절을 의미하지 않을 수도 있다. 그렇다 하더라도 초기 베이비붐 세대 중 상당수는 일을 더 하고 싶어도 할 일을 찾지 못할 것이 확실하다. 비교적 이른 나이에 은퇴하게 되는 이 부류의 베이비부머들은 '못 가진 자'에 속하게 될 것이다. 시간은 남아돌지만 돈은 충분하지 않은 집단이기 때문이다.

4. 은퇴하고 싶지만 돈 때문에 은퇴할 수 없는 베이비부머들

가장 많은 베이비부머들이 이 집단에 속한다. 안젤라는 은퇴하려면 아직 멀었다고 생각한다. 은퇴를 할 수 있을지조차 확신할 수 없다. "사실, 전 너무 두려워요. 지금 전 48세랍니다. 두 아이를 가진 이혼녀죠. 지금 같은 형편이 계속된다면, 정년이 훨씬 지나서도 일을 계속해야 할 거예요. 지금 저는 직장을 두 군데나 다니고 있습니다. 그래도 살기가 빠듯해요. 노후연금 같은 건 생각도 못 하고 있고요." 필요하면 계속 일할 각오는 되어 있지만, 나이가 더 든 뒤에 과연 어떤 일을 할 수 있을지 불안하기 짝이 없다. "사람들이 다 퇴직하면 일자리가 더 있겠죠. 하지만 제가 할 만한 일인지 어떻게 알겠어요? 전 마흔다섯에 다시 대학에 들어갔고, 직업을 바꿨어요. 젊은 사람들하고 경쟁하려면 그럴 수밖에 없더라고요."

안젤라 같은 근로자들은 노동시장에서 앞으로도 한동안 아주 중요한 노동력으로 간주될 것이다. 그러나 그들이 원하는 직종에서 그렇게 여겨질 것인가는 의문이다. 예컨대, 최근에 화물운송업체들은 베이비부머들을 적극적으로 끌어들이는 캠페인을 전개하고 있다. 소득

직장에서 은퇴한 사람들은 자신들이 직업적으로 해온 일과 관련된 활동보다는 그들이 '좋아하는' 일, 즉 TV를 시청한다든가, 요리를 한다든가, 갖가지 취미활동이나 스포츠를 하면서 시간을 보낸다. 과거의 직업이 만족스러운 것이었다 하더라도, 은퇴 후까지 그 일을 하며 소일하는 사람은 거의 없다는 것이다. 길라르두치는 또한, 은퇴는 노인들의 건강을 위해 좋은 것이며, 은퇴가 늦어질수록 노인들의 건강이 악화될 수 있다고 주장했다. 1990년대에 조기 퇴직률이 증가했는데, 이것은 그 이후 평균수명의 증가에 중요한 역할을 했다는 것이다. 노인들이 일을 계속하면 의료비용도 증가할 뿐만 아니라, 평균수명이 다시 떨어질 수 있다고 길라르두치는 경고한다. "계속 일하고 싶다고 말하는 사람들이 있는 건 사실이다. 하지만 사실 그것은 오로지 경제적 이유 때문이다. 전혀 일하지 않더라도 동일한 소득을 얻을 수 있다면, 그들은 분명 일 대신 여가를 택할 것이다."

정년퇴직 후 재취업을 한 사람들에 대한 연구들 역시 '경제적 이유'가 가장 결정적이라는 사실을 뒷받침한다. **푸트남 투자사Putnam Investments**가 2005년에 발표한 연구에 따르면, 정년퇴직 후 다시 취업전선에 뛰어드는 사람들이 700만 명에 이르며, 이들은 대부분 자신들이 과거에 해오던 기술이나 경험과 관련된 직종으로 재취업했다고 한다. 또한 이들 재취업자들은 대체로 평균 가구소득이 연간 8만 7,000달러인 고학력·고소득자들이다. 이러한 사실은 "진정으로 일이 좋아서 재취업하는 경우는 거의 없다"는 길라르두치의 주장과 대립되는 듯 보인다. 하지만 푸트남 투자사의 이 연구는 이들 재취업자들의 재산상태에 대해 몇 가지 놀라운 사실을 밝

혀냈다. 즉, 이들 재취업자들 중 상당수는 아직도 온전한 내 집 마련을 못 한 사람들이라는 사실이다. **정년퇴직 후 재취업한 사람들의 60%는 아직도 주택융자금을 갚아가야 하는 실정으로, 자기 집에 대해 평균 47%의 지분만을 소유하고 있다는 것이다.** 이는 은퇴 후 재취업의 주요 동기가 경제적 필요임을 다시 한 번 확인해 준다.

변화무쌍한 금융시장 역시 이들을 일터로 돌아가게 만든다. 일평생 영업사원으로 일하다가 은퇴한 60세 베이비부머 리치가 그 한 예다. "55세가 되던 2001년에 퇴직했습니다. 주가가 안정적으로 올라가던 때였어요. 그러다가 폭락했죠. 엄청 잃었어요. 다시 취업을 했습니다. 1년 6개월 정도요. 주식시장이 다시 좋아졌고, 재산상태도 어느 정도 안정되었기 때문에 다시 일을 그만뒀습니다. 완전히요."

언젠가는 다른 모든 베이비부머들도 리치처럼 '완전히' 일을 그만둘 때가 올 것이다. 그 중 얼마나 많은 사람들이 레저경제의 '가진 자'가 될까? 어떤 면에서 보면, 베이비부머들은 모두 '가진 자'들이다. 이전 어느 세대보다도 재산과 소득이 많은 세대이기 때문이다. 미국 은퇴자협회American Association of Retired Persons, AARP 의 소식지에 실린 한 통계를 살펴보자. 집필자인 바버라 부트리카Barbara Butrica 와 코리 우첼로Cori Uccello 에 따르면, **1946~65년에 태어난 베이비부머들이 67세가 될 때의 중위소득은 연간 약 5만 달러가 될 것이라고 한다.** 1926~35년에 태어난 사람들의 경우는 3만 6,000달러였고, 1936~45년에 태어난 사람들의 경우는 4만 4,000달러였던 것과 크게 대비된다(2003년 달러가치로 환산한 액수). 따라서 베이비부머 노인들은 이전 세대 노인들에 비해 평균적으로 좀 더 풍요로운 여가를 누릴 것으로 보인다.

그러나 베이비부머들 간의 차이 역시 매우 크다. 부트리카와 우첼로는 베이비부머 가구들을 소득에 따라 다섯 부류로, 연령에 따라 두 부류(1946~55년에 태어난 초기 베이비부머와 1956~65년에 태어난 후기 베이비부머)로 구분했다. **초기 베이비부머 중 소득분류 최상위 집단은 67세가 될 때 연간 12만 5,000달러의 소득을 갖게 되고, 후기 베이비부머 중 소득분류 최상위 집단은 역시 67세 때 12만 8,000달러의 소득을 갖게 된다. 이는, 1,700만~1,800만 명에 달하는 미국 은퇴노인들이 미국 전체 인구의 중위소득보다 높은 중위소득을 갖게 된다는 것을 의미한다.** 캐나다의 경우 미국 데이터에 준할 만한 자료를 얻기는 어렵다. 그러나 미국과 유사한 경향을 보인다고 가정할 경우, 캐나다에서 그 수는 최소한 150만 명 이상이 될 것으로 추정된다. 이들은 많은 시간과 돈으로 무장한, 강력한 엘리트 소비자 집단으로 부상할 것이 분명하다.

소득분류상 두 번째 집단 역시 꽤 상황이 좋다. 이들이 67세가 될 때, 초기 베이비부머의 경우 연간 7만 4,000달러의 가구소득을, 후기 베이비부머의 경우 7만 6,000달러의 가구소득을 얻게 될 것으로 전망된다. 이들도 풍요로운 집단에 속한다. 은퇴 후에 일을 더 해야 할 경제적 이유도 없고, 더 이상 주택융자금을 갚거나 자녀들을 경제적으로 지원해 줄 필요도 없어져서 여가활동을 위해 지출할 넉넉한 돈을 지닌 사람들이다. 소득분류상 상위 두 집단은 레저경제에서 막강한 구매력을 지닌 집단으로 부상할 것이다. 시간과 돈, 두 가지 모두를 가진 이들은 레저경제의 양상을 주도해 갈 수 있을 만큼 그 수도 많다.

부유한 베이비부머들은 트렌드를 이끌어갈 것이다. 그들은 새로 만든 온실에서 키울 희귀종 난초를 구입할 것이며, 이탈리아 토스카나에 집을 사고자 부동산 중개업소의 문을 두드릴 것이다. 이러한 트렌드를 재빨리 읽어낸 사업가들은 이 부유한 베이비부머들을 대상으로 새로운 비즈니스를 꾀할 것이다. 그러나 이들이 결코 모든 베이비부머들을 대변하는 것이 아니라는 점도 명심해야 한다. **미국의 베이비부머 7,700만 명 중 부유한 베이비부머는 3,100만 명 정도다.**

세 번째 집단의 소득은 좀 더 낮아진다. 67세가 될 때, 이 집단의 초기 베이비부머 및 후기 베이비부머의 중위소득은 연간 5만 달러 정도가 될 것이다. 이들의 소득수준은 과거 두 세대의 동 순위 소득집단(각각 3만 6,000달러와 4만 4,000달러)에 비해 더 높지만, 동시대 상위 소득집단에 비해 크게 적은 편이다.

소득분류상 하위 두 집단의 소득은 이보다도 훨씬 적을 것이다. 네 번째 집단의 경우, 초기 베이비부머는 67세가 될 때 연간 3만 1,000달러, 후기 베이비부머는 3만 3,000달러의 소득을 얻을 것으로 전망된다. 동시대 상위 소득집단에 비해 현저히 낮은 소득이긴 하지만, 1926~35년에 태어난 사람들의 2만 2,000달러, 그리고 1936~45년에 태어난 사람들의 2만 8,000달러에 비하면 크게 상승한 액수다. 약 1,500만 명의 베이비부머가 여기에 속한다. 이들은 적당한 수준의 생계를 꾸려갈 수는 있겠지만 화려한 노후생활을 즐기지는 못할 것이다. 이들 중 상당수는 과거 직장에 다닐 때보다 훨씬 낮은 생활수준에 머물게 되는 탓에 지출을 크게 줄이지 않으면 안 될 것이다.

최하위인 다섯 번째 소득집단에 속한 베이비부머들은 간신히 빈곤선을 면할 정도가 될 것이다. 이 집단의 초기 베이비부머들은 67세가 될 때 연간소득 1만 6,000달러를, 후기 베이비부머들은 1만 8,000달러를 갖게 될 것으로 예측된다. 같은 소득집단에 속했던 예전 두 세대(1만 2,000달러, 1만 4,000달러)와 큰 차이가 나지 않는다. 경제적 이유 때문에 가능한 한 오래 노동시장에 머물고자 하는 집단은 바로 이들이다. 조금이라도 삶의 질을 높이기 위해 이들은 60대 말, 심지어 70대가 되어서도 일을 하고자 한다. 이들 대부분은 평생을 근로빈곤층으로 살아왔을 확률이 높고, 인생의 황혼기에도 계속해서 근로빈곤층으로 살아가게 될 가능성이 많다.

"일을 그만둘 형편이 되기는 어려울 거예요." 50세인 브렌다의 말이다. "제 남편은 지금 예순인데…… 괜찮은 연금에 가입해 있어요. 그는 65세쯤 은퇴하고 싶어하죠. 하지만 저는 지난 3년 동안 일을 하다 말다 해왔어요. 가입한 연금도 없고요. 우린 저축도 하나 없는 형편이에요. 집도 겨우 6년 전에 장만했는걸요. 지금도 겨우겨우 살아가고 있죠. 외식은 거의 하지 않고, 지난 3년 동안 휴가 한 번 못 갔죠." 브렌다 역시 은퇴 후에는 레저경제에 속하게 된다. 그러나 토스카나에서 멋진 와인을 즐기는 식의 레저경제에 속하지 못할 것은 분명하다. 그녀는 시간은 많고 돈은 부족한, '못 가진 자'의 레저경제에 속하게 될 것이다.

베이비부머들은 그들의 부모세대에 비해 경제적으로 훨씬 더 풍요로울 것으로 여겨져 왔다. 그렇다면 베이비부머들 사이에 장차 이렇

듯 큰 소득 격차가 발생하게 되는 이유는 무엇일까? 그것은 베이비부머들 사이에 줄곧 존재하던 소득 격차의 이유와 크게 다르지 않다. 고학력자는 저학력자보다, 백인은 유색인보다 훨씬 많은 소득을 올리는 것이다. 이는 익히 알려진 사실로 전혀 놀라운 일이 아니다. 그러나 놀라운 사실은, 혼인 여부에 따라서도 소득 차이가 크게 발생한다는 점이다. 이혼을 하거나 독신으로 사는 사람들은 배우자가 있거나 사별로 배우자를 잃은 사람에 비해 훨씬 가난한 노후를 보낼 것이다.

시간은 많지만 돈이 없는 '못 가진 베이비부머들' 역시 레저경제의 중요한 구성원이다. 황금 베이비부머들과는 다른 방식으로, 그러나 그들 못지않게, 이들 '못 가진 베이비부머들'도 레저경제에 중요한 역할을 하리라는 것은 의심할 바 없다. 이들은 '슬로slow' 경제를 만들어갈 것이다. 젊은 시절, 그들은 냉동음식과 테이크아웃 음식을 사는 데에 아낌없이 돈을 썼다. 요리할 시간이 없었기 때문이다. 은퇴를 원하지 않았지만 은퇴할 수밖에 없었던 사람들이 대부분이 이들 못 가진 베이비부머들은 더 이상 냉동음식과 테이크아웃 음식에 돈을 쓰려 하지 않을 것이다. 이제 요리할 시간이 넉넉하기 때문이다. 요리 외에도, 젊은 시절에 못 했던 많은 일을 할 충분한 시간이 있다. 이들은 저렴한 여가활동을 추구할 것이다. 값비싼 골동품 수집보다는 시간이 많이 드는 뜨개질에 취미를 붙일 것이다. 더욱이, 이들의 구매력은 황금 베이비부머들의 구매력만큼 중요하다. 이들은 전체 베이비부머 노인들의 50~70%를 차지할 정도로 규모가 큰 집단이다. '못 가진' X세대와 Y세대까지 고려하면 그 규모는 더욱 커진다.

레저경제는 또한 '남자들의 세계'가 될 가능성이 크다. 즉, 풍족한 레저경제를 주도할 사람이 주로 남자들이라는 것이다. 물론 베이비부머 여성들은 이전 세대 여성들보다 교육도 많이 받았고 노동시장에의 참여도 높았다. 평생 일을 해온 전문직 여성들이라면 당연히 '근사한 은퇴생활'을 누릴 수 있을 것이다. 스카이다이빙을 하거나, 유럽일주 여행을 할 수도 있다. 기혼이건 미혼이건, 상당수 여성들도 황금 여가계층에 진입하게 될 것이다.

하지만 대다수 베이비부머 여성들은 경제적으로 풍족한 노후를 보내기 어려울 것이다. 도시연구소Urban Institute의 연구원인 에스텔 제임스Estelle James는 "베이비부머 여성들은 어떻게 노후를 보낼지에 대해 심각하게 자문해 보아야 한다"고 경고한다. 베이비부머 여성들의 노후 전망에 대한 연구를 수행한 바 있는 그녀는 다음과 같은 문제점들을 지적했다. 우선, 베이비부머 여성들은 이전 세대 여성들보다 노동시장에 더 많이 종사해 오긴 했지만, 그들의 노동시장 참여율은 남성들의 75~85%에 불과하다. 노동시장에 참여하는 경우에도 풀타임보다는 시간제 근로자로 일하는 경우가 많다. 시간당 임금도 남성보다 15~30% 낮아서, 은퇴 이후 연금 수급액 역시 남성에 비해 낮을 수밖에 없다.

또한 나이 많은 여성은 나이 많은 남성보다 배우자와 사별하는 경우가 많다. 독신으로 살 때의 생활비는 부부가 함께 살 때 생활비의 70%가량 소요되는데, 배우자와 사별한 여성의 경우 소득이 50% 이상 하락하는 것이 보통이다. 여성들이 자기보다 나이 많은 남자와 결

혼하는 일반적인 추세를 감안할 때, 여성들은 배우자가 죽은 후 약 10년을 더 살게 된다. 따라서 노후의 베이비붐 여성들은 베이비붐 남성들보다 '못 가진 자'가 될 확률이 더 높다. 고급 스파의 경우, 아마도 베이비붐 여성들보다 베이비붐 남성들이 더 큰 시장이 될 수 있을 것이다. 스파를 이용하는 베이비붐 여성들도 값비싼 박피 서비스보다는 좀 더 저렴한 약초 팩을 찾을 확률이 더 높다.

마지막으로, 초기 베이비부머들과 후기 베이비부머들 간의 소득 격차를 지적할 필요가 있다. 초기 베이비부머들은 블루칼라 직종의 급격한 구조조정을 겪지 않았다. 연금제도도 불리하게 바뀌지 않았다. 그들이 사회생활을 하던 기간 동안은 경기도 꽤 좋게 유지됐었다. 주택가격이 상승하여 어려움을 겪긴 했지만, 후기 베이비부머들에게 높은 값을 받고 자기들의 생애 첫 주택을 팔 수 있었다. 1970년대 초에 주택을 구입한 사람들은 특히 많은 이익을 누렸다. 인플레이션 덕분에 주택가격은 크게 상승한 반면 융자 할부금은 고정액이었기 때문이다. 또한 이들은 주식시장의 승자들이기도 했다. 이러한 요인들 덕분에 초기 베이비부머들은 후기 베이비부머들보다 좀 더 나은 소득을 챙길 수 있었다.

평균적으로 베이비부머들은 비교적 부유한 집단이다. 연방준비은행의 소비자 금융 조사에 따르면, 2004년 현재 가장의 나이가 45~54세인 가구의 중위 자기자본 median net worth은 2001년 달러가치로 14만 4,700달러였다. 반면에 이들의 평균 자기자본 average net worth은 54만 2,000달러였다.(평균치는 신뢰도가 떨어지는 수치다. 소수 고소득층이 전체 평균을 좌우할 수 있기 때문이다.)

소득과 마찬가지로, 베이비부머들 내부의 재산 불균등 역시 매우 큰 편이다. 미국 은퇴자협회의 연구에 따르면, 초기 베이비부머들의 경우 67세가 될 때 85만 9,000달러에 상당하는 재산을, 후기 베이비부머들의 경우 이보다 적은 83만 9,000달러의 재산을 소유하게 될 것이라고 한다. 1926~35년에 출생한 사람들의 55만 8,000달러, 1936~45년에 출생한 사람들의 70만 3,000달러에 비하면 비약적인 상승이다. 그러나 이 수치의 상당부분은 사회보장연금 수령액이다. 위 연구를 수행한 연구자들은 개인이 평생에 걸쳐 받을 사회보장연금을 '현재가치'로 규정하여 재산에 포함시킨 것이다. 사회보장연금 수령액을 제외하고 다시 계산할 경우 수치는 크게 달라진다. 초기 베이비부머들의 67세 예상 재산은 65만 3,000달러, 후기 베이비부머들은 63만 2,000달러다. 여전히 이전 세대에 비해, 즉 1926~35년 출생 세대의 41만 6,000달러, 1936~45년 출생 세대의 54만 6,000달러에 비해 높은 수준이다. 사회보장연금이 개인자산에서 차지하는 비율은 모든 세대에 걸쳐 약 3분의 1 정도다.

어떤 면에서 이들 베이비부머들은 오늘날의 은퇴자들과 크게 다르지 않다. 은퇴와 함께 소득이 낮아진다는 점에서 그러하다. 그러나 소득계층과 상관없이 베이비부머들은 이전 세대와는 다른 소비습관을 지닌 사람들이다. 노후에 허리띠를 졸라매야 하는 상황은 그들에게 결코 매력적일 수 없다. 또한 베이비붐 세대 내부의 경제적 격차는 나이가 들수록 더욱 벌어질 것이다. 이 모든 것은 이들의 노후 레저경제에서의 커다란 차이로 이어질 것이다. 어떤 베이비부머에게는

고급 스파에 가는 것이 일상생활이 되겠지만, 어떤 베이비부머에게는 하루하루 생계를 유지하는 것조차 녹록지 않은 일이 될 것이다. 여전히 주택융자금을 갚아야 하고, 사회보장연금 외에는 이렇다 할 소득이 없는 브렌다는 후자에 속한다. "우린 아직 건강한 편이에요. 계속 그럴 수 있기를 바라죠. 하지만 뭔가 커다란 변화가 생기지 않는다면, 저는 결코 우아하게 늙어가지는 못할 거예요."

여가 시샘 :

어떤 사람은 여가를 즐기고, 어떤 사람은 그것을 소망만 하게 되는 사회에서는 당연히 갈등과 시샘이 발생하게 마련이다. 레저경제에서는 세대와 세대 간의 격차뿐만 아니라, 같은 세대 내부에서의 격차도 발생할 것으로 보인다.

세대와 세대 간의 여가 격차에 대한 시샘은 향후 수십 년 동안 중요한 사회적 테마가 될 것이다. 빚을 갚고 아이들을 키우느라 밤낮으로 일에 쫓기는 X세대와 Y세대들로서는 양손 가득 시간을 움켜쥔 베이비부머들을 보며 심사가 사나워질 것이다. 지역사회 활동에 적극적으로 참여하고, 쇼핑에 많은 시간을 보내며, 날마다 공원 산책을 즐기는 등 은퇴 이후의 시간적 여유를 만끽하는 베이비부머들이 마냥 부러울 수밖에 없다. 은퇴한 사람들과 은퇴하지 않은 사람들 사이에 이러한 선망을 늘 있어왔다. 다만 지금까지는 그 차이가 그다지 두드러지지 않았다. 하지만 엄청난 수를 자랑하는 베이비부머들이 은퇴하게 되면 상황은 달라질 것이다. 그들의 존재는 도처에서 느껴질 것이고, 또 시샘의 대상이 될 것이다.

베이비부머들이 받게 될 각종 할인혜택 역시 X세대나 Y세대로부터 환영받지 않을 것이다. 북미사회 기업들이 일반적으로 시행하고 있는 노인 할인제도를 생각해 보라. 노인 할인제도는 노인들이 비교적 어렵게 살던 시기에, 그리고 노인들의 수가 그다지 많지 않던 시기에 시작된 제도다. 할인이라는 인센티브가 없었다면, 과거의 노인들은 외식을 하거나 극장에 가는 일을 매우 삼갔을 것이다. 할인혜택을 받는 사람들에 대한 불만은 이미 존재한다. 1990년대 중반에 '탐욕스런 노인네들greedy geezers'는 말이 등장하기도 했다. 노년기에 접어든 잘사는 베이비부머들이 지금과 같은 할인혜택을 받는다고 생각해 보라. 젊은 근로자들한테는 어쩌면 이중의 모욕이 될 것이다. 하고 싶은 것을 하며 여가를 즐기는데다가 각종 할인까지 받다니! 형편이 넉넉하지 못한 베이비부머들도 많을 테지만, 그렇다고 해서 젊은 이들의 시샘이 줄어들지는 않을 것이다.

이것은 사업하는 사람들에게 중요한 하나의 도전이 될 것이다. 특히 창의적인 마케팅을 필요로 하는 사업의 경우 더욱 그러하다. 경기가 좋지 않을 때일수록 기업들은 많은 할인제도를 실시한다. 특정 요일 저녁에는 극장요금을 할인해 준다든가, 신참 미용사에게 머리손질을 맡길 경우 특별 할인을 해준다든가 하는 식이다. 레저경제에서, 저소득 여가계층을 대상으로 한 사업은 이러한 할인제도를 계속해서 시행할 필요가 있다. 이들에게는 저렴한 가격이 가장 큰 유인책으로

작용할 것이기 때문이다. 영화티켓 한 묶음을 살 경우 대폭적인 할인을 해준다든가 하는 방법은 효과적일 것이다. 취업 중인 젊은이들에게는 돈과 시간이 모두 문제가 된다. 그 경우에는 저렴하면서도 시간이 절약되는 상품이 인기를 끌 것이다. 예컨대 '초고속 손톱손질' 서비스를 보통 비용보다 20% 저렴하게 제공하는 상품 따위를 개발하는 것도 좋을 것이다.

베이비부머들의 여가는 또 다른 측면에서 젊은 근로자들과 세대 간 갈등을 일으킨다. 베이비부머들의 여가에 대해 비용을 치르는 것은 결국 젊은 근로자들이기 때문이다. 베이비붐 세대의 노동시장 은퇴가 사회보장제도에 어떤 영향을 미칠 것인가에 대해서 많은 논의들이 있어왔다. 해결책이 무엇이든 간에, 젊은 근로자들이 사회보장연금의 상당 부분을 책임져야 하리라는 것은 불가피한 현실이다. 이전 세대들이 짊어졌던 것보다 더 많은 책임을 지게 될 것이다. 은퇴를 앞둔 베이비부머들은 이러한 사회보장연금제도가 유지되기를 원할 것이고, 그것을 지지하는 의원들에게 표를 던질 것이다. 그러나 이는 X세대와 Y세대로서는 결코 환영할 수 없는 제도다. 한가하게 인생을 즐기느라 여념이 없는 베이비부머들을 위해 뼈 빠지게 일할 이유를 찾기 힘들 것이다. 따라서 사회보장연금을 둘러싼 이 같은 정치적 갈등은 시간이 갈수록 격화될 것이다.

세대 간 갈등보다 더 심각한 갈등은 바로 베이비붐 세대 내부의 갈등이다. 사실 베이비부머들은 늘 서로를 시샘해 왔다. 1990년대 말 주식시장이 요동칠 때에는 일찌감치 주식을 시작한 베이비부머들과

뒤늦게 주식에 뛰어든 베이비부머들 사이에 갈등이 불거졌다. 시스코 시스템스(Cisco Systems, 전 세계에 6만 3,000여 명의 직원을 둔 미국의 거대 컴퓨터 통신 서비스 회사-옮긴이)의 주식을 일찍 팔았는가, 늦게 팔았는가에 따라 친구들 간의 운명이 갈라졌다. 곧이어 주택시장을 둘러싼 시샘이 뒤따랐다. 언제 어느 곳에 집을 구입했는가에 따라 궁전에 사는 사람과 오두막에 사는 사람으로 나뉘었다.

앞으로의 시샘은 누가 윤택한 여가를 누리고, 누가 그렇지 못한가를 둘러싸고 진행될 것이다. 고급 주택가에 사는 사람들 간에도 레저 경제의 질적 차이가 드러나게 될 것이다. 주택융자금을 다 갚고 여윳돈까지 모아둔 사람들은 여행과 값비싼 취미생활을 즐기는 반면, 그렇지 않은 사람들은 갑자기 수입이 줄어들면서 허리띠를 졸라매야 할지도 모른다. 빈곤하지는 않더라도, 주택융자금을 마저 갚기 위해 시간제 일자리를 알아보아야 할 수도 있다.

Y세대에 대한 X세대의 시샘도 커질 수 있다. 베이비붐 세대와는 달리, X세대는 노동이 인생의 전부가 되는 삶을 원하지 않았다. 그들은 '일과 여가의 양립'을 원했고, 그들의 이 같은 소망은 탄력근무제 등의 제도적 진전을 가져온 계기가 되었다. 그러나 정작 그러한 제도의 혜택을 본 세대는 주로 Y세대였고, X세대는 노동으로부터 크게 벗어나지 못해왔다. 때때로 X세대는 일과 여가의 양립을 만끽하는 Y세대를 바라보며 어안이 벙벙해지기까지 한다. 그래도 X세대는 이제 최소한 육아휴가 정도는 사용할 수 있다. 베이비부머들을 보라. 그들은 오늘날의 변화된 노동시장을 바라보며 놀라움을 금치 못한다. 한

마디 불평도 없이 일평생 장시간 노동을 묵묵히 해냈던 자신들을 생각하며, 그리고 Y세대의 여유로운 일터 풍경을 바라보며 그들은 씁쓸함에 빠지곤 한다.

끝으로 가장 큰 미스터리는 Y세대 내부의 갈등이다. Y세대 중 과연 누가 그들이 그토록 갈망하는 여가를 누리게 될 것인가? 그들은 과연 10여 년 전과 마찬가지로 여전히 여가를 원하는가? 그들이 여전히 여가를 원한다면, 그리하여 노동시장으로부터 좀 더 많은 시간을 벗어나기를 원한다면, Y세대 내부에서도 필연적으로 갈등이 발생할 수밖에 없다. 실제로 여가를 누릴 수 있는 Y세대와, 원하지만 누릴 수 없는 Y세대로 갈라질 것이기 때문이다. 고급 스키여행을 갈 수 있는 사람, 집에 머물며 학교에서 돌아온 아이를 맞이할 수 있는 사람. 이런 사람들을 향한 질투의 시선이 Y세대를 갈라놓게 될 것이다.

제6장
··· 일터의 재구성

> 일과 놀이는 같은 말이다. 단지 그것을 행하는 상황이 다를 뿐이다.
>
> – 마크 트웨인

여러분은 이 책의 서문에서 인용된 케리를 기억하는가? 경영 컨설턴트인 그녀는 '유럽식 라이프스타일'을 누리기 위해 직장을 그만두었다. 새로운 생활에 만족하는 그녀는 예전과 같은 '정상적인' 직장으로 되돌아갈 생각이 전혀 없다. 가족이 당장 굶게 된다든가 하는 극단적인 상황이 오지 않는 한 말이다.

케리의 사례는 레저경제가 기존의 노동세계와 충돌하는 방식을 잘 보여준다. 그녀는 자신을 위한 삶을 새롭게 가꾸어갔다. 그녀의 새로운 삶은 일과 각종 여가활동이 함께 어우러진 삶이다. 직원들을 온종일 노동에 몸 바치게 하는 기업세계는 이제 두 번 다시 케리를 불러들일 수 없을 것이다. 그녀는 그러한 노동세계를 완전히 떠났다. 그녀의 베이비붐 세대 동료들도, 이제 자의든 타의든 곧 케리의 뒤를 이어 그 세계를 떠나게 될 것이다. 더러는 케리처럼 프리랜서가 되기도 할 것이고, 더러는 완전히 일을 그만둘 것이다. 기업들은 두 번 다시 그들을 불러들일 수 없을 것이다.

베이비부머들이 본격적으로 은퇴하기 시작할 때면 Y세대는 30대에 접어든다. 중견 근로자가 되어 소득도 높아지고, 한창 가족도 꾸려갈 것이다. 케리나 그녀의 베이비붐 동료들과는 달리, Y세대는 '유럽식 라이프스타일'을 욕망한다는 사실을 부끄러워하지 않는다. 시간예속 경제에서 벗어날 수 있는 경제적 대안만 마련된다면, Y세대는 아이들이 고등학교를 졸업할 때까지 마냥 기다리지만은 않을 것이다. 그렇다면 X세대는? 그들은 여전히 노동시장에 남아 있을 확률이 높다. 하지만 베이비붐 세대에 의해 꽉 막혀 있던 승진의 길은 활짝 열리게 될 것이다. 그들이 기업의 관리자가 되고 중역이 되면, 일터의 조건과 환경은 그들의 가치관에 맞게 변화될 것이다.

이러한 변화들은 전반적으로 좀 더 나은 삶의 질을 이끌어낼 수 있을 것이다. 그러나 노동력이 남아돌고, 근로자들은 회사의 방침을 고분고분 따르던 시절만을 기억하는 기업들에게는 이러한 변화는 악몽일 수 있다. 그 시절의 노동세계는 팽창 일로를 달렸고, 시간예속 경제를 만들어냈다. 하지만 이제는 그러한 노동시장과는 확연히 다른 레저경제가 형성될 참이다. 그리고 레저경제는 일터 전반에 걸쳐 심대한 영향을 미칠 것이다.

굵직한 변화부터 살펴보자. 우선, 노동력이 줄어들 것이다. 따라서 기업들은 많은 돈과 시간을 들여 채용하고 훈련시킨 근로자들이 회사를 떠나지 않도록 잘 묶어둘 필요가 있다. 이것은 1970년대부터 1990년대까지의 상황과 사뭇 다르다. 그때에는 수많은 베이비부머들(나중에는 일부 X세대까지)이 신입사원을 모집하는 회사의 문턱에 몰려들었다. 베이비붐 이전 세대가 노동시장을 은퇴했지만, 그 규모가 작았던 탓에 베이비부머들 간의 경쟁을 크게 완화시켜 주지는 못했다. 물론 이와 완전히 다른 현상도 존재했었다. '닷컴 시대'의 전성기에는 노동력이 크게 부족하여 직원들이 애완동물을 데리고 출근하는 것을 허용하는 기업들도 등장했었다. 직원들에 대한 이런 '너그러움'이 다시 유행하게 될 날이 이제 곧 도래할지 모른다. 사무실에 애완동물이 뛰어다니도록 허용할 수도 있고, 근무 중에 맥주를 마셔도 눈 감아 줄지도 모른다. 그러나 무엇보다도 중요한 것은, '근로자들이 가장 원하는 것은 시간'이라는 것을 기업이 인정하게 되리라는 점, 그리고 기업은 근로자들의 그러한 소망에 맞추어 일터를 재구성해 나가야만 할 것이라는 점이다.

베이비붐 세대 – 레저경제로의 연착륙 :

베이비부머들을 빼놓고는 레저경제를 이야기할 수 없다. 엄청난 숫자의 베이비부머들은 노동에 대한 그들 특유의 태도에 입각하여 시간예속 경제를 만들어냈다. 그들이 노동시장을 떠나게 되면 노동력이 부족해질 것이다. 그리고 노동력 부족은 일터의 모습을 크게 바꾸어놓을 것이다. 그러나 '노동력 부족'이라는 개념은 그리 명확한 개념이 아니다. 노동력이 부족해지리라는 것은 너무나 확실한 사실처럼 이야기되고 있다. 정부도 장차 수백만 명의 근로자 부족 사태가 올 것이라고 자신 있게 예측하고 있다. 하지만 베이비부머들이 얼마나 빨리 은퇴하는가, 그리고 기업들이 어떻게 대처하는가에 따라 노동력 부족의 정도는 달라질 수 있다.

노동력 부족 - 허구인가 현실인가?

노동력 부족 사태가 도래할 것이라는 전망은 지난 수년간 중요한 이슈였다. 물론 그럴 만한 이유가 있다. 노동력 부족은 기업들에게는 재앙과도 같다. 미국의 경제성장률은 지난 20여 년 동안 연평균 3%를 약간 웃돌았다(미국 통상부, 1986~2005년의 평균 GDP 성장률). 생산성이 증가한 때문이기도 하지만, 노동력의 증가도 큰 역할을 했다. 같은 기간 동안 미국의 노동력은 연평균 1.4% 증가했다(미국 노동통계국). 기업들은 숙련근로자들을 쉽게 모집할 수 있었다. 숙련근로자들이 아니더라도, 훈련을 통해 숙련근로자로 만드는 데 큰 어려움이 없었다.

베이비부머들이 노동시장에 참여한 방식은 자신들의 삶에 막대한 영향을 미쳐왔을 뿐만 아니라, 젊은 세대의 삶에도 큰 영향을 미칠 것이다. 베이비부머의 대다수는 50대 말이나 60대 초에 은퇴를 할 것으로 예상된다. 지금까지 대체로 그런 추세가 이어지고 있다. 그러나 만일 이들이 좀 더 오래 노동시장에 남는다면, 즉 좀 더 나이가 든 후

에도 일을 계속하려는 베이비부머들이 많아진다면, 향후의 노동력 부족은 다소 완화될 수 있다. 실제로 이러한 현상은 이미 나타나고 있다. 55세 이상 인구의 노동시장 참여율이 최근 몇 년간 꾸준히 상승 중이다. 앞 장에서 살펴보았다시피, 많은 '못 가진' 베이비부머들은 노후에도 계속해서 일을 해야 하는 상황에 처하게 될 것이다.

이러한 상황을 고려하더라도, 노동력 부족과 레저경제는 현실로 다가올 것이 분명하다. 하지만 그것은 우리의 통념보다는 좀 더 복잡한 모습을 띨 것이다. 베이비부머들은 노동시장을 떠날 것이다. 그리고 그들을 대체할 많은 수의 노동력이 필요하게 될 것이다. **2005년 현재, 15세 이상 미국 인구의 66%가 취업 중이거나 구직 중이다. 미국 노동통계국에 따르면, 그 수치는 2025년까지 62%로, 2035년까지는 60%로 떨어질 전망이다.** 캐나다의 경우, 향후 5년간 148만 명이 퇴직할 것으로 예상되며, 두 나라 모두 2020년까지 퇴직자의 수는 기하급수적으로 늘어날 전망이다.

이것은 매우 심각한 거시경제적 결과를 가져올 것으로 예상된다. 미국 센서스국에 따르면, 미국 인구는 지난 10년간 약 1% 증가했고, 2010년까지 최소한 그 증가 추세를 유지할 것이라고 한다. 그러나 인구가 고령화되면서 2030년까지 인구증가율은 0.3%로 낮아질 것이고, 2050년까지는 더욱 떨어질 것으로 예측하고 있다. 따라서 노동인구 증가율의 하락 역시 불가피하다. 반면 2004~14년에 일자리는 1,890만 개, 즉 13%가 증가할 것으로 노동통계국은 내다보고 있다. **수요와 공급의 차이를 계산하면, 2012년에 미국은 약 300만 명의 노동력이 부족해질 것이라는 셈이 나온다.**

노동력 부족이 전 산업에 걸쳐 나타날지, 혹은 부분적으로만 나타날지 지금으로서는 분명히 알 수 없다. 그러나 적어도 일부 산업과 업종, 일부 기업들이 노동력 부족으로 인해 큰 어려움을 겪을 것은 분명해 보인다. 베이비부머들이 노동력의 대부분을 차지하고 있는 산업이나 업종, 기업들일수록 특히 그러할 것이다. 1970년대와 80년대 초반에 직원들을 대량 고용하고, 그 후 경기침체와 더불어 신규 고용을 줄여온 부문일수록 문제가 심각할 것이다. 미국과 캐나다 모두, 공공부문이 그 대표적인 예다.(미국의 경우, 2004년 현재 연방정부 소속 근로자의 약 21%가 55세 이상이다.) 교육부문과 의료부문도 마찬가지다. 에너지 산업과 제조업도 그 범주에 속한다. 1960년대와 70년대에 크게 성장하며 고용을 늘려왔던 이들 산업들은 이후의 경기후퇴와 더불어 신규 고용을 거의 동결해 오다시피 했다.

남아야 하나, 떠나야 하나

거의 모든 기업들은 노동력 부족 사태가 오리라는 것을 알고 있다. 그러나 현재의 근로자들을 가능한 한 오래 붙잡아두기 위한, 혹은 적어도 그들이 가진 업무지식을 유지·승계시키기 위한 구체적인 계획을 세우고 있는 기업들은 많지 않다. 지금 계획을 세우지 않으면 안 된다. 어떻게 하면 베이비부머 근로자들을 좀 더 오래, 좀 더 행복하게 회사에 남게 할 것인가를 미리 생각하는 기업들만이 낭패를 면할 수 있다. 그들이 재빨리 은퇴해 버리거나, 좋은 조건을 제시하는 다른 기업으로 자리를 옮기기 전에 말이다.

베이비부머들을 좀 더 오래 붙잡아두는 일은 그다지 어렵지 않아 보인다. 각종 연구조사를 통해 밝혀졌듯이, 상당수 베이비부머들은 통상적으로 정년기로 여겨지는 나이를 훨씬 지난 후까지도 일하고 싶어하기 때문이다. 하지만 그들이 실제로 그것을 실천할 것인가는 미지수다. 우리도 이미 알고 있는 바와 같이, 오래 일하고 싶어하는 베이비부머들의 대다수는 비교적 경제적으로 풍족하지 않은 사람들, 즉 블루칼라 출신이나 저숙련근로자들이다. 이들은 기업들이 반드시 필요로 하는 노동력이 아닐지도 모른다.

기업들이 붙잡아두고자 하는 근로자들은 오랜 훈련 기간이 필요한 높은 기술을 가진 근로자들, 예컨대 회계사나 의료 종사자들이다. 하지만 그러한 근로자들일수록 일찍 은퇴해도 걱정 없을 만한 경제적 여유를 지닌 법이다. 아직 은퇴할 경제적 여건이 충분히 마련되지 않은 베이비부머들도 어떻게 해서든 퇴직을 준비하게 될 것이다. 지금 살고 있는 집을 팔아 집값이나 생활비가 좀 더 싼 곳으로 이사를 할 수도 있다. 노트르담대학 경제학과 교수인 테레사 길라르두치는 이렇게 말한다. "간단합니다. 은퇴할 능력이 되는 사람들은 은퇴를 선호하는 법이죠. 거의 그렇다고 보면 됩니다." 이것은 **미국 은퇴자협회의 한 연구 결과에 의해서도 뒷받침된다**. 이 연구에 따르면, 2005년 현재 4,100만 명의 비취업자 중 오직 2%만이 취업을 원하며, 취업을 원하는 사람들의 30%만이 실제로 일자리를 찾고 있는 중이라고 한다. 이러한 상황을 고려할 때, 베이비부머 근로자들을 회사에 붙잡아두고자 하는 기업들로서는 적지 않은 어려움을 겪게 될 것으로 예상된다. 어떤 유인책을 써야 베이비부머들을 좀 더 오래 일자리에 머물게 할 수 있을까? 은퇴자협회의 연구에 따르면, 퇴직 근로자들과 퇴직을 앞둔 근로자들은 다음과 같은 기업들을 선호한다.

- ▶ 근로자의 의견에 귀를 기울이는 기업
- ▶ 나이 든 근로자로 하여금 그들이 원할 때까지 계속 일할 수 있도록 여건을 마련해 주는 기업
- ▶ 가족 및 친인척들의 병간호를 위해 휴가를 낼 수 있도록 허용하는 기업
- ▶ 근로자 개인의 여건에 맞도록 근무시간을 융통성 있게 조정하는 기업
- ▶ 양질의 건강보험을 제공하는 기업
- ▶ 퇴직자에게도 건강보험을 제공하는 기업

또한 다음과 같은 기업들도 선호되고 있다.

- ▶ 새로운 업무를 경험할 수 있는 기업
- ▶ 새로운 기술을 배울 수 있는 기업
- ▶ 은퇴하기 전에 단축근무를 할 수 있도록 허용하는 기업
- ▶ 높은 연금을 제공하는 기업
- ▶ 텔레커뮤팅을 할 수 있는 기업

위의 항목들은 두 가지 범주로 나뉠 수 있다. 금전과 관련된 항목들, 그리고 레저경제와 관련된 항목들이다. 아직 퇴직을 하지 않은

근로자들 대부분은 금전과 관련된 항목들을 좀 더 중시하는데, 이는 어쩌면 당연한 일이다. 괜찮은 연금과 건강보험을 제공하는 회사들은 경제사정이 썩 좋지 않은 베이비부머들을 좀 더 회사에 붙잡아두는 데 성공할 수 있을 것이다. 베이비부머 숙련근로자들의 은퇴를 늦추고자 고민하는 회사라면 우선 '돈'으로 할 수 있는 해결책을 모색해야 할 것이다.

근로자들이 돈만 원하는 것은 아니다. 그들은 시간도 원한다. 많은 베이비부머들은 연로한 부모를 보살펴야 하는 상황에 놓여 있다. 부모님을 간호하기 위해 휴가를 낼 수 있는가 없는가의 문제는 앞으로 아주 중요한 관심사로 떠오를 것이며, 이미 그 신호가 보인다. '근로자 개인의 여건에 맞게 근무시간을 안배하는 기업', '텔레커뮤팅을 할 수 있는 기업' 등이 선호된다는 점을 고려할 때, 시간적 탄력성의 유무에 따라 베이비부머들의 근무 지속 여부가 크게 좌우될 것임을 알 수 있다. 근로자들의 편의를 위해 일터의 여건을 조정하지 않는다면, 고용주들은 오직 돈 때문에 피치 못하게 직장에 남아 있어야 하는 근로자들만을 갖게 될 뿐이다. 다른 근로자들도 좀 더 오래 직장에 남게 하기 위해서는 레저경제를 고려한 근무조건을 제공해야 한다.

몇몇 기업들은 이미 이러한 점을 반영한 정책을 펴고 있다. 미국 은퇴자협회는 매년 '일하기 좋은 기업' 목록을 발간하고 있는데, 최근에 접어들수록 탄력근무제를 실시하는 기업들이 상위에 오르는 경향을 보여준다. 2006년도에 1위에 오른 기업은 위스콘신 주에 위치한 머시헬스 시스템Mercy Health System으로, 이 기업은 지난 6년간 줄곧 1

위를 차지해 왔다. 비영리 의료기관인 머시헬스 시스템(3개의 종합병원과 63개의 진료소로 구성)에서는 50세 이상 근로자들에게 아주 다양한 근무시간 옵션을 제공한다. 주말에만 근무하는 옵션, 특정 계절에만 근무하는 옵션(장기 휴가를 갖기에 제격이다.), 그리고 업무가 있을 때에만 출근하는 옵션 등이 있다. 일하지 않는 기간에도 기본수당은 유지된다. 폭스바겐 아메리카Volkswagen of America Inc. 역시 주목할 만하다. 이 기업은 탄력근무제, 집중근무제, 잡 셰어링job-sharing, 텔레커뮤팅 등을 실시할 뿐만 아니라, 퇴직을 앞둔 근로자들에게는 시간제 근무를 허용하기도 한다. 일을 줄이면서 자연스럽게 은퇴생활로 옮겨 갈 수 있도록 하기 위한 배려다.

은퇴자협회의 '일하기 좋은 기업' 목록에서 가장 눈에 띄는 것은 보건, 교육, 비영리기관 등 공공부문 내지는 준 공공부문 기업들이 압도적인 다수를 차지하고 있다는 점이다. 상위 10개 기업 중 순수 민간기업은 폭스바겐, 퍼스트 호라이즌 내셔널First Horizon National Corporation of Memphis, 호프만 라로시Hoffman-La Roche Inc. of Nutley, New Jersey 등 세 개뿐이다. 아마도 지금까지는 근로자들을 오래 회사에 남게 할 필요성이 없었기 때문일지도 모른다. 그러나 상황은 곧 달라질 것이다. 민간기업들도 공공부문의 변화를 따라가야 할 때가 빠르게 다가오고 있다.

베이비부머 근로자들을 위해 공공부문이 시대를 앞서 가는 근무여건을 마련하고 있기는 하지만, 정작 이와 관련한 공공정책은 한참 뒤처져 있는 것이 현실이다. 연금제도와 관련된 북미사회의 법률들은

근로자들의 65세 정년퇴직이 불문율로 여겨지던 시대에 제정되었다. 사실, 지난 수십 년 동안 계속해서 노동시장에 참여해 온 베이비부머들 덕분에 노동력은 필요 이상으로 풍부했다. 의무정년제는 사라졌지만 통상적으로 '정년'으로 여겨지는 나이에 직장을 은퇴하는 것은 여전히 당연시되고 있다. 기업들도 그러한 '전통적인 스케줄'에 기초하여 직원 수급계획을 마련하는 것이 훨씬 편리하다고 간주하고 있는 것이 보통이다.

확정급여형 퇴직연금제도 defined benefit plans 는 특히 큰 문제다. 이 제도는 퇴직 근로자들에게 근무기간 중의 연봉의 일정 비율에 해당하는 금액을 연봉으로 지급하는 일종의 연금제도. 이 제도 하에서는, 예컨대 65세부터 연금을 받을 수 있다고 할 때, 66세에 퇴직을 하게 되면 1년 치 연금을 덜 받게 된다. 미국 근로자들의 3분의 2가 이러한 성격의 연금제도에 가입해 있다. 이들 중 거의 절반이 향후 10년 이내에 연금수급 자격을 갖게 된다. 이는 엄청난 노동력 유출을 초래하게 될 것이다. 정규직에서 시간제 신분으로 전환하여 일하는 것 역시 그리 매력적이지 못하다. 연금을 일부분만 지급받기 때문이다. 현재 많은 기업들이 이들을 일단 퇴직시킨 후 시간제 근로자로 다시 고용하는 편법을 쓰고 있다.

건강

베이비부머 근로자들을 얼마나 오래 회사에 붙잡아둘 수 있느냐를 결정하는 또 하나의 요소는 그들의 건강이다. 많은 베이비부머들은 계속 일하고 싶어도 어쩔 수 없이 레저경제로 들어갈 수밖에 없을 것이다. 오랜 노동으로 건강이 나빠졌기 때문이다. 북미인들의 평균수명이 증가하고 있는 것은 사실이지만, 수명이 늘었다고 건강이 그만큼 더 좋아진 것은 아니다. 각종 장애에서부터 고혈압에 이르기까지, 베이비부머들은 여러 가지 건강 문제를 안고 있다. 지난 10년간 북미 사회에서는 모든 연령대에 걸쳐 비만 환자가 증가했다. **캐나다의 한 연구에 의하면, 2006년 현재 45~59세의 베이비부머 세 명 중 한 명이 비만이다.** 10년 전까지만 해도 네 명 중 한 명이었다. 60세 이상의 캐나다 노인 네 명 중 한 명이 비만인 것과도 비교된다. 베이비부머들의 흡연율(21%)은 노인들의 흡연율(11%)보다 두 배 가까이 높다. 이러한 사실들은 은퇴연령에 접어드는 베이비부머들의 건강이 그다지 좋지 않으리라는 것을 짐작케 한다. 마이애미대학 의대 교수인 칼 아이스도퍼Carl Eisdorfer는 '아이스도퍼의 법칙Eisdorfer's Law'이라 불리는 한 가지 현상을 밝혀냈다. 즉, **베이비부머들의 질병률은 65세 이후 매 5년마다 두 배씩 상승한다**는 것이다.

베이비부머 근로자들의 장애율 역시 증가할 것으로 예상되는데, 이는 근로자들뿐 아니라 그들을 고용하는 기업들에게도 큰 문제로 떠오를 것이다. **미국 장애협회**National Organization on Disability**의 2001년도 보고서에 따르면, 45~54세 인구의 11.5%가 어떤 형태로든 장애를 갖고 있다고 한다. 55~64세 인구의 경우 그 비율은 21.9%로 두 배 가까이 높다.** 이들이 겪는 장애 중에는 청각장애, 시각장애, 수작업 장애 등 비교적 가벼운 장애가 많은데, 이러한 장애들은 컴퓨터 작업에 애로를 가져온다. 실제로 관절염 등 심각한 질환보다 이 같은 경증 장애로 인해 퇴직하

는 사람들이 더 많다. 적어도 베이비붐 이전 세대 퇴직자들의 경우에는 그러하다.

하지만 좀 더 시간이 지나 베이비부머들이 노령기에 접어들 무렵이면 상황이 조금 달라질 수 있다. 노인들의 장애를 완화해 줄 여러 가지 과학기술이 개발될 것이기 때문이다. 기업들 역시 베이비부머들을 위한 투자가 용이해질 것이다. 관절염을 앓는 근로자들에게는 손가락을 덜 움직이도록 음성인식 시스템을 제공할 수 있고, 시력이 약해진 근로자들에게는 컴퓨터 인터페이스를 이용하게 할 수 있다. 고령화되는 근로자들을 도울 수 있는 장치들은 무궁무진할 것이다. 하지만 이러한 기술들이 충분히 개발되지 않으면 어찌할 것인가?

베이비부머들을 붙잡아두고자 원하는 기업들이 할 수 있는 또 하나의 일은 그들에게 '일을 하는 것이 정신건강에 좋다'는 점을 강조하는 것이다. 좀 더 많은 보수와 좀 더 많은 여가 외에도, 나이 많은 근로자들은 정신적으로 활력을 얻을 수 있는 업무를 하기를 원한다. 나이가 들면 건망증도 심해지고 치매에 걸리는 경우도 많다. 이에 대한 관심이 높아지면서, 직장에 좀 더 오래 남아 일을 하는 것이 노인성 정신질환 예방에 좋다는 믿음도 확산되고 있다. 낱말퍼즐 맞추기나 외국어 학습 등과 같이 두뇌를 많이 사용하는 활동을 할수록 두뇌가 건강하게 기능할 확률이 더 높다는 연구 결과도 많다. 모든 업종이 그렇게 할 수는 없겠지만, 정신적으로 도전적인 업무를 제공할 경우 베이비부머들이 좀 더 오래 직장에 남으려 할지도 모른다.

고용주들이 어떤 방법을 택하건, 베이비부머 근로자들의 몸과 정신이 허약해지는 것을 완전히 막아낼 수는 없을 것이다. 도시연구소에 따르면, 예상되는 노동력 감소를 막기 위해서는 55~64세 인구의 노동시장 참여율이 25~49세 인구의 노동시장 참여율에 조금 못 미칠 정도가 되도록 끌어올려야 한다고 한다. 65세 이상 근로자들의 경우, 정년을 훨씬 넘어서까지 취업을 계속하기를 기대하는 것은 비현실적이다. 1992~2000년에 은퇴한 고령 근로자들의 13%만이 '시간제로 일하게 해주면 좀 더 일할 수도 있다'고 답한 바 있다. 궁극적으로, 베이비부머들이 레저경제로 들어가는 것은 시간문제일 뿐이다. 그것은 그 자체로도 좋은 일이다. 베이비부머들에 의해 승진이 가로막힌 후배 세대 근로자들로서는 베이비부머들을 직장에 잡아두기 위한 각종 기술적·제도적 혁신이 그다지 마땅찮을 것이다. 특히 그 비용이 자신들의 몫에서 지출되는 경우 더욱 그러하다. 기업들이 모든 세대 근로자들을 만족시키기란 정녕 쉽지 않다.

포스트 베이비붐 세대에 구애하기 :

주 평균 40시간, 연 평균 50주. 북미사회 근로자들의 평균 노동일수다. 산업이나 업종마다 차이가 있기는 하다. 예컨대 사무직 종사자들은 주당 35시간 정도 일하고, 트럭운전사들은 40시간을 조금 넘게 일하는 것이 보통이다. '주 40시간, 연 50주'는 지난 수십 년 동안 북미사회의 전형적인 근로시간 모델이 되어왔다. 시간제 근무는 흔히 '맥 잡(McJobs, 맥도날드 종업원과

같은 저숙련·저임금 서비스 직종을 가리킴-옮긴이)'이라고 불리는 서비스 부문에서 많이 실시된다. 탄력근무제(1주일에 4일을 근무하는 식)와 같은 변형 근무시간제도 이따금 실시되지만 전문직종일수록 드물다. 각종 수당을 제대로 받으려면 풀타임으로 일해야 하며, 때로는 정규 근로시간 이외에도 일해야 한다. 그러나 레저경제가 본격적으로 등장하게 되면 대안적 변형 근무시간제도 확대될 것이다. 그 이유는 여러 가지다. 무엇보다도 차세대 근로자들은 현재의 근로자들보다 더 많은 여가시간을 원할 것이기 때문이다.

노동력이 부족하게 되면 고용주들은 근로자들이 원하는 모든 편의를 봐줄 것이라는 동화 같은 이야기들이 회자되기도 한다. 지난 수십 년 동안 고용주들은 근로자들의 요구를 거의 수용하지 않았다. 근로시간은 늘어만 갔고, 휴가기간은 짧아지기만 했다. 근로자들은 좀 더 많은 시간을 일터에서 보내도록 압력을 받아왔다. 1970년대 이후 기혼여성들이 대거 노동시장에 진입했지만 근로시간 모델을 바꾸는 데에는 아무런 역할을 하지 못했다. 이따금 주 4일 근무제 등을 따내는 사람도 없진 않았지만, 대다수 근로자들은 주 40시간 근무제를 받아들여야 했다. 집안사정 때문에 도저히 주 40시간을 일할 수 없는 경우에는 취업을 아예 포기해야 했다. 우리도 익히 아는 바와 같이, 최근 들어 많은 고학력 여성들이 노동시장을 떠났다. 대부분 스스로 선택한 이직이었다. 현재의 노동시장이 이들 능력 있는 여성들을 일터에 붙잡아두지 못하고 있는 판국에, 장차 근로자들의 편의를 크게 도모해 줄 것이라고 기대할 수 있을까?

대답은 이렇다. 근로자들과 고용주들 모두에게 변화가 곧 시작될 것이다. 1970년대부터 1990년에 걸쳐 일터에서는 유연성을 가로막는 몇 가지 요소들이 존재했다. 우선, 막강한 수를 자랑하는 베이비부머들이 있었다. 몇 차례 극심한 경기침체도 있었다. 근로자들은 직장을 떠나려 하지 않았다. 마음에 들지 않는 직장이라도 남아 있었다. 계속해서 오르는 집값과 소비재 값을 충당하기 위해서는 직장을 떠날 수 없었다. 기업도 근로자도 시간예속 경제를 받아들이고 묵인했다.

그러나 일부 운 좋은 근로자들이 돈과 시간을 좀 더 손에 넣을 수 있는 기회가 지금 다가오고 있다. Y세대는 자신들이 베이비부머나 X세대보다 훨씬 더 많은 '여가'를 원한다는 것을 적극적으로 표명해왔다. 그들은 진정 근로시간 단축을 요구하게 될까? 근로시간 단축을 위해 보다 적극적으로 싸우게 될까? 만일 그렇다면 그들은 어느 정도의 '돈'을 포기해야 할 것이다. Y세대가 실제로 더 많은 여가를 위해 소비를 줄일 수 있을지는 아직 불투명하다. 출시되자마자 플레이스테이션 3을 사야만 직성이 풀리는 세대임을 고려할 때, 그들이 과연 검약한 생활을 꾸려갈 수 있을지는 의문이다. 고급 브랜드 의류나 신제품 전자기기 등은 두 번째 문제다. 그보다 큰 문제는 주택가격이다. 지난 수십 년간의 부동산 붐은 젊은 세대의 내 집 마련을 점점 더 어렵게 만들고 있다. 현재 주택비는 미국 소비자 지출의 32%를 차지한다. 젊은 층일수록 그 비율은 훨씬 크다.

하지만 장차 실질 주택가격이 떨어질 가능성도 높다. 노동력 부족

을 야기하게 될 이유와 같은 이유 때문이다. 지난 30여 년 동안 기승을 부렸던 집값 상승은 빠르면 앞으로 10년 안에 사라질지도 모른다. 그렇게 되면, 집값이 최고로 올랐을 때 집을 산 베이비부머들에겐 안 된 일이지만, 덕분에 Y세대는 좀 더 용이하게 내 집 마련을 할 수 있을 것이다. 1990년대 초까지 지속되던 높은 인플레이션도 수그러들고 있고, 이자율 역시 비교적 낮은 상태에 머물 것으로 예상된다.(이자율은 두 가지로 구성된다. 하나는 대출자본에 대한 실질이익이고, 다른 하나는 인플레이션에 대한 채권자의 기대치다.) 그렇게 되면 Y세대의 내 집 마련 부담을 조금은 낮출 수 있을 것이다. 따라서 Y세대가 시간예속 경제를 거부할 수 있는 경제적 조건이 그만큼 더 형성된다고 볼 수 있다. 예컨대 내 집 마련 비용 부담이 줄어들어 부부 중 한 사람이 직장을 그만두고 전적으로 가정을 돌볼 여지가 늘어난다. 회사에서도 근로자들은 좀 더 많은 월급보다는 좀 더 많은 여가를 따내기 위한 협상에 치중할 수도 있다.

기업들 역시 좀 더 많은 여가를 요구하는 근로자들의 주장을 수용해야 하리라는 점을 깨닫게 될 것이다. 이미 상당히 많은 여가시간을 제공하는 기업들이 늘어나고 있는 추세다. **인재채용 대행회사인 스페리온의 2003년 조사에 따르면, 근로자들의 86%는 '일-가족 양립'과 '직업적 성취감'을 직업 선택의 최우선 기준으로 삼고 있다고 한다. 또한 96%의 근로자들은 탄력근무제나 텔레커뮤팅, 잡 셰어링 등을 시행함으로써 근로자들의 가족적 의무를 존중해 주는 기업들이 '한층 매력적'이라고 답했다고 한다. 2005년의 조사에 따르면, 실제로 이러한 제도들을 실시하고 있는 기업은 다섯 개 중 한 개꼴이다.**

물론 이 모든 것은 다시 노동력 부족이라는 문제로 귀결된다. 경제학자인 피터 카펠리Peter Cappelli는 노동력 부족에 대해 지나치게 수선 떨 필요는 없다고 주장했다. 노동력의 규모는 불변하는 것이 아니라 늘어나기도 하고 줄어들기도 하는데, 그 증감의 관건은 결국 임금의 크기에 있다는 것이다. 즉, 노동력이 부족하다는 판단이 들면 기업들은 좀 더 많은 임금을 제시하게 되고, 이것은 일을 접고 있는 잠재적 근로자들을 다시 노동시장으로 끌어들임으로써 노동력을 증가시키는 결과를 낳는다는 것이다. 예컨대, 임금이 높아지면 대학원에 재학 중인 젊은이들은 학업을 일시적으로 중단하고 취업을 하려 들 것이고, 전업주부들도 양육비를 지불하고라도 다시 취업을 하려 들 것이다. 하지만 좀 더 많은 근로자들을 노동시장에 끌어들이기 위해서는 돈 이상의 것이 필요하다.

　기혼여성들이 대거 노동시장에 참여해 왔음에도, 탄력근무제 등 유연한 근로시간제도는 전혀 정착되지 못했다. 고학력 전문직종의 경우 근로시간은 더욱 길고, 더욱 경직되어 있다. 기업들은 시간예속을 '약간 덜어주려는' 노력은 할지언정 그것을 '제거' 하려는 시도는 하지 않는다. "제가 일하던 법률사무소에는 '여성위원회'가 있었어요." 변호사인 제니퍼의 말이다. 그녀는 얼마 전 직장을 그만두었다. "자녀를 키우는 여성 변호사들을 돕는다는 취지에서 만들어진 단체죠. 하지만 그 위원회의 정책적 초점은 '어떤 편의를 제공해야 이 여성들로 하여금 좀 더 많은 시간을 직장에서 일하도록 할 수 있을까' 였어요. 예컨대 이

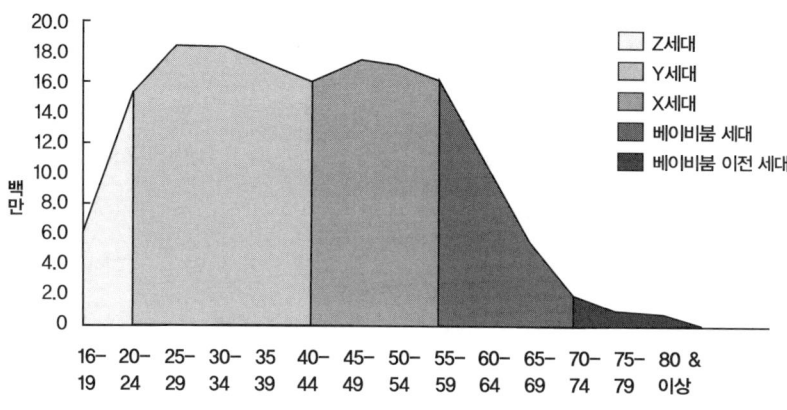

런 식이죠. '알겠습니다. 당신은 주중에 일해줄 도우미가 필요하군요. 또 당신은 야간에 일할 도우미가 필요하고요. 오, 당신은 주말에 일할 도우미가 필요하겠네요.' 위원회를 주도했던 여성 상관은 그런 식으로 자식을 키워왔거든요. 저는 그러고 싶지 않았어요."

《워킹 머더스 Working Mothers》라는 잡지에 정기적으로 글을 쓰고, 『일하는 엄마들의 선언문 This is How We Do It : The Working Mother's Manifesto』의 저자이기도 한 캐럴 에번스 Carol Evans는 최근에 몇몇 독자들로부터 신랄한 비판을 받았다. 일하는 엄마들이 안고 있는 문제에 대한 그녀의 '해결책'들이 지극히 비현실이라는 것이 그 요지였다. "에번스의 책은 '당신도 두 가지 모두 잘 해낼 수 있다'는 고루한 주장을 반복한 것에 지나지 않는다. 아이도 키우고 직업적으로도 성공할 수 있다는 것이다. 일주일에 무려 75시간을 직장에서 보내면서도 말이다." 화가 난 한 독자가 아마존 닷컴의 독자 비평란에 쓴 글이다. "새벽 4시에 일어나서 4시 45분까지 모든 준비를 끝내라고? 밤에는 아이들이 모두 잠들 때까지 기다리면서 집으로 가져온 회사업무를 마무리하라고? 패밀리 팀 플랜Family Team Plan에 가입해서 아이들을 이리저리 실어 나르는 일을 맡기라고? 어머니들이여, 이건 너무 가혹한 삶이 아닙니까?"

하지만 위의 독자처럼 에번스의 책에 비판적인 사람은 그다지 많지 않았다. 오히려 상당수 독자들은 에번스가 꽤 실용적인 '해결책'을 제시했다는 데에 입을 모았다. 적어도 지금까지는 그렇다. 그러나 대부분의 X세대와 Y세대들은 에번스에게 동의하지 않을 것이다. 그들은 에번스 세대의 여성들보다는 고용주와의 협상에서 훨씬 유리한 위치에 있다.

베이비부머들이 은퇴하고 나면 그 빈자리를 채울 사람들이 X세대와 Y세대라는 것을 잊으면 안 된다. 은퇴하는 베이비부머들을 대체할 노동력이 그다지 많지 않다는 것은 누차 지적한 바다. 베이비부머 이후 세대, 일명 '베이비 기근세대'의 인구 규모는 너무 작아서 베이비부머들을 모두 대체할 수 없다. 1960년 후반에서 70년대 초반에 걸쳐 출생률이 대폭 떨어진 것은 널리 알려진 사실이다. 즉, X세대의 수는 베이비부머들을 대체하기에 턱없이 부족하다. 반면에 Y세대의 인구 규모는 제법 크다. 이들은 향후 20여 년 동안 꾸준히 노동시장으로 진입할 것이다. 이리하여 우리는 과거와는 상이한 근로자 집단을 갖게 된다. 기업들은 이 새로운 근로자 집단을 맞이하기 위해 대

232 · THE LEISURE ECONOMY

대적인 변화를 꾀해야 할 것이다. 젊고 상대적으로 경험이 부족한 Y세대로 하여금 베이비부머를 효과적으로 대체하도록 하기 위해서는 보다 많은 업무훈련이 필요할 것이고, 또 여러 가지 크고 작은 실수나 사고도 감수해야 한다. 피터 카펠리가 지적했듯이, 상당수 젊은 근로자들은 매우 높은 교육수준을 자랑한다. 높은 대학 진학률이 그것을 말해준다. 따라서 노동시장에 새롭게 진입하는 Y세대가 베이비부머들을 성공적으로 대체할 수 있을 것이라는 낙관적 견해도 많다.

Y세대가 베이비부머들을 효과적으로 대체할 잠재력을 갖고 있다 하더라도, 그들이 특정 베이비부머들을 일대일로 대체할 수 있다는 뜻은 아니다. 각 기업은 Y세대 근로자들에게 아주 많은 업무훈련을 시켜야 할 것이고, 베이비부머들의 업무지식을 이들 새로운 젊은 근로자들에게 가급적 많이 전수해 주어야 할 것이다. 이것만이 전부는 아니다. Y세대 근로자들을 회사에 안정적으로 머물게 하기 위해서는 그들에게 어떤 조건을 제시할 것인지 매우 신중히 고려해야 한다.

필요한 근로자들을 채용·보유하기 위해 고용주들은 무엇을 해야 할까? 그 해답을 모르는 사람은 없을 것이다. 텔레커뮤팅, 탄력근무제, 육아휴가, 시간제 근무(단, 모든 근로조건이 시간에 비례해야 한다.), 안식년 등의 실시가 그것이다. 안타깝게도 지금은 인력관리 부서가 이러한 정책들을 제안하더라도 관리자와 고용주들에 의해 무시당하기 일쑤다. 2006년 현재, 미국 근로자들의 23%만이 재택근무(텔레커뮤팅)를 하고 있거나 재택근무를 선택할 수 있는 실정이다. 하지만 '필요에 따라 일시적으로 재택근무를 할 수 있다면 가장 이상적일 것'이라고 생각하는 근로자들은

59%에 이른다.

"아직도 고루한 생각을 가진 사람들이 많습니다." 대안적 근무시간제에 대한 컨설팅 전문업체인 워크옵션스 닷컴WorkOptions.com의 설립자인 패트릭 케이터푸Patrick Katepoo의 말이다. "텔레커뮤팅에 대한 인식은 아직 부정적입니다. 직원들이 실제로 몇 시간 일하는지 알 수가 없다는 거죠. 하지만 텔레커뮤팅이 매우 긍정적인 성과를 가져온다는 연구 결과도 많습니다. 요즘의 업무들은 굳이 사무실에 앉아서 하지 않아도 되는 일들이 많으니까요." 특히 Y세대는 사무실에 붙박여 일하는 것을 피하고 싶어한다. 이들은 신기술 덕분에 장소에 구애받지 않고 업무 수행이 가능하다는 것을 누구보다도 잘 아는 세대다. 그들이 가정을 꾸리고 본격적으로 노동시장의 다수를 점할 때가 되면 텔레커뮤팅 근로자의 비율은 크게 증가할 것이 틀림없다.

시간제 근무 역시 매우 흥미로운 영역이다. 2006년 말 현재, 미국 근로자의 23%만 시간제로 일하고 있다. 관리직과 전문직의 경우 그 비율은 18%에 불과하다. 대체로 근로자들은 탄력적인 근무시간을 원할지언정, 적은 시간을 일하는 것은 원치 않는다. 시간예속 경제의 산물이다. "텔레커뮤팅에 대한 질문이 시간제 근무에 대한 질문보다 두 배는 더 많이 들어옵니다." 패트릭 케이터푸의 말이다. "대부분의 근로자들은 업무시간이 좀 더 유연해지기를 바랍니다. 단, 풀타임으로 일하는 조건 하에서 말이죠." 조든 에번스 그룹의 회장이자 『우수한 직원들을 붙잡아두는 방법 Love ' Em or Lose ' Em』의 저자인 샤론 조든 에번스Sharon Jordan-Evans는 시간제 근로자는 이등 시민으로 간주되는 경향이 있다고 지적한다.

234 · THE LEISURE ECONOMY

"시간제로 일하기를 원하면 회사에 충성스럽지 못한 직원이라는 생각하는 경향이 지배적입니다. 실제로 관리직 중에 시간제로 일하는 사람은 거의 없어요."

장차 근로자들이 무엇을 더 원하게 될지는 두고 볼 일이다. 그러나 시간제 근로를 추구하게 될 가능성도 적지 않아 보인다. 고령화되고 있는 베이비부머들에게 시간제 근로는 아주 이상적인 해결책일 수 있다. 어쩌면 그들은 시간제 노동을 하나의 유행으로 만들어낼지도 모른다. 늘 유행을 창조해 온 그들이 아닌가. X세대와 Y세대 역시 가족과의 시간을 더 많이 확보할 수 있다는 점에서 시간제 근로를 크게 마다하지 않을 것이다. 높은 자신감과 자존감을 갖도록 자라난 그들은 '이등 시민'이라는 딱지에 그다지 신경 쓰지 않을 것이다. 특히 Y세대의 경우 시간제 노동은 남녀 모두에게서 환영받을 것이다.

"저는 시간제 근로에 관심이 많습니다." 29세의 줄리언이 말한다. "저는 지금 영어교사이자 편집부 직원으로 일하고 있는데요, 월급을 반만 받아도 좋으니 일을 반으로 줄였으면 하는 바람이에요." 많은 액수의 주택융자금을 갚아야 하는 상황에서 줄리언의 이 같은 꿈은 백일몽처럼 들릴 수 있다. 하지만 소득활동을 하는 배우자를 만나 대출금을 함께 갚아 나갈 수 있다면 그의 꿈은 현실화될 수도 있다. 베이비부머들과는 달리, 줄리언은 남자가 풀타임 직장을 갖지 않는 것에 대해 별다른 거부감이 없다.

휴가에 대해서도 마찬가지다. '시간을 되찾자'라는 운동에 몸담고 있는 존 그라프는 20대 젊은이들이 여가시간에 대해 얼마나 많은 관심을 갖는지 잘 알고 있다. "그들은 일중독의 부정적인 측면들을 부모들을 통해 보아온 세대입니다. 그들은 자유를 원하고, 일과 여가의 균형을 원합니다. 제가 아는 젊은 페미니스트들 역시 일과 가정이 밸런스를 유지해야 한다고 주장하지요." 클레어 레인스Claire Reines Associates 사의 대표인 클레어 레인스는 장차 Y세대 근로자들과 기업 사이에 커다란 간극이 발생할 것으로 내다보고 있다. "Y세대 근로자들은 쉽게 자신의 시간을 포기하지 않을 겁니다. '좋습니다, 제 모든 여가와 취미생활을 포기하고 이 프로젝트에 몰입하겠습니다'라고 말하지 않을 거라는 거죠. '자네 말은 알겠네만, 어쨌든 이 일을 맡아야만 하네'라는 식으로 기업이 몰아붙인다면 문제가 시작될 겁니다. 일하는 방식에 근본적인 변화가 있어야만 합니다."

노동력 부족으로 인해 근로자들에게 유리한 점이 있을 것으로 예상은 되지만, 실제로 노동력에 대한 수요가 어느 정도가 될지는 미지수다. 앞으로 수십 년 동안 경제호황이 계속된다면 노동력에 대한 수요는 물론 높아질 것이다. 그러나 심각한 경기후퇴가 발생할 경우 그 수요는 줄어든다. 또한 근로자 아웃소싱이 어느 정도로 확대될 것인지도 중요한 변수다. 현재 북미사회의 많은 일자리들이 값싼 임금을 찾아 해외로 빠져나가고 있는 상황이다. 미국기업의 콜센터들이 인도에 몰려 있는 것은 그 대표적인 사례다. 아웃소싱은 정보기술이나 엔지니어링 분야의 전문직종으로도 확대되고 있는 추세고, 앞으로 더욱 가속화될 전망이다. 이 역시 북미사회에서의 노동력 수요를 낮추는 데 일조하게 될 것이다. 게다가 숙련도 높은 외국 이민자들이

북미사회로 계속해서 쏟아져 들어오고 있는 상황이 아닌가.

우수한 근로자들을 끌어들이려는 기업들에게 또 다른 장애물이 있다. 바로 자유업(자영업과 프리랜스를 포함-옮긴이)의 확대. 어느 취업 알선회사의 조사에 따르면, **2005년 2/4분기 현재, 자유업에 종사하는 미국인의 수는 5년 전에 비해 3% 증가했다.** 베이비부머들과 베이비붐 이전 세대들은 더욱 빠른 속도로 자유업으로 옮겨 간다. 같은 기간 동안, **45~54세의 자유업 인구는 29% 증가했고, 55세 이상의 자유업 인구는 25% 증가했다.**

자유업이 증가하는 원인은 무엇인가? 먼저 부정적인 원인부터 살펴보자. 경제적으로 어려울 때 근로자들은 자영업에 의존할 수밖에 없는 경우가 발생한다. 나이 든 근로자들의 경우, 일단 직장을 잃은 후에는 이전 직장에 준하는 새로운 일자리를 얻기가 매우 힘들다. 그래서 자유업을 택하는 사례가 많다. 긍정적인 원인도 있다. 어떤 이유에서건 일단 자유업을 시작한 사람들 중에는 새로 얻은 자유를 만끽하며 행복해하는 사람들이 많다. 특정 고용주에게 매여 일하지 않아도 되고, 근로시간도 자신의 조건에 맞게 조절할 수 있기 때문이다. "풀타임으로 일하는 것은 족쇄와도 같죠." 패트릭 케이터푸의 말이다. "일단 자유업을 시작하게 되면 두 번 다시 다른 사람 밑에서 일하고 싶지 않아집니다. 자유업이란 미래가 아주 불투명한 취업인데도 말입니다."

베이비부머들은 이제 막 자유업의 맛을 알기 시작했다. 하지만 Y세대에게 자유업은 매우 흡인력이 큰 옵션이 될 것이다. 4장에서 자세하게 언급했다시피, Y세대가 일반 기업에 취직하여 오래 머문다면 그것은 주로 회사가 제공하는 양질의 건강보험 때문이거나, 혹은 학자금 융자를 갚기 위해서일 것이다. 좀 더 경제적으로 안정된 시기에 이르게 되면, 그들은 아마도 자기 스스로에게 파업을 선언하고는 직장생활을 청산하려 할 것이다.

그리하여 우리는 앞으로 수많은 케리를 만나게 될지도 모른다. 대기업을 고객으로 상대하지만, 더 이상 그 기업과 고용관계에 놓여 있지 않은 자유업 종사자들 말이다. 어쩌면 자영업을 하는 사람들은 여가는커녕 밤낮으로 일만 하게 될지도 모른다. 그러나 프리랜서로 일하는 사람들은 보다 많은 여가를 누릴 수 있을 것이다. 일의 분량을 조절할 수 있기 때문일 수도, 아니면 일거리가 없기 때문일 수도 있다. 어쨌거나 자유업 종사자들이 회사에 고용되어 있을 때보다 좀 더 많은 여유시간을 가질 수 있는 것은 분명하다.

베이비부머들의 은퇴가 본격화될 때 X세대가 과연 어떤 반응을 보일까 하는 점은 흥미롭다. 베이비부머들이 은퇴하기 시작하면, 일부 X세대는 오랫동안 기다리던 자리를 드디어 손에 넣게 될 것이다. 노동시장의 '빛나는' 주인공이 되는 것이다. 그리하여 자신들의 가치관을 기업운영에 반영할 수도 있게 된다. 심각한 경기후퇴만 없다면, 이들 X세대들에 대한 노동시장의 수요는 뜨겁게 달아오를 것이다. 사회생활 초기에는 맛보지 못했던 인기를 누리게 되는 것이다.

X세대를 끌어들이기 위해 기업들은 일을 하면서 동시에 '삶'을 즐길 수도 있다는 것을 그들에게 약속해야 한다. X세대를 대상으로 설문조사를 벌인 샤론 조든 에번스에 따르면, 그들이 가장 중요한 직업

적 조건으로 손꼽은 것은 바로 '유연성flexibility'이다. "베이비부머들은 '승진'을 가장 중요한 조건으로 보았죠. 그들은 '승진시켜 주셔서 감사합니다'라며 몸과 마음을 바쳐 일했습니다. X세대는 이와 대조적이죠. 그들은 베이비부머들이 했던 '희생'을 하려 들지 않습니다. 그런 X세대들이 지금 베이비부머 근로자들 밑에서 일하고 있는 거죠. 더욱 재미있는 것은, 베이비부머들조차 이제는 '몸과 마음을 다 바쳐' 일하려 하지 않기 시작했다는 겁니다."

이미 관리자의 지위에 올라선 X세대도 있다. 베이비부머들이 좀 더 대규모로 은퇴하고 나면 X세대는 자신들의 가치관과 신념을 보다 적극적으로 일터에 적용하려 들 것이다. 베이비부머 관리자는 자신의 낡은 가치관에 따라 직원들을 장시간 근로시키고, 휴가를 덜 주려 한다. 반면 X세대 관리자는 좀 더 많은 휴가를 주고자 할 것이다. 젊은 근로자들은 당연히 '직장이 인생의 전부가 아니라는 것'을 인정하는 기업에서 일하고자 할 것이다. 조든 에번스는 이렇게 말한다. "X세대 관리자들은 자신들이 말단직원이던 시절에 원했던 것을 현실화시키려 할 것입니다. 사무실에 나와 앉아 있는 시간은 그들에게 별로 중요하지 않죠. 근로시간에 대해 유연한 태도를 가질 것입니다." 이렇게 하여 레저경제는 조금씩 조금씩 노동시장을 파고들 것이다.

X세대와 Y세대가 레저경제의 문을 열게 된 것은 무척 다행한 일이다. 고액 연봉으로 근로자들을 끌어들이는 것은 기업에도 큰 어려움을 초래하기 때문이다. 노동력 부족으로 인해 실질임금이 오르게 되면 부부 중 한 사람은 취업을 하지 않고 집에 머물 확률도 높아진다.

가족과 많은 시간을 보내기를 원하는 Y세대 근로자들에게는 아주 적절한 타이밍이다. 2015년쯤에는 가장 나이 많은 Y세대가 30대 중반이 되며, 대부분이 가정을 이루게 된다. 주택가격이 안정되어 생활수준 역시 안정된다면, 부부가 굳이 맞벌이를 할 필요가 없을 것이다. 따라서 둘 중 한 사람은 가사 전담자가 될 수 있다. 이것은 경제학자들이 말하는 '후방굴절형 노동공급 곡선backward bending labor supply curve'의 한 변형이다. 임금이 오르면 근로자들은 좀 더 많은 시간을 일하고자 하는 경향이 있다. 더 많은 소비를 위해서다. 그러나 일정한 소득수준에 도달하면 상황은 달라져서, 금전보다는 여가를 더 선호하게 된다.

앨버타 문제 :

이것은 결코 억지스런 시나리오가 아니다. 실제 사례가 캐나다의 앨버타에서 전개되고 있다. 앨버타에서는 최근 원유 생산 붐이 일어 막대한 부가 창출되기 시작했다. 그 결과 2006년 한 해 동안 6%의 경제 성장을 이루며 26년 만에 최고 성장을 기록했다. 유전사업과 관련된 일자리가 폭증함에 따라 타 지역에서 수천 명의 사람들이 앨버타로 이주했다. 당연히 노동시장 참여율도 같은 주의 어느 지역보다 높이 치솟아, 2006년 말에는 73%를 기록했다. 같은 시기 캐나다 전국 평균 노동시장 참여율은 67.2%였다. 동시에 흥미로운 현상도 나타났다. 전국 추세와는 달리, 6세 미만의 자녀를 가진 기혼여성의 노동시장 참여율이 2005년 67.9%에서 2006

년 64.9%로 하락했던 것이다. 같은 조건의 인구집단, 즉 6세 미만 자녀를 가진 기혼여성의 노동시장 참여율이 캐나다 전체로 볼 때 같은 기간 동안 67.6%에서 71.8%로 상승한 점을 고려하면 앨버타 지역 기혼여성의 이 같은 노동시장 참여율 하락폭은 실로 엄청난 것이다.

앨버타 기혼여성의 노동시장 참여율 저하를 설명하는 수많은 이론들이 쏟아져 나왔다. 다른 지역과 달리 앨버타에는 보육시설이나 보육 프로그램이 미비하기 때문이라는 분석도 있고, 앨버타는 원래 다른 지역보다 보수적인 성향이 강하기 때문이라는 분석도 있다. 이러한 분석들이 일면 타당성을 가질 수도 있지만, 보다 설득력 있는 원인은 높은 임금에 있는 것으로 보인다. 즉, 임금이 크게 상승하여 부부 중 한 사람은 취업을 포기하고 가사와 자녀 양육에 전념하기로 결정한 것이다.

이러한 앨버타 현상을 레저경제와 관련지어 생각해 보자. 베이비부머들의 은퇴가 노동력 부족을 야기할 경우, 숙련근로자들의 실질임금은 상승할 것이다. 지금으로부터 10년 혹은 12년 후의 정부의 한 부처의 모습을 예로 들면 이 점을 더욱 분명히 알 수 있다. 지금은 베이비부머들이 상위 관리직과 전문직을 점령하고 있지만, 그들이 60세나 65세가 되면 마치 시계태엽이 풀리듯 일터를 떠나게 된다. 공무원으로 일하는 것은 여러 가지 단점도 있지만, 정년만 채우고 은퇴하면 적어도 연금만큼은 후하고 또 안정적이지 않은가.

해당 부처는 다음 세대 전문직 근로자들을 끌어들이기 위해 임금도 올리고, 민간부문의 근로자들에게 구애할 수도 있다. X세대와 Y세대

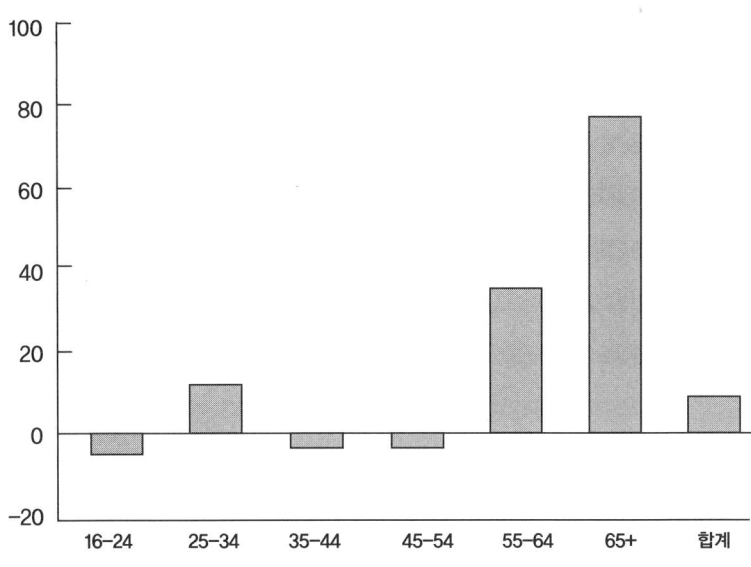

노동력 고령화 추이
미국의 연령별 노동력 변화 백분율, 2007~17년

| 출처 : 미국 노동통계국

에게 좀 더 빠른 승진을 약속할지도 모른다. 이러한 현상이 정부의 모든 부처, 그리고 민간부문에도 발생할 것이라고 생각해 보라. 좀 더 많은 근로자들이 모여들까? 그럴 수 있다. 실질임금이 크게 오를 것이기 때문이다. 하지만 '앨버타 문제'가 발생할 가능성도 적지 않다.

미래의 일터 :

레저경제의 도래를 예측하고 일찌감치 준비하는 기업

들도 있다. 미시건 주에 있는 회계법인 플란테&모런(Plante & Moran, 이 회사는 2006년 《포천》지에 의해 '가장 일하기 좋은 기업' 12위로 뽑혔다.)은 신입직원에게 연간 20~25일의 유급휴가를 주고 있다(질병휴가와 일반 휴가 포함). 미국기업 전체의 평균 연간휴가가 2주임을 고려할 때 매우 파격적인 기간이 아닐 수 없다. 뿐만 아니라, 플란테&모런은 가정과 직장이 양립할 수 있도록 많은 신경을 쓴다. "우리 회사는 새로 엄마가 된 직원을 이미 엄마 경험이 있는 직원과 짝을 이뤄주고 있습니다. 비공식적으로 여러 가지 조언을 주고받을 수 있도록 하기 위해서죠." 회사의 공동대표인 레슬리 머피Leslie Murphy의 말이다. "우리는 근무시간을 일률적으로 정해놓지 않습니다. 물론 안내원들을 제외하고는 말이죠. '자신에게 맞는 근무 스케줄은 따로 있다.' 우리는 늘 그렇게 말합니다." '자신에게 맞는 근무 스케줄은 따로 있다'라는 모토는 X세대와 Y세대에게 특히 호소력을 갖는다. 그러나 플란테&모런 같은 기업들은 많지 않다. 레슬리 머피는 이렇게 말한다. "우수한 회계 전문가들을 끌어오기란 여간 어려운 게 아닙니다. 하지만 우리 회사는 지금까지 줄곧 운이 좋았지요. 큰 어려움 없이 인재들을 모을 수 있었으니까요. 우리 회사의 독특한 기업문화가 그들에게 상당히 어필하는 것 같습니다."

레저경제는 근로자들이 더 많은 여가를 갖는 것을 의미할 수 있겠지만, 현실은 조금 다를지도 모른다. 분명히 보다 많은 근로자들이 재택근무를 한다든가, 시간제 근무를 한다든가, 자유업을 택할 것이다. 그리하여 전에는 꿈꾸지 못했던 '유럽식 라이프스타일'을 어느 정도 누릴 것이다. 하지만 레저경제의 일터는, 다른 모든 것이 그러하듯 '가진 자'와 '못 가진 자'로 나뉘게 될 것이다.

또한 Y세대로 하여금 일터에서 벗어나는 것을 용이하게 만들어준 바로 그 신기술로 인하여 '근무시간'과 '비 근무시간'의 경계는 날로 희미해질 것이다. 딜로이트의 한 연구는 이렇게 전망했다. "근무시간과 개인시간의 구분은 점점 더 불분명해질 것이다.…… 지금으로부터 2~3년 후면 이메일이나 전화가 연결되지 않은 곳은 그 어디에도 없을 것이다. 업무로부터 몸을 숨길 만한 곳은 더 이상 찾을 수 없게 된다." 이 연구는 다음과 같은 전망을 내놓기도 했다. "근무 중 인터넷을 통해 여가를 즐기는 현상이 증가할 것이다. 근무 중에 인터넷으로 오락을 한다든가 쇼핑을 하는 사례가 크게 늘어날 것이다." 이것은 우리 모두가 이미 알고 있는 '신 여가neo-leisure'와 다르지 않다. 실제로 근무시간 중 인터넷 쇼핑을 하는 사례는 크게 증가하고 있다. 사무실 컴퓨터로 근무시간 중에 사적인 쇼핑을 하는 것이다. 지난 2005년, 미국 소매협회는 '사이버 월요일Cyber Monday'이라는 말을 만들어냈다. 부활절 휴가가 끝나고 일터로 복귀한 첫날인 월요일에 인터넷을 통한 크리스마스 쇼핑이 폭주한 데서 비롯된 말이다. 지난 2006년, 사이버머니 닷컴cybermonday.com이라는 웹사이트가 인터넷 쇼핑객들에게 온라인 할인제도를 실시하기 시작했는데, 첫날에만 30만 명이 사이트를 방문했다. 레저경제에서 상당히 많은 사람들은 이렇듯 근무시간 중에 짬짬이 질 낮은 여가를 즐기는 것에 만족해야 할 지도 모른다.

마지막으로 중요한 사실이 하나 더 있다. 베이비부머들이 노동시장에 남아 있건 아니건, 일중독자들이 완전히 사라지는 것은 아니라는 점이다. 일중독자라는 단어가 없었을 뿐, 베이비붐 이전 세대에도, 즉 대부분의 근로자들이 '나인 투 파이브(9 to 5)' 스케줄에 따라 살아갈 때에도 일중독자들은 늘 있어왔다. 많은 X세대와 Y세대가 일과 여가의 양립을 원하는 것은 사실이지만, 여전히 일이 인생의 전부인 젊은 세대도 있게 마련이다. 늘 그래왔듯이, 기업에서 출세가도를 달리게 될 사람들은 이들 일중독자들이다. 한 가지 달라질 점은, 일중독자의 삶을 거부하는 사람들이 자신의 선택에 대해 큰 부담을 느끼지 않아도 될 것이라는 점이다. 커마 법률사무소의 캐런 매케이는 이렇게 말한다. "아무도 늘 일만 하도록 강요되지는 않을 겁니다. Y세대는 계속해서 자신들의 입장과 가치관을 주장하겠죠. 물론 일중독자들도 더러 있을 겁니다. 하지만 일 이외의 삶에 대해서도 높은 가치를 부여하고, 그것을 추구하는 직원들이 훨씬 더 많아질 겁니다."

제7장

… 이제는 세상을 변화시켜야 할 시간

> 생계(living)와 삶(life)은 다르다. 생계는 당신이 얻은 것으로 꾸려지지만, 삶은 타인에게 베풂으로써 완성된다.
>
> - 윈스턴 처칠

"똑똑하고 헌신적이고 뚜렷한 비전을 가진 사람들은 적절한 지원만 받는다면 엄청난 영향력을 발휘할 수 있습니다. 저는 지금 기술에 대해 말씀 드리는 것입니다. 소수 특권층을 위한 기술이 아니라, 모든 사람들을 위한 기술에 대해서 말입니다."

2006년 6월 16일, 마이크로소프트 사의 창립자이자 회장인 빌 게이츠가 무대 위에서 연설을 하고 있다. 청중은 넋을 잃은 듯 그의 말을 경청한다. 빌 게이츠는 이러한 강연을 수도 없이 해왔다. 그러나 이번에는 10년 전 그가 윈도즈 95를 처음 소개할 때 배경음악으로 사용했던 롤링 스톤즈Rolling Stones의 '스타트 잇 업Start It Up'이 흘러나오지 않았다. 2005년 '어지Urge'

라는 새로운 프로그램을 소개할 당시 그와 자리를 함께했던 댄스 가수 저스틴 팀벌레이크Justin Timberlake 역시 이번 강연에는 보이지 않았다. 사실, 기자들도 거의 참석하지 않았다.

빌 게이츠의 이번 강연은 신상품 소개를 위한 행사가 아니었다. 자신은 이제 마이크로소프트를 떠날 것이며, 앞으로 자선사업에만 몰두하겠노라는 계획을 발표하기 위한 자리였다. 그는 힘주어 말했다. "저는 은퇴하는 것이 아닙니다. 단지 제 일의 우선순위를 재조정하는 것일 뿐입니다." 부인 멜린다도 그의 옆에 서 있었다. 빌 게이츠는 앞으로 자신의 열정과 에너지를 빈곤과 에이즈 문제 해결에 집중할 것이며, 세계 곳곳의 가난한 자들이 교육의 혜택을 받을 수 있도록 하는 데 쏟을 것이라고 역설했다. 세계에서 가장 부유한 베이비부머가 이제 막 레저경제로의 진입을 선언했다. 그가 가진 엄청난 자원과 함께.

빌 게이츠와 마찬가지로 앞으로 수십 년 동안 많은 사람들이 레저경제에 돌입하여 이 세상을 변화시키는 데 동참하고자 할 것이다. 그들 중 일부는 베이비부머들일 것이다. 이들은 노동시장에서 은퇴한 후 자신들의 에너지와 열정을 여러 가지 의미 있는 활동에 쏟는 것이 상대적으로 용이할 것이다. 베이비부머가 아니더라도, 상당한 양의 시간을 자원봉사 활동에 바치려는 사람들도 늘어날 것이다.

베이비부머들만 봉사활동에 관심을 갖는 것은 아니다. Y세대 역시 봉사활동에 매우 큰 관심을 보여왔고, 시장노동 이상의 의미 있는 삶을 추구한다는 것을 강조해 왔다. 어떤 대의를 위해 시간을 들이는

것은 그들에겐 아주 중요한 일이다. 그리고 이러한 태도는 그들이 한창 일할 나이인 장년층이 되어도 유지될 것이다. 이리하여, **세상을 변화시키고자 하는 새로운 여가계층이 등장하게 될 것이다.** 세상의 변화를 위해 어떤 사람들은 시간을, 어떤 사람들은 돈을 쏟을 각오와 준비가 되어 있을 것이다. 빌 게이츠처럼, 두 가지 모두를 할 사람들도 있다. 레저경제라는 개념이 조금은 애매한 느낌을 주는 이유 중의 하나가 바로 이것이다. 무엇보다도 레저경제라는 개념은 은퇴한 사람들의 삶의 방식을 지칭한다. 그들은 봉사활동을 중요시할 것이고, 상당한 시간을 그러한 활동에 쏟으려 할 것이다. 하지만 젊은 세대 역시 지역사회를 위해 점점 더 많은 시간과 에너지와 자원을 쏟고자 할 것이다. 이러한 활동은 그들에게 매우 중요한 삶의 일부분이 될 것이 분명하다.

봉사활동이나 자선활동에 대한 관심은 계속해서 크게 증가할 것이며, 노동세계와 맞먹을 만큼의 중요성을 갖게 될 것이다. 이를 통해, 레저경제에 참여하는 많은 사람들은 사회적으로나 경제적으로 이 세계에 커다란 기여를 하게 될 것이다. 시간예속 경제가 크게 약화될지언정 완전히 사라지지 않을 이유가 바로 여기에 있다. 정말로 부지런한 사람들은 자원봉사 활동에 몰두하느라 아주 바쁘게 지낼 것이기 때문이다.

비영리단체와 영리단체 모두 우리 사회에 다가오는 이러한 변화를 잘 읽어내야 한다. 자원봉사 노동력을 사용하는 단체들은 잠재적인 '일꾼들'을 어떻게 자신의 단체로 끌어들일 것인가에 관해 계획을 세워야 하고, 그들의 역량을 최대한 사용할 수 있는 방법을 짜내야 할 것이다. 이들 일꾼들을 계속해서 고용하고 싶어하는 영리 목적의 기업들에게는 그다지 반갑지 않은 일이다. 자신들의 잠재적 노동력이 빠져나가기 때문이다. 이러한 기업들 역시 왜 많은 잠재적 노동자들이 자원봉사 활동에 관심을 갖는지를 충분히 이해할 필요가 있다. 기업 스스로 봉사의 세계에 적극적으로 참여할 경우, 역량 있는 근로자들을 좀 더 오래 회사에 남겨둘 수 있을지도 모른다.

정치 참여에서 자원봉사로 :

자원봉사는 이미 북미에서 매우 중요한 현상으로 자리 잡고 있다. 사실, 자원봉사 활동이 확대됨에 따라 더욱 더 시간에 쫓기게 된 측면이 있다.

미국 자원봉사협회 U.S. Corporation for National and Community Service 에 따르면 **2005년 한 해 동안 거의 6,500만 명의 사람들**(미국 인구의 약 29%)이 자원봉사 활동에 참여했다고 한다. 이것은 2002년에 비해 5.6% 증가한 수치로, 부시 대통령이 2001년 11월에 행한 연설의 영향일 수도 있다.(그가 2001년 11월 8일 애틀랜타의 월드 콩그레스 센터에서 소방관, 경찰, 우체국 공무원들을 대상으로 한 연설을 말한다.) 이 연설에서 부시 대통령은 "우리 모두 9.11 사태의 극복을 위한 자원봉사자가 될 수 있습니다. 각자 자신의 지역사회를 위해 봉사함으로써 말입니다."라고 강변했다. 캐나다의 경우 2004년 현재 15세 이상 인구의 45%가 어떤 형태로든 자원봉사 활동에 참여했다.

'자원봉사자' 하면 떠오르는 가장 흔한 이미지는 병원에서 병실을 돌며 환자들에게 잡지를 건네주는 중년여성들이다. 실제 통계로도 이러한 이미지가 어느 정도 들어맞는 것을 알 수 있다. 여성들이 남성들보다 더 많이 자원봉사 활동에 참여하며, 미국에서 자원봉사 활동의 약 8%는 병원을 비롯한 의료기관에서 이루어진다. 하지만 이것을 제외한 다른 자원봉사 활동들은 우리의 고정관념과는 거리가 멀다. 봉사활동을 하는 사람들 대부분은 회사를 퇴직하고 시간이 남아도는 사람들이 아니다. 오히려 가장 왕성하게 봉사활동에 참가하는 사람들일수록 시간에 쫓기는 사람들이 많다. **미국의 경우, 2005년 현재 봉사활동에 가장 많이 참여한 사람들은 X세대와 베이비붐 세대다. 35~44세 인구의 34.5%가 봉사활동에 참여하여 가장 높은 참여율을 나타냈다. 그 다음은 32.7%의 참여율을 보인 45~54세 인구집단이다. 근로자들의 24.4%가 봉사활동에 참여했으며, 실업자(26.4%)보다는 취업자(32.7%)의 참여율이 더 높다.**

교육수준이 높을수록 직업적 스트레스도 높겠지만, 그들의 봉사활동 참여율은 교육수준이 낮은 사람들보다 높다. **2005년 현재, 전체 인구의 봉사활동 참여율은 29%이며, 이 중 대졸학력 인구의 참여율은 46%에 이른다.** 봉사활동에 가장 많이 참여하는 사람들은 누구일까? 바로 학부모들이다. 18세 미만의 자녀를 가진 부모들의 37%가 봉사활동에 참여한 데 반해, 18세 미만의 자녀가 없는 사람들의 참여율은 26%에 불과했다. 사실, 어린 자녀들을 가진 부모들일수록 자녀들이 다니는 학교나 학원에서 전개하는 봉사 프로그램에 참여해야 한다는 부담을 안고 있다. 물론 이들 중 상당수가 풀타임 취업을 하고 있다. 자녀의 학교행사에 1년에 한 번 정도 얼굴을 내미는 부모들도 있다. 그러나 많은 베이비붐 세대 부모들은 자녀의 학교행사에 열과 성을 다해 참여한다. 이러한 행사에 적극적으로 참여하는 부모들일수록 큰 보람과 만족감을 느끼는 경향이 있다. 인디애나 주립대학이 2003년에 수행한 설문조사에 따르면, 가족단위로 봉사활동에 참여하는 사람들 중에서 '봉사활동 때문에 내 생활이 더욱 피곤하다' 라는 항목에 '그렇다' 또는 '매우 그렇다' 라고 대답한 사람은 24%에 불과했다. '끝내야 할 일이 있을 때에는 반드시 바쁜 사람에게 그 일을 맡겨라' 는 옛말이 틀리지 않다. 자기의 시간을 기꺼이 남에게 나누어주고자 하는 사람들은 바로 가장 바쁜 사람들이다.

부모들 다음으로 봉사활동에 적극적으로 참여하는 사람들은 청소년들이다. 미국의 경우, 십대 청소년들의 봉사활동 참여율은 2005년에 30.4%를 기록했다. 캐나다 청소년들의 봉사활동 참여율은 55%로 어느 연령집단보다 높다. 양국 청소년들의 높은 봉사활동 참여율은 어느 정도 '강제된' 측면도 없지는 않다. 1990년대 이후, 많은 고등학교들이 지역사회 봉사활동을 필수 이수학점으로 제도화했기 때문이다.

베이비부머들이건 청소년들이건, 오늘날 봉사활동은 정치 참여를 대신하는 바람직한 대안으로 여겨지는 추세다. 이미 중년에 접어든 베이비붐 세대는 선거 중심의 정치 참여 방식에 매우 냉담해졌다. 은퇴자협회의 2004년 연구는 "베이비부머들은 그들에게 아주 분명하고 직접적인 영향을 미치는 이슈가 아닌 한 어떠한 정치집회에도 참여하

지 않으려 한다"고 결론지었다. 봉사활동에 관한 한 베이비부머들의 태도는 사뭇 다르다. 청소년들도 마찬가지다. "젊은이들은 본성적으로 이상주의자들이죠." 포인츠 오브 라이트 재단Points of Light Foundation의 대표인 로버트 굿윈Robert Goodwin의 말이다. 워싱턴에 위치한 그의 재단은 자원봉사 활동의 양과 질을 높이기 위해 다양한 사업을 전개하고 있다. "오늘날 많은 사람들이 정치판에 환멸을 느끼고 있습니다.…… 이제 그들은 정치보다는 봉사활동을 통해서 사회를 변화시킬 수 있다고 생각합니다."

점점 까다로워지는 자원봉사자들 :

이리하여, 비영리 사회단체들에게 절호의 기회가 오고 있다. 시간이 많은 사람들이 적극적으로 자원봉사 활동에 참여하고자 할 것이고, 따라서 북미 전역에 걸쳐 사회단체들이 크게 활성화될 것이다. 적어도 이론적으로는, 노동시장을 떠난 베이비부머는 1주일에 40시간을 새로운 무엇인가를 하며 소비해야 하기 때문이다. 외벌이를 하기로 결정한 가족의 경우, 부부 중 한 사람은 자원봉사 활동을 위한 잠재적 노동력이다. 무료급식소 등에서 봉사를 한 경험이 있는 수많은 Y세대 젊은이들 또한 나이가 들면서 사회봉사 활동에 더욱 관심을 갖게 될 것이다. 레저경제는 여가시간이 있는 사람들이 비영리 사회단체 활동에 활발히 앞장서는 새로운 풍토를 이끌어낼 것이다.

베이비붐 세대 – 자원봉사, 할 것인가 말 것인가

지금으로부터 10여 년 후에는 자원봉사 활동이 크게 증가할 가능성이 높은 건 사실이지만, 반드시 그러할 것이라고 단언할 수는 없다. 자원봉사자가 될 잠재력이 가장 높은 베이비붐 세대의 경우 특히 그러하다. 사실 그들은 시간을 어떻게 쓸 것인가와 관련하여 선택의 폭이 매우 넓다. 여행이나 정원 가꾸기를 할 수도 있고, 재취업을 하여 노동시장에 다시 뛰어들 수도 있다. 남은 생을 어떻게 보낼까를 놓고 참으로 다양한 메뉴가 있는 것이다. 사회봉사 활동에 구미가 당긴다면 그 일에 뛰어들 수도 있다. 어쩌면 그들은 봉사활동에 너무도 열심히 몰입한 나머지, '어떠한 금전적 보상 없이도 헌신적으로 일하는 노동력'이라는 새로운 노동시장을 창출하게 될지도 모른다. 그렇게 함으로써 다시 시간에 쫓기는 바쁜 생활을 시작하게 된다 할지라도, 그때의 시간예속은 과거의 그것과는 사뭇 다를 것이다. 금전이 아닌 다른 형태의 보상을 추구하는, 순전히 자발적 선택에 의한 분주한 삶이기 때문이다. 베이비부머들이 과연 어느 방향으로 움직일지는 아직 아무도 확실하게 말할 수 없다.

은퇴한 베이비부머들이 대거 자원봉사 활동에 뛰어들 경우, 자원봉사 부문에 투입되는 인적 시간은 엄청날 것이다. **2006년 한 해 동안 미국에서만 하루 평균 7,918명의 베이비부머들이 60세가 되었다. 그들 중 반이 주당 5시간 정도를 사회봉사 활동에 투여한다고 가정해 보자. 일주일에 총 1만 9,795시간이다. 이것은 494명의 근로자가 주당 40시간을 일하는 시간과 맞먹는다.** 그들이 주당 5시간 이상을 자원봉사 활동에 투여한다고 가정해

보자. 또한 2007년에도, 2008년에도, 계속해서 비슷한 수의 새로운 사람들이 그렇게 한다고 가정해 보자. 그 노동력의 양은 실로 어마어마하다.

베이비부머들이 실제로 자원봉사에 뛰어들지는 확실하지 않다. 미국 인구 중 자원봉사 활동에 보다 적극적인 층이 베이비부머들인 것은 사실이지만, 그들의 1인당 연평균 봉사활동 참여시간은 51시간에 불과하다. 65세 이하 인구 중에서는 가장 많은 시간을 참여하는 집단이긴 하지만, 절대적인 시간으로는 매우 적다.

또한 이들의 자원봉사 활동에 대한 세부적인 통계는 없으나, 대부분의 봉사 시간은 자녀들의 학교행사 참여와 관련이 있을 것으로 보인다. 35~44세 인구(자녀들이 취학 중일 가능성이 높은 연령대)의 자원봉사 참여율이 45~54세 인구(대부분이 베이비부머들)의 그것보다 높다는 점이 이러한 추측을 가능케 한다. X세대와 Y세대의 자원봉사 활동은 초기에는 주로 가족과 관련된 활동에서 시작하여, 나이가 들면서 보다 넓은 영역의 사회적 활동으로 옮겨 가게 될 확률이 높다.

"한 달에 두 번, 오후시간에 아이들의 학교에 가서 자원봉사 활동을 합니다." 4세에서 12세 사이의 아이 세 명을 키우고 있는 44세의 캐런이 말한다. "큰아이가 유치원에 다닐 때부터 줄곧 그렇게 해왔어요. 그 이상은 시간이 없어서 도저히 할 수가 없어요." 5세에서 10세 사이의 아들 세 명을 키우고 있는 40세의 앨리 역시 자녀들과 관련한 자원봉사 활동만을 하고 있다고 말한다. "남편은 아이들 학교 축구부에서 자원봉사 코치를 맡고 있고, 저는 학교의 기부금 모금 일을 돕고 있어요. 적은 일은 아니지만, 1년에 한두 번 정도로 시기가 정해져 있기 때문에 일상적으로 신경 쓸 필요는 없죠. 주일학교 교사도 하고 있어요. 그게 전부예요. 그 이상은 도저히 시간이 없어요."

어떤 종류의 봉사활동을 하건, 베이비부머들이 그러한 활동에 참여하는 것 자체가 매우 의미 있다고 보는 사람들이 있다. 한번 그러한 활동을 시작하게 되면 계속해서 하려는 경향이 있다는 것이다. "사람들은 반드시 어떤 강한 신념 때문에 봉사활동에 참여하는 것이 아닙니다. 일단 시작하고 나서 그러한 활동에 대한 관심이 서서히 깊어지는 거죠. 사회단체들이 어떻게 움직이는지, 기부금 모집은 어떻게 하는지 등을 차츰 배워가게 됩니다. 은퇴하기 전에 이렇게 시작해서 은퇴 후 본격적으로 뛰어드는 경우가 많죠." 로버트 굿윈의 말이다. 그 역시 베이비부머들이 장차 대규모로 자원봉사 활동에 참여하게 되리라고 전망한다. 그들 중 많은 사람들이 은퇴 전에도 그러한 활동을 해본 경험이 있기 때문이다. 그는 이렇게 덧붙인다. "문제는 사회단체들이 이들 베이비부머들을 잘 다루고 활용할 준비를 갖추었는가 하는 점입니다. 제 대답은 '아니다' 예요. 대부분의 비영리 사회단체들은 자원봉사자들을 제대로 관리하지 못하고 있습니다. 베이비부머 자원봉사자들은커녕, 젊은 사람들조차도 말이죠. 아마도 그게 큰 문제가 될 것입니다."

그의 말이 옳다. 베이비부머들로 하여금 자원봉사 활동에 관심을 갖게 하는 것은 큰 문제가 아니다. 그들의 관심을 적절한 활동으로 연결시키는 것이 보다 중요하고 어려운 일이 될 것이다. 이미 문제를

겪고 있는 사회단체들도 나타나고 있다. 베이비부머들이 은퇴하기 시작하면서, 많은 자원봉사 단체들이 벌써부터 그들을 맞아들이고 있다. 그리고 성공하는 경우도, 실패하는 경우도 있다. 오늘날의 고령층(베이비붐 이전 세대) 자원봉사자들은 사회단체들에게 크게 요구하는 것이 없다. '전통적인' 자원봉사자의 전형적인 이미지는 아이들을 모두 키우고 난, 취업 경험이 전혀 없는 중년의 여성이 병원에서 환자들에게 잡지를 나누어주는 모습이다. 그러나 새로이 레저경제에 편입된 나이 든 베이비부머들은 그러한 이미지와는 완전히 다른 자원봉사자 집단이다. 남성이든 여성이든, 은퇴한 베이비부머들 중 많은 사람들은 기업의 관리자 출신이고, 그러한 능력을 자원봉사 활동을 통해서도 발휘하고 싶어한다. 그러나 그들이 실제로 맡는 봉사활동은 대체로 실망스러운 경우가 많다. 자신들이 지닌 장점을 발휘할 기회가 그다지 주어지지 않는 것이다.

55세인 낸시가 그런 사례다. 금융기업의 이사로 일하던 낸시는 51세가 되었을 때 회사의 대대적인 구조조정을 맞게 된다. 자녀 없이 남편과 단둘이 살고 있던 낸시는 별다른 갈등 없이 썩 좋은 퇴직조건을 제안받고 이사직에서 물러났다. 물론 그녀는 평생을 일해왔고, 또 일을 그만두게 되리라는 생각을 해본 적도 없었다. 퇴직조건 중에는 파트타임으로 경영컨설팅 업무를 한다는 내용도 포함되어 있었다. "그런데 말이죠, 저는 그 오랜 기간 동안 풀타임으로 일을 해오지 않았습니까? 한 회사에서 30년 동안이나요. 하지만 저의 업무지식과 경험을 다른 어떤 곳에서도 써먹을 수가 없었어요. 그래서 회사에 요청을 했죠. 경영컨설팅 업무 대신에, 제 능력에 맞을 만한 자원봉사 활동을 주선해 달라고요." 결과는 실망 그 자체였다.

"회사가 저의 관심과 가치관에 맞을 법한 몇몇 단체들을 소개해 줬어요. 제가 사는 지역의 발레단 총감독 같은 사람과도 만났죠. 그러곤 깨달았어요. 규모가 큰 사회단체들일수록 자원봉사자들을 돈줄로만 여긴다는 사실을 말이죠. 1년에 10만 달러 정도를 기부하겠다고 약속하면, 그 사람을 이사회 멤버로 받아들이는 식이에요. 저는 그런 '우아한' 자원봉사를 원한 것은 아니었어요. 그래서 포기했죠. 그러고 나서 다른 자원봉사 활동들에 대해서도 알아봤어요. 암환자를 정기적으로 병원에 데려다주는 봉사활동 같은 것 말이지요. 하지만 그런 단체들은 자원봉사자들에게 아주 장기적이고 틀에 짜인 헌신을 원했어요. '일주일에 하루, 1년 동안 계속할 것' 식으로 말이죠. 전 1년에 몇 달 정도는 집을 떠나 있을 계획이어서 그 일도 할 수가 없었죠. 차라리 한 가지 프로젝트에 두세 달을 풀타임으로 매달려 일하는 식이라면 얼마든지 할 수 있을 거예요. 그렇지만 그런 프로그램을 가진 단체를 찾을 수가 없었어요. 아주 실망이 컸답니다."

결국 낸시는 몇 개의 작은 비영리단체에서 이사회 멤버로 활동하게 되었고, 지금도 상당한 만족과 보람을 느끼며 그 일을 하고 있다. 그러나 직장에서 은퇴한 지 4년째로 접어드는 요즘, 그녀는 자신이 자원봉사 활동을 너무 적게 하고 있다는 생각이 들기도 한다. "좀 더 많은 시간을 활동하고 싶기는 하지만, 다른 취미활동도 하다 보니······." 어떤 취미활동일까? "여행을 꽤 많이 하는 편이에요. 헬스

클럽에도 열심히 다니고 있죠. 이따금 개인 트레이너를 고용해서 운동하기도 하고, 골프도 치고, 자전거도 타고. 요즘은 저를 비롯해서 제 주변 사람들 중에 브리지 게임을 즐기는 사람들도 많아졌어요. 여성클럽에도 나가고, 또 집에서 요리도 직접 하는 일이 많아요. 물론 잠도 예전보다 많이 자고요. 8시간은 자죠. 하루하루가 꽉 차 있어요. 여전히 시간에 예속되어 살고 있는 느낌이 들 정도라니까요. 하지만 예전과는 완전히 다른 방식의 시간예속이죠."

비영리 사회단체들은 중요한 기회를 놓치고 있다. 낸시 같은 귀중한 자원봉사 노동력이 다른 활동으로 빠져나가는 것이다. "베이비부머들이 자원봉사 활동에 몰려들 것이라는 전망은 아마도 말뿐일 거예요." 자원봉사 활동 컨설턴트인 린다 그라프Linda Graff의 말이다. "대부분의 조사 결과를 보면, 현재 55세 인구의 자원봉사 참여율은 떨어지고 있어요. 65세 인구의 참여율도 더욱 급격하게 줄어드는 추세고요. 베이비부머들이라고 해서 달라질 이유는 없겠죠. 그들로 하여금 자원봉사 활동에 매력을 느끼도록 하려면 많은 것이 달라져야 하는데, 그런 조짐은 별로 보이지 않아요. 그들은 단기적인 활동에 좀 더 관심이 있는 반면에, 대부분의 사회단체들은 자원봉사자들이 장기적으로, 혹은 무기한으로 활동해 주기를 바라죠. 단기 활동가를 원하는 경우는 아주 드물어요. 단체들이 일하는 방식을 대폭 바꾸지 않으면 그 아까운 자원들을 계속 놓치게 될 거예요."

실제로 초기 베이비부머들은 비영리 사회단체에서의 봉사활동에 많은 실망감을 표현해 왔다. 그러나 사정은 조금씩 달라지고 있다.

사회단체들의 변화 움직임이 시작되고 있기 때문이다. 미국에서는 하버드 보건대학이 메트라이프Met Life 재단과 팀을 이루어 '노화 개혁reinvent aging' 프로그램을 진행하고 있는데, 그 중 일부는 베이비부머들을 자원봉사 활동에 적극적으로 개입시킨다는 내용이다. "우리가 하는 일은 건강하고 건전한 활동을 촉진시키기 위한 미디어 캠페인을 전개하는 것입니다." 하버드 보건대학 보건 커뮤니케이션 센터 부국장인 수잔 모지스Susan Moses의 말이다. "예를 들면, 우리 대학에서는 언론과 협력해서 지난 1980년대에 '지명 운전자(designated driver, 일행 중 운전자로 결정된 사람은 술을 마시지 않는다는 의미-옮긴이)'라는 개념을 확산시킨 적이 있어요. 특히 할리우드 영화사들이 영화대본에 그 개념을 집어넣어 큰 효과를 봤었죠. 지명 운전자 개념과 마찬가지로, 자원봉사 활동이 건강한 삶과 건강한 노화에 매우 효과적이라는 캠페인을 전개하는 겁니다. 나이가 들고 직장에서 은퇴해도 사회를 위해 기여할 수 있는 방법이 많다는 메시지를 전달하는 거죠. 자원봉사는 베이비부머들은 물론 그들보다 높은 연령대의 사람들에게도 지역사회에 기여할 수 있는 기회를 제공하는 활동이죠. 자신들이 가진 것을 사회에 환원하도록 돕는 것입니다. 이러한 자원활동가들을 적절히 활용하려면 사회단체들 역시 새롭게 거듭나야 합니다. 그들이 관심과 흥미를 느낄 수 있도록 활동방식을 재구성해야 하는 것이죠. 여기에서 미디어의 역할이 대단히 중요합니다. 늙어가지만 여전히 지역사회의 중요한 구성원이라는 긍정적 이미지를 만들어내는 데 말입니다."

미국 자원봉사협회는 2005년 '적극적으로 참여하자Get Involved'라는 캠페인을 시작했다. 베이비부머들이 자원봉사 활동에 좀 더 많이 참여하도록 고무하기 위한 캠페인이었다. 은퇴 이후의 삶의 의미와 목적에 대한 대중적 논의를 진작시키려는 목적도 있었다. 라디오나 텔레비전 방송이 적극적으로 협력한다면 이 캠페인은 큰 효과를 거둘 것이다. 미디어는 사회단체들이 이들 베이비부머들을 중요한 자원으로 끌어들이는 방법을 고안하도록 압력을 가할 수 있기 때문이다. 그러나 자원봉사 활동을 유도하는 가장 결정적인 자극은 바로 동료 베이비부머들이다. **일단 소수의 베이비부머들이 자원봉사 활동에 참여하여 그것을 '은퇴 후 삶의 바람직한 한 가지 방식'으로 알리게 되면 곧 눈덩이 효과를 불러올 것이다.** 물론 모든 베이비부머들이 동참하지는 않을 테고, 또 눈덩이 효과가 현실화되기까지는 시간도 제법 걸릴 것이다. 그러나 자원봉사는 언젠가는 베이비부머들의 중요한 여가활동으로 자리잡게 될 것이 확실하다.

X세대 – 자원봉사, 할 것인가 말 것인가

레저경제의 도래와 함께, 베이비부머의 자원봉사 열풍이 과연 X세대에게도 확대될 수 있을까? 확실한 예측은 어렵다. 초기 X세대는 지금 40대 초반에 접어들고 있는데, 그들 중 대부분은 향후 10년 내지 20년 동안 시간예속의 삶을 살게 될 것이다. 현재 그들의 자원봉사 참여율은 모든 세대 중 가장 높은데, 그 주된 이유는 자녀들이 다니는 학교에서의 자원봉사 활동이 활발하기 때문이다. 앞으로도 한동안은 그러한 추세를 유지하게 될 것이다. 비영리 사회단체가 지금보다 변화하게 되면 X세대의 관심 역시 끌어낼 수 있을 것이다. 자원봉사자로서의 X세대는 자신들이 참여하고 있는 단체의 성격과 목표에 대해 보다 깊이 이해하고 싶어한다. 베이비부머들에게 좀 더 호소력을 갖도록 하는 방향으로 단체들이 방향을 바꾼다면 X세대에게도 큰 호소력을 가질 수 있다. 그러나 X세대가 지역사회 봉사활동을 급격하게 활성화할 것으로는 기대하지 않는 편이 좋다. X세대는 한편으로는 일과 여가의 양립을 추구하지만, 다른 한편으로는 베이비부머들이 떠난 일터에서의 성공 또한 강력하게 원하기 때문이다. 상당수 X세대는 베이비부머들의 은퇴로 인해 오랫동안 애타게 기다리던 승진의 기쁨을 맛보게 될 터이고, 은퇴하기 전에 일터에서 마지막 젊음을 불태우고자 할 것이다.

Y세대 - 자원봉사, 할 것인가 말 것인가

그 어느 세대보다도 흥미로운 것은 Y세대다. 그들은 점차 시간예속 연령대로 접어들고 있긴 하지만, 사회봉사 활동에 대한 열의도 계속 간직할 것이다. Y세대가 자녀를 갖게 되면 아이들과 관련된 봉사활동에도 참여할 것이다. 그들의 부모 역시 줄곧 그렇게 해오지 않았던가. "제가 어릴 때, 부모님 모두 저와 관련된 자원봉사 활동에 열성적으로 참여하셨어요." 21세인 크리스틴의 말이다. "어머니는 공립학교 도서관에서 자원봉사 사서도 하시고, 수학여행 때면 인솔교사 역할도 하셨어요. 방과 후 읽기교실과 산수교실에서 가르치시기도

하셨죠. 아버지는 여학생 야구팀과 축구팀 코치를 하셨고요." 다른 많은 Y세대와 마찬가지로, 크리스틴 역시 장차 자기 아이들의 학교에 자원봉사자로 참여할 생각이다. "아이들 활동에 부모들이 참여하는 건 지극히 당연하다고 생각해요." 8개월 된 사내아이의 엄마인 에이미의 말이다. "지금 남편과 저는 교회에서 주관하는 자그마한 봉사 활동에 참여하고 있죠. 하지만 아들이 좀 더 크면 훨씬 더 많은 활동에 참여할 생각이에요. 아이가 속한 프로그램의 운영진에서 일하고 싶어요. 제 부모님도 그렇게 하셨거든요."

Y세대의 자원봉사 참여는 이 정도에서 그치지 않을 것이다. 그들은 아이들과 관련된 활동은 물론, 그 외의 활동에도 폭넓게 개입하게 될 것이다. 베이비부머들과 X세대는 현재 가장 높은 자원봉사 참여율을 보이고 있긴 하지만, 그들이 20대이던 시절에는 지금의 Y세대보다 그 참여율이 훨씬 낮았다. 로버트 굿윈은 이렇게 말한다. "Y세대가 앞으로도 왕성하게 자원봉사 활동에 참여할 것이냐고요? 글쎄요, 일부는 그렇고, 일부는 그렇지 않겠지요. Y세대 자원봉사자들 역시 다른 세대 자원봉사자들과 같습니다. 봉사활동 참여에서 몇 가지 단계를 거치게 마련이죠. 처음에는 아주 부분적으로만 참여합니다. 그 후 열성적인 참여를 하게 되고, 시간이 더 지나가면 습관처럼 되어버리죠. 자원봉사 활동이 벌써 습관이 되어버린 Y세대도 있습니다."

문제는, 과연 Y세대가 나이가 들어가면서도 계속해서 자원봉사 활동에 시간과 정열을 쏟을 것인가다. 대학생인 크리스틴은 여전히 자원봉사 일을 하고 있다. 일주일에 두세 번씩, 수업이 없는 오후시간을 이용하여 복지관에서 노인들을 돕고 있다. 그녀는 매우 열성적인 자원봉사자다. 그러나 대학을 졸업할 뒤 풀타임 직장을 갖게 되면, 그리고 결혼하여 아이를 갖게 되면 자원봉사 활동을 크게 줄여야 할 것이라고 생각한다. "이런 활동을 계속하고 싶기는 하죠. 그렇지만, 솔직히 말씀 드리면 그렇게 할 수 없을 때가 올 거라고 생각해요."

물론 개인의 생애주기에 따라 봉사활동을 할 수 없는 시기가 올 수도 있다. 중요한 것은 현재 20대 혹은 30대 인구층의 자원봉사 활동이 급격하게 증가하고 있다는 점이다. 오히려 그러한 활동이 크게 떨어지는 것이 자연스러워 보일 연령대임에도 말이다. 이는 Y세대가 이전 세대와는 다른 삶을 꾸려가고자 하기 때문일 수 있다. Y세대 중 일부는 의도적으로 파트타임 노동을 택하기도 하고, 일정 기간 동안 노동시장을 완전히 떠날 생각도 한다. 결혼해서 아이를 가질 시점에는 특히 그러하다. 그들이 계속해서 이러한 삶의 패턴을 밀고 나간다면, 그들이 중년의 나이가 될 즈음에는 베이비부머나 X세대의 중년들과는 비교가 되지 않을 만큼 자원봉사 활동 참여율이 높아질 것이다.

이러한 상황은 장차 무엇을 의미하게 될까? 근로시간이 크게 줄지 않고, 여전히 아이들을 이리저리 실어 날라야 하는 상황에서 자원봉사 참여율까지 높아진다면, 시간예속 상황은 오히려 더욱 악화될 것이다. 레저경제는 전혀 '여가다운' 모양새를 갖지 못할 것이다. 그러나 중요한 것은, 베이비부머들이건 X세대건 혹은 Y세대건, 레저경제에서는 '개인적으로 의미 있는 일'을 하는 것이 매우 중요한 가치로 부상하리라는 점이다. 1990년대의 여피들은 특권적이고 값비싼 여가

를 즐기고 싶지만 그럴 시간이 없다는 것에 대해 푸념을 늘어놓았다. 21세기의 시간예속은 이들의 시간예속과 크게 다를 것이다. **수많은 의미 있는 활동들 중 어떤 활동을 택해서 자신의 소중한 시간을 쓸 것인가? 이것이 중요한 화두가 될 것이다.** 또한 이 화두는 특정 세대가 아닌, 모든 세대에게 던져지게 될 것이다.

다시 찾아온 자선사업의 황금기 :

자원봉사 활동의 다음 단계는 자선사업이다. 이것은 가장 성공한 베이비부머인 빌 게이츠가 선택한 길이기도 하다. 지난 2006년, 그는 마이크로소프트 사의 회장직에서 물러나 자선재단 활동에만 열중하겠노라고 선언했다. 이처럼 극단적인 방식은 아니더라도 많은 베이비부머들이 빌 게이츠와 유사한 길을 따를 것으로 예상된다. 아직 젊은 나이에 직업적으로 성공한, 혹은 운이 좋아 많은 돈을 번 사람들 중에는 자신들이 얻은 것을 사회에 환원하고자 하는 사람들도 상당수 있다. 경제적 자산이 많은 사람들일수록, 특히 부동산을 많이 가진 사람일수록 나이가 들면서 더욱 많은 돈을 벌게 된다. 이들은 레저경제에서 매우 강력한 세력으로 자리잡을 것이다. 많은 돈과 시간을 어디에 쏟을 것인가를 결정할 사람들이기 때문이다.

최근 '자선사업의 새로운 황금기'라는 말이 등장했다. 1895~1915년에 앤드루 카네기Andrew Carnegie와 가족들이 자신들의 엄청난 재산을 자선사업에 쏟아 부었던 시절을 다시금 떠올리게 하는 말이다. 이것은 통계를 통해서도 알 수 있다. 미국 자선사업 통계센터U.S. National Center for Charitable Statistics에 따르면, 1996~2004년에 미국 비영리재단의 수는 36% 증가했다. 공공 자선단체의 수는 69%, 민간재단의 수는 87%가 증가했다. 현재 민간재단의 수는 10만 9,852개인데, 이 수는 앞으로 20여 년 동안 더욱 증가할 것으로 보인다. 보스턴대학의 웰스 & 필랜스로피 센터Center for Wealth and Philanthropy에 따르면, 향후 50년 동안 베이비부머들의 자선사업 기부금이 6조 달러에 이를 것이라고 한다.

"자선사업이 부흥하는 데에는 여러 가지 이유가 있습니다." 캘리포니아에 위치한 기관으로, 민간재단의 설립을 돕는 팔로알토 파운데이션 인큐베이터Foundation Incubator, a Palo Alto의 전 회장 리즈 브렘너Liz Bremner의 말이다. "닷컴 시대에 재산가가 폭증한 것도 그 한 이유라고 할 수 있습니다. 1990년대 말에 젊은 자선사업가가 크게 늘지 않았습니까? 9.11 사태를 비롯해서 각종 재난들이 발생하면서 자원봉사와 자선사업에 대한 관심도 크게 증가했죠. 오프라 윈프리 같은 억만장자 사회활동가들이 많아진 것도 영향이 있을 겁니다. 그들이 좋은 모범을 보이고 있는 거죠. '자, 난 이제 돈 버는 일을 그만두고 내 봉사재단 활동에만 열중할 거야'라고 말하는 것이 사회적으로 널리 수용되는 상황이 된 것입니다."

미국의 베이비부머들은 최대의 기부금 제공자들이다. 어느 기부금 모금 전문단체의 연구에 따르면, **베이비부머들은 1인당 연평균 1,361달러**

를 자선활동에 기부한다고 한다. 베이비부머 윗세대의 1인당 평균 1,138달러보다 200달러가 훨씬 넘는 액수다. 베이비부머가 관심을 보이는 이슈 또한 이전 세대와 조금 다르다. 베이비부머 이전 세대가 가장 중요시했던 이슈들을 순서대로 나열하면 총기소지 권리, 환경, 인권, 세금 축소 등이다. 베이비부머들은 그와 약간 다르다. **환경과 인권이 가장 중요한 이슈이고, 빈민 지원과 시민적 자유가 그 뒤를 잇는다.** 베이비부머들은 자선활동에 적극적으로 관심을 갖고 참여하는 집단이면서, 동시에 가장 까다로운 집단이기도 하다. "거액 기부자들일수록 자신들이 기부한 단체의 활동이 마음에 들지 않는다고 생각되면 가차 없이 지원을 중단해 버리는 경향이 있습니다. 좀 더 일을 잘하는 다른 단체들을 이미 찾았기 때문일 수도 있고, 단체의 이념이나 활동이 썩 내키지 않기 때문일 수도 있죠." 이것은 대단히 흥미로운 지적이다. 레저경제에서 베이비부머들은 자신들이 지원하는 단체들을 보다 철저하고 꼼꼼하게 검토해 볼 시간을 더욱 많이 갖게 될 것이기 때문이다.

베이비부머(그리고 X세대) 여성들 역시 상당한 경제권을 행사할 것이고, 돈을 어떻게 쓸 것인가에 대한 결정권을 가질 것이다. 시간이 더 흐르면 그들의 결정권은 더욱 증대될 것이다. 평균적으로 여성이 남성보다 7년을 더 살지 않는가. 베이비부머 윗세대 중에는 이미 중요한 결정권을 여성이 갖고 있는 경우가 많다. 베이비부머 여성들이 좀 더 나이가 들게 되면 그들은 이전 세대 여성 자선사업가들보다 훨씬 더 많은 결정권과 영향력을 행사하게 될 것이다. 2010년에서 2015년 사이에만도, 미국 베이비부머 여성들은 125억 달러라는 어마어마한 돈을 유산으로 물려받을 것으로 예상된다.

베이비부머 여성 자선사업가들은 레저경제에서 특별한 범주의 '가진 자'에 속할 것이다. 그들은 이전 세대의 여성 자선사업가들보다 더 젊고, 더 학력이 높으며, 더 사회활동 경험이 많고, 아이들이 더 적다. 그들이 가진 돈의 일부는 직장생활이나 사업을 통해 그들 스스로 번 것이다. 그들은 자신의 스타일과 가치관에 부합하는 사회활동에 돈을 기부하려 할 것이다. "여성이 자선사업에 참여하는 방식은 남성이 참여하는 방식과 다르다는 말이 있는데, 저는 그렇게 생각하지 않아요." 『효과적인 자선사업 : 다양성과 성 평등을 통한 조직적 성공 Effective Philanthropy : Organizational Success through Deep Diversity and Gender Equality』의 저자인 메리 엘렌 케이펙 Mary Ellen Capek 의 말이다. "제가 지금까지 보아온 바에 의하면, 남성이든 여성이든 자신이 관심을 갖는 분야, 자신과 관련되어 있다고 생각되는 이슈와 활동에 돈을 기부합니다. 지금까지 여성들은 기부금을 내달라는 요청을 남성보다 덜 받아왔어요. 물론 10여 년 전부터는 좀 달라지고 있지만요."

남성이든 여성이든, 사회단체들이 베이비부머 자선가들을 상대하는 일은 결코 쉽지 않다. "베이비부머들은 사회단체들이 얼마나 책임 있게 활동하는가를 아주 중요하게 생각합니다." 시카고 커뮤니티 트러스트 Chicago Community Trust 에서 기부자 관리를 맡고 있는 클린트 마비 Clint Mabie 의 말이다. "그들은 어떤 특정한 프로젝트를 위해 돈을 기부할 경우, 그 프로젝트가 확실한 성공을 거둘 수 있는지를 가늠하는 구체적인 기준을 확인하고 싶어합니다. 그러한 기준이 마련된 단체

들도 있고, 그렇지 않은 단체들도 있지요." 자선사업가들을 상대로 컨설팅을 제공하는 아키미드 필랜스로피 파트너스Archimede Philanthropy Partners의 국장인 재니스 슈즈Janice Schoos의 말이다. 그녀는 베이비부머들은 자신이 기부한 돈이 구체적으로 어떤 변화를 이루어 냈는가를 알고 싶어한다는 점을 강조한다. "예컨대 그들이 학교에 컴퓨터를 설치해 주는 프로그램에 돈을 기부했다면, 컴퓨터를 설치함으로써 그 학교 학생들의 삶이 어떻게 달라졌는지, 컴퓨터가 그들의 학업성적에 어떤 영향을 미쳤는지 등을 알고자 한다는 것이죠. 많은 지역사회 단체들이 그러한 변화를 구체적으로 제시하는 방법을 모르고 있습니다."

레저경제의 영향을 받게 될 다른 모든 분야와 마찬가지로, 자선사업 역시 향후 10여 년 내에 커다란 변화를 이루어내야 한다. 베이비부머 자선사업가들에게 시간은 조금 더 넉넉하고 저렴할 수 있다. 그러나 그들은 자신들의 돈이 조금이라도 값싸고 만만하게 다루어지는 것을 허용하지 않을 것이다. 클린트 마비는 이렇게 말한다. "현재 개인들이 재량껏 쓸 수 있는 돈이 유례없이 많은 상황입니다. 하지만 그 돈은 열심히 일해 번 것이거나, 열과 성을 다해 투자한 대가입니다. 이들은 다른 사람들을 위해 그 돈을 기부한다는 것 자체만으로 만족할 사람들이 아닙니다."

기부금 납부 적합 단체와 부적합 단체

적합 단체
책임성
구체적인 프로젝트 대상 설정
자원봉사 활동을 병행하도록 유도
여성 관련 이슈들
교육 관련 이슈들

부적합 단체
관료적 조직구조
프로젝트 후속 작업 부실
지나치게 포괄적인 대상 설정

심리적 보상, 혹은 경제적 보상 :

레저경제에서는 지역사회 서비스가 만개한다. 사회적 관점에서 볼 때 그것은 여러 가지 긍정적인 점을 가져오겠지만, 경제와 사업 분야에는 만만찮은 도전을 가져올 수도 있다. 수많은 노동력이 노동시장을 빠져나간다는 것은 경제력 자체가 빠져나가는 것을 의미할 수 있기 때문이다. 인디펜던트 섹터 Independent Sector가 발표한 비영리부문 시간당 노동력 가치가 18.04달러인 것을 고려할 때(인디펜던트 섹터는 전 세계의 자선단체, 재단 등 비영리 사회단체들의 협의체로, 매년 자원봉사 노동력의 시간당 달러가치를 환산하여 발표하고 있다. 그 계산은 비관리직, 비농업부문 근로자의 평균임금에 기초한다.) 미국에서의 자원봉사 시간은 2005년 현재 총 1,476억 달러에 해당한다. 이 액수는 캘리포니아, 뉴욕, 매사추세츠 등 3개 주의 경제

생산량을 모두 합한 것보다 많다. 자원활동 부문으로 투입되는 노동력이 훨씬 증가하리라는 점을 감안할 때, 향후 그 영향력은 한층 더 커질 것이며, 사회 변화에 막대한 역할을 할 것이 분명하다.

이와 관련하여 중요한 의문이 한 가지 떠오른다. 자원봉사 노동이 과연 임금노동을 대체하게 될 것인가 하는 점이다. **오늘날 미국인들은 매년 82억 시간을 자원봉사에 투입한다. 한 명의 근로자가 주당 40시간을 일한다고 할 때, 연간 자원봉사 투입 시간은 2억 500만 건의 주당 일자리와 맞먹는다.** 따라서 혹자는 자원봉사 노동이 이미 임금노동을 대체하고 있다고 주장할지도 모른다. 이러한 주장은 그다지 분명한 근거에 기초한 것은 아니다. 가가호호 방문하며 선거유세를 하는 것부터 노인센터에 점심 도시락을 배달해 주는 일에 이르기까지, 자원봉사 일거리의 상당 부분은 자원봉사자들이 아니면 존재조차 하지 않을 일들이기 때문이다. 하지만 자원봉사 활동 중에는 실제로 임금노동을 대체하는 일거리들도 많다. 베이비부머들이 비영리 사회단체들을 통해 자신들이 평생 갈고닦은 기술을 발휘하게 될 경우, 특히 그 대체 정도가 높아질 것이다. 많은 베이비부머 은퇴자들은 의료, 교육, 금융, 홍보 등의 분야에서 전문직에 종사했던 사람이다. 이들은 사회단체에서 관리직을 비롯한 여러 중요 직위, 즉 지금은 임금노동에 의존하는 여러 중책들을 맡아 무임금 자원봉사자로 일하게 될지도 모른다.

> **사회단체들이 고려해야 할 주요사항들**
>
> - 노동력은 풍부하다. 그러나 그들은 저절로 당신의 단체를 찾아오지 않는다. 당신의 단체는 그들을 적극적으로 '획득'해야 한다.
> - 일부 베이비부머들은 단체 내에서 '영향력 있는 역할'을 맡고 싶어할 것이다. 당신의 단체는 그러한 역할을 만들어낼 수 있는가?
> - 유연해야 한다. 활동시간, 활동시기 등 모든 것에 대해 탄력적 스케줄을 마련해야 한다. 자원봉사자 개개인에 맞는 스케줄을 짜야 한다.
> - Y세대 젊은이들도 자원봉사 활동을 원할 것이다. 그러나 그들은 자신들이 실제로 기여할 수 있는 의미 있는 활동만을 하려고 할 것이다.
> - 경제적으로 넉넉하지 않은 자원봉사자들은 자신들의 봉사활동에 소요되는 최소한도의 경제적 비용 정도는 지불받고 싶어할지도 모른다.

"자원봉사 노동과 임금노동이 어떻게 상호작용을 하는지 궁금한 것은 당연합니다." 익스피어리언스 코어Experience Corps의 회장 존 곰퍼츠John Gomperts의 말이다. 익스피어리언스 코어는 자원봉사자들을 도시빈민 어린이들과 연결시켜 학습지원 서비스를 하는 단체다. "하지만 그게 중요한 이슈가 될 것으로 내다보지는 않습니다. 우리 단체를 예로 들자면, 우리는 서비스를 필요로 하는 곳에 사람들을 연결시켜 주고 있거든요." 많은 사람들이 우려하고 있는 것처럼 북미사회가 노동력 부족 상황으로 치닫게 된다 하더라도, 전문직 임금노동자들

이 줄어드는 것에 대해 염려할 이유는 별로 없을 것이다. 비영리 사회단체들이 필요한 자원을 무료로 제공해 줄 것이기 때문이다. "오히려 자원봉사 노동력이 부족한 상황이 올 확률이 높을 겁니다. 우리는 모든 종류의 인적자원이 필요한데, 노동력 부족 상황이 오면 아무래도 봉사자가 부족해질 테니 말입니다."

더욱 까다로운 문제가 있다. 과연 자원봉사자들이 어떻게 그들의 시간에 대해 보상받아야 하며, 또 실제로 어떻게 보상받게 될 것인가 하는 점이다. 지금까지 우리는 자원봉사란 대가 없이 행하는 일이라고 생각해 왔다. 하지만 레저경제에서는 생각을 좀 달리해야 할 것이다. 베이비부머들은 가진 자와 못 가진 자로 계층이 나뉘게 된다. 가진 자들은 자신들의 밴을 운전하고 다니며 봉사활동 하는 것을 마다하지 않을 것이다. 그러나 자원봉사를 위해 돈까지 지출할 형편이 못 되는 베이비부머들도 많을 것이다. 물론 이러한 상황은 다른 세대 자원봉사자들에게도 발생할 수 있다.

다른 모든 분야에서 그래왔듯이, 베이비부머들은 다른 세대에서는 없었던 또 하나의 관행을 만들어낼 것이다. 자원봉사 활동에 금전적 대가를 지불하는 일이 그것이다. "비영리단체들은 자원봉사자들의 역할에 대해 다시 생각하기 시작했습니다. 그 중 일부분은 바로 '자원봉사자들을 무료 노동력으로 보면 안 된다' 라는 생각이죠." 고령화 사회 내셔널 아카데미 National Academy on an Aging Society의 국장직을 맡고 있는 그렉 오닐 Greg O' Neil의 말이다. "관리직 자원봉사자에게 급여 혹은 수당을 주거나, 의료보험 혜택을 주는 등의 보상체계가 곧 생겨나게 될 겁니다. 임금을 지불받는 자원봉사자라는 개념이 더 이상 형용모순이 아닌 시기가 분명히 온다는 거죠."

아무리 적은 액수라도 급여, 혹은 수당을 준다는 것은 경제적으로 넉넉지 못한 베이비부머들을 자원봉사 영역으로 끌어들이는 결정적인 역할을 할 것이다. "익스피어리언스 코어 회원들 대부분은 우리가 도움을 주고자 하는 바로 그 지역사회 출신들입니다." 존 곰퍼츠의 말이다. "워싱턴에 있는 사람들을 돕자고 버지니아 주 사람들을 데려오지는 않죠. 워싱턴에 있는 사람들을 자원봉사자로 모집하는 겁니다. 따라서 자원봉사자들 자체가 빈곤층인 경우가 많습니다. 하지만 이 사람들이야말로 그 지역사회에 대해 깊이 이해하고 있는 사람들이죠. 우리 단체는 자원봉사 활동에 들어가는 비용에 해당하는 소액의 급여를 지불하고 있습니다. 봉사활동 중에 식사도 해야 하고, 커피도 마셔야 하지 않겠습니까? 활동을 않고 집에 있었다면 들어가지 않았을 돈이죠." 익스피어리언스 코어는 1996년에 설립되었고, 자원봉사자 대부분은 베이비부머 연령대다. 그들은 '급여를 받는 자원봉사자들'이라는 점에서 시대를 앞서 간다고 볼 수 있다. 5장에서 상세히 설명한 것처럼, '못 가진' 베이비부머들은 돈은 없지만 시간은 많은 사람들이다. 그들은 자신의 돈을 들여야 하는 봉사활동은 엄두를 못 낼 것이다. 그렇다면 자원봉사자들의 급여를 누가 지불해야 할 것인가? 이것은 또 다른 논쟁거리다. 정부가 급여의 일부를 지원해 줄 수 있을지도 모른다. 하지만 일반 기업들 역시 커다란 기여를 할 수 있을 것이다. 특정한 자원활동 프로그램에 기업이 재정지원을 해주

274 · THE LEISURE ECONOMY

되, 지원금의 일부를 자원활동가를 위한 급여에 할당하는 방법을 생각해 볼 수 있다.

자원봉사에 대한 급여 지급이 좋은 아이디어인 것은 사실이지만, 문제가 없는 것은 아니다. 저소득층 베이비부머들이 급여를 목적으로 자원활동을 할 경우, '노동 착취'의 문제가 제기될 수 있다. 실제로 유급 자원봉사자를 쓰는 것은 최저임금 이하의 급여를 지불하는 부당근로행위라고 보는 사람들도 있다. 이 문제는 장차 중요한 이슈로 부각될 여지가 높다. 많은 저소득층 베이비부머 노인들이 급여를 목적으로 자원봉사 활동을 하게 될 경우, 그것을 봉사활동으로 간주할 수 있는가 하는 의문도 제기될 수 있다.

자원봉사 활동이 붐을 이룰 경우, 일반 기업의 노동력 공급에 문제가 발생하지는 않을까? 여러 조사들에 따르면, 베이비부머들은 노동시장에 좀 더 오래 남기를 원하지만 그 이유가 오직 돈 때문만은 아니라고 한다. 시간예속 경제에서는 시장노동이 개인의 사회적 지위, 특권, 자기만족감 등의 척도였다. 오늘날의 자원봉사 활동가들은 그 활동을 통해 이와 유사한 심리적 보상을 받는다. "제게 맞는 봉사활동을 찾기까지 시간이 좀 걸렸죠." 초기 베이비부머 중 한 사람인 모린의 말이다. "그러나 지금은 제가 하는 일에 아주 만족합니다. 전 예전에 기자로 일했었는데, 그때 익힌 기술을 사회단체에서 십분 활용하고 있죠." 하지만 모린처럼 자신의 적성에 맞는 자원봉사 활동을 찾은 사람은 그리 많지 않다.

자원봉사가 좀 더 잘 조직되고 그들에게 알맞은 활동들이 좀 더 적극적으로 홍보된다면, 활동에 참여하는 베이비부머들의 수도 크게 증가할 것이다. 그에 따라 자원봉사 활동의 지위도 격상될 것이다. 베이비부머들이 해온 모든 일은 결국에는 '근사한' 일이 되었다. 자원봉사 활동 역시 그렇게 될 것이다. 이는 고용주들에게 분명 불리한 일이다. 좀 더 회사에 붙들어두고 싶은 숙련근로자들이 비영리 부문으로 빠져나가기 때문이다.

유능한 Y세대를 끌어들이고자 하는 기업들이라면 직장생활에 자원봉사 활동 프로그램의 도입을 고려해 보는 것이 바람직할 것이다. "Y세대들은 사회의식이 있는 고용주들을 원할 뿐만 아니라, 사회적 책임을 이행하는 고용주들을 원합니다. 즉, 환경을 생각하고, 직원들의 복지를 생각하고, 사회적으로 의미 있는 상품이나 서비스를 판매하고, 또 지역사회에 뭔가를 되돌려주고자 하는 기업들을 원하는 거죠." 캐럴린 마틴의 말이다. 이미 몇몇 기업들은 이것이 Y세대 직원들을 끌어들이기 위한 효과적인 방법임을 깨닫고 있다. "대졸자들을 모집할 때, 우리는 그들이 자원봉사 활동에 관심이 많다는 것을 염두에 둡니다." 사무용품 전문 판매 체인점인 스테이플스Staples 사의 대학 홍보 담당관인 캐서린 제닝스Catharine Jennings의 말이다. "최근 대학을 졸업한 젊은이들은 기업으로서 우리가 어떤 일을 하는지 궁금해할 뿐만 아니라, 사회기여 차원에서 무슨 일을 하는지에 대해서도 알고 싶어합니다. 그들은 우리 기업이 전개하고 있는 사회활동에 관심을 가지며, 자신들도 참여하고 싶어합니다. 우리는 이에 대해 매우 개방적인 입장을 취하고 있지요."

자원봉사를 통해 자신의 삶에서 약간이나마 레저경제를 구현하고자 하는 사람들, 그리고 레저경제에 좀 더 깊이 발을 담고 무언가 의미 있는 활동을 하고자 하는 사람들 모두에게, 자원봉사는 앞으로 더욱 큰 관심을 받을 것이다. "취업하고 있던 동안에는 자원봉사 활동을 거의 하지 않았어요." 낸시의 말이다. 많은 베이비부머들이 낸시와 마찬가지였을 것이다. "유방암 예방단체나 자선단체 등을 이따금 기웃거린 적은 있었죠. 하지만 약간의 돈을 기부하는 정도에 불과했어요. 활동에 직접적으로 참여하지는 않았지요. 지금은 후회가 돼요. 어쨌든 지금 중요한 건, 이제라도 사회를 위해 뭔가를 해야 한다는 거죠. 정말로 뭔가 기여하고 싶어요. 직장생활을 하면서는 그런 마음이 별로 없었는데 말이죠."

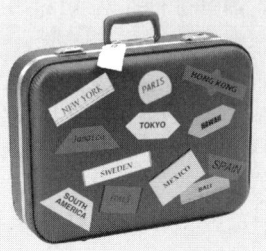

여가시간이란 고용, 학업, 사업, '가사노동' 등과 같은 의무적인 활동을 하며 보내지 않는 시간을 뜻한다. 그러나 여가시간과 비여가시간은 엄격하게 구분할 수 없다. 그 필요성의 여부를 실제로 이 정리는 시간과 여가에 대한 오늘날의 혼란을 잘 포착하고 있다. Wikipedia의 정의에 따르면, 여가leisure라는 단어의 어원은 라틴어의 licere로서, '자유로운 상태' 혹은 '의무해소의 여가부의 현상은 예전 같으면 '자유로움'을 시간의 의무적 활동들을 끼어 넣은 탓이 크다. 이 점은 아이를 키우는 부모들의 경우에 아주 분명하게 드러난다. 부모 모두 직장을 꼼꼼 위탁 관계점을 운영하고 있는 켈리Kelly는 이렇게 말한다. "관입주라 해도 결코 집에 머물러 있는 적이 없어요. 그들에게는 자신들이 직장을 갖지 않은 것을 정당화하고자 하는 ...

··· Part III
레저경제의
키워드

제8장

··· 레저경제의 지리학

> 우리는 도시에 살면서 다양한 문화를 느끼고, 멋진 음악을 듣고 싶어합니다. 교외에 위치한 커다란 집에 덩그러니 앉아 그림이나 그리고 글이나 끼적대고 책장이나 넘기는 생활, 낚시용 파리나 잡고, 골프채나 손보고, 테니스 라켓 줄이나 만지작대고, 열대어 밥이나 주며 하루하루를 흘려 보내는 그런 삶을 원하지 않습니다.
>
> — 로버트 톨(Robert Toll, 부동산 개발업자이자 베이비부머의 한 사람), 《월스트리트 저널》과의 인터뷰에서 그의 기업이 대도시 한복판에 고급 실버타운을 건설하는 이유를 설명하면서 한 말

브루스 파테인Bruce R. Partain은 자신이 일하고 있는 지역의 장점들을 이렇게 나열한다. "우리 지역엔 체임버 오케스트라도 있고, 영화제작자들도 여럿 있습니다. 미술관들도 몇 개 있고, 대학가도 있죠. 5개 언어를 유창하게 말하는 사람들도 있습니다. 우리는 이 지역이 더 나아지도록 하기 위해 열심히 일하고 있죠. 아주 근사한 산책로도 있습니다. 이 산책로를 도로와 연결시키는 공사를 하고 있죠. 공사가 끝나면 좀 더 많은 사람들이 이곳에 살고 싶다는 생각을 할 겁니다." 텍사스 주 동부에 위치한 나코그도체스Nacogdoches 상공회의소 소장인 브루스 파테인은 좀 더 많은 기업체를 이 지역에 끌어들이기 위해 노력을 아끼지 않고 있다. 기업체 유치만이 목표가 아니다. '텍사스

주에서 가장 오래된 마을'이라는 자부심을 갖고 있는 나코그도체스는 시간과 재산이 많은 일반 가정들을 유치하기 위해 여러 가지 치밀한 계획도 세우고 있다. 이는 브루스 파테인의 주요 업무 중 하나이기도 하다.

브루스 파테인은 이것이 결코 쉬운 일이 아님을 안다. 지역 간 경쟁이 만만치 않기 때문이다. 은퇴한 베이비부머들이건 사업자들이건, 새로운 레저경제 참여자들은 자신들이 정착할 지역을 신중히 선택하게 될 것이다. 이미 은퇴한 베이비부머들에게는 주거지 결정에서 일터와의 거리는 더 이상 문제 되지 않는다. 시간제 등 비정기적으로 일하는 사람들 역시, 텔레커뮤팅이 증가함에 따라 주거지가 반드시 직장과 인접해야 할 필요는 줄어들 것이다. 그들 중 많은 사람들은 경제적으로 풍족한 사람들일 것이다. 그들의 돈은 그들이 정착할 지역사회에 흘러 들어갈 것이고, 지역사회의 발전을 이끌 것이다. 따라서 북미 전 지역에 걸쳐 이들을 끌어들이기 위한 경쟁은 심해질 수밖에 없다. 향후 20, 30여 년 동안 이 경쟁은 더욱 치열해질 것이다.

시간예속 경제가 전성기를 이루던 시기에는, 사람들은 몇 가지 분명한 기준에 입각하여 주거지를 선택했다. 무엇보다도 그들은 직장과 가까운 곳에 살고자 했다. 그 경우 대체로 주택의 규모는 작을 수밖에 없었다. 좀 더 큰 주택에서 살고자 할 경우에는 장거리 출퇴근을 감수해야 했다. 레저경제 참여자의 상당수는 퇴직자들이기 때문에 주거지 결정에서 직장과의 거리는 고려 대상이 아니다. 소득의 차이는 많이 있겠지만, 한 가지 공통점은 그들 모두 아주 많은 시간을

282 · THE LEISURE ECONOMY

갖고 있다는 점이다. 젊은 세대 중에도 종전과는 다른 주거지를 택하려 하는 사람들이 있을 수 있다. 재택근무를 하는 사람, 혹은 부부 중 한 사람이 전업주부가 되기로 결정한 가족의 경우, 굳이 값비싸고 북적대는 도심 근처에서 살아야 할 이유가 없다. 이들에게는 주거지 선택의 폭이 무척 넓다. 나코그도체스는 이러한 경쟁에서 승자가 될 가능성도, 패자가 될 가능성도 있다. 나코그도체스는 매일 출퇴근할 필요가 없는 사람들이 평화로운 환경 속에서 각종 취미활동을 하며 시간을 보낼 수 있는 썩 괜찮은 지역이긴 하다. 그러나 모든 레저경제 참여자들이 작은 시골마을에서 살고 싶어하는 것은 아니다. 어떤 사람들은 조용한 시골 동네에서 한적한 삶을 살고자 하겠지만, 어떤 사람들은 북적이는 도시 한복판의 고층아파트에서 살기를 원한다. 또 어떤 사람들은 현 주거지에 계속 머무르되, 시골에 별장을 구입하려 할 수도 있다. 이 중 어떤 선택이 우세하건, 레저경제가 우리의 지도를 바꾸어놓을 것임에는 틀림없다.

시간예속 경제의 노른자위 지역 :

"뭐 그렇게 나쁘진 않아요." 은행에서 부장 직을 맡고 있는 디나가 말한다. 그녀는 얼마 전 토론토 북부 시골지역에 호화주택 한 채를 구입했다. "자동차로 30분 정도 가서 시내로 가는 고속열차를 타요. 운이 좋으면 한 시간도 채 안 걸리는걸요." 운이 나쁘면? "퇴근 후 집에 도착하면 '아! 내가 이렇게 근사한 집에 살고 있구나' 하는 생각이 들죠. 그걸로 다 보상이 돼요." 그녀가 웃으며 말했다. 디나는 '준 교외지역(exurb, 교외보다 도심에서 더 떨어진 주택지역을 일컬음-옮긴이)'에 거주하며 대도시로 출퇴근한다. 과거 준 교외지역 주민들은 대부분 집 근처에서 농사를 짓는 농부들이었다. 그러나 1990년대 말 이후 준 교외지역은 노다지 같은 성장을 해왔다. 최근까지만 해도 농토였던 땅들이 크고 작은 주택들로 가득 채워지고 있다. 사람들은 직장으로 출퇴근하느라 상당한 시간을 차 안에서 보내야 한다. 그러나 도시에서는 꿈도 못 꿀 근사한 집에 사는 만족감은 이루 말할 수 없다. 이것이 바로 시간예속을 야기하는 핵심요소다.

시간예속의 상당 부분은 주거지 선택에서 비롯되었다. 1990년대의 극심한 장시간 노동과 엄청난 육아부담을 생각할 때, 사람들이 주로 직장과 가까운 지역에 주거지를 선택했을 것이라고 생각하기 쉽다. 그러나 현실은 그 반대였다. 미국과 캐나다 모두, 근로자들은 직장에서 훨씬 먼 곳에 집을 구했고, 장거리 출퇴근을 감수했다. 2000년 미국 근로자들의 평균 출근 소요시간은 23.3분이었다. 그러나 장거리 출퇴근 근로자 여섯 명 중 한 명은 출근하는 데 45분 이상을 소요했다. 그로부터 10년 전인 1990년에는 여덟 명 중 한 명만이 출근하는 데 45분 이상이 걸렸다. 초 장거리 출퇴근 근로자들의 경우 출근시간만 90분이 훨씬 넘는 경우도 적지 않다. 또한 이들 초 장거리 출퇴근 근로자들의 수는 다른 근로자들에 비해 그 수가 가장 급격히 증가하고 있다. 2005년 현재 캐나다 근로자들의 출퇴근 시간은 하루 평균 왕복 63분이다. 1998년에는 59분, 1992년에는 54분이었다.

직장에서 가까운 곳에 사는 것은 분명 편리한 일이다. 하지만 웬만한 근로자들은 근거리 지역의 집값을 감당할 수 없다. 1990년대의 주택시장 붐은 미국 주택의 중위가격을 2000년 16만 9,000달러에서 2005년 24만 1,000달러로 높여놓았다. 5년 동안 43%가 오른 것이다. 도심에서 가까운 시 외곽지역 역시 보통의 근로자들에게는 사치일 뿐이다. 주택가격이 오른 것은 토지값 상승 때문만은 아니었다. 지난 수십 년 동안 '평균적' 주택의 기준이 놀라울 정도로 상승한 탓도 크다. 1975~2005년에, 미국 신축주택의 평균크기는 1,645평방피트(약 46평)에서 2,434평방피트(약 68평)로 증가했다. 같은 기간, 신축주택 중 중앙냉방 장치를 설치한 주택의 비율이 43% 상승했다. 전체 신축주택 중 침실이 두 개 이하인 주택의 비율은 41%에서 4%로 떨어졌다. '좀 더 넓은 집, 좀 더 저렴한 집'이라는 불가능한 등식을 가능하게 만들기 위해서는 뭔가를 희생해야만 했다. 많은 사람들이 시간을 희생했다. 휴가 없는 직장생활, 주당 40시간을 훨씬 넘는 직장생활을 받아들였던 것처럼, 그들은 장거리 출퇴근을 받아들였다.

그리하여 시간예속 경제의 지도가 마침내 그 모습을 완성했다. **2000~05년에 미국 인구는 5% 증가했다. 가장 빠르게 증가한 인구집단은 준교외지역 거주자들이다.** 같은 기간 동안 인구가 가장 많이 증가한 지역은 플로리다 주의 플래글러(Flagler, 데이토나 비치[Daytona Beach]에서 25마일 떨어진 곳으로 11%의 인구 증가를 기록), 네바다 주의 리온(Lyon, 리노[Reno]에서 80마일 떨어진 곳으로 10%의 인구 증가를 기록), 일리노이 주의 켄달(Kendall, 시카고에서 50마일 떨어진 곳으로 9%의 인구 증가를 기록)이다. 이와는 대조적으로, 전통적인 교외지역 중 일부, 특히 보스턴, 뉴욕, 샌프란시스코 등 대도시 주변의 교외지역은 같은 기간 동안 인구 감소를 보였다.

캐나다의 2001년 센서스에 따르면, 1996~2001년에 3개 대도시 주변 지역에서 가장 많이 인구가 증가했다. 남부 온타리오 주의 골든 호슈Golden Horseshoe 외곽, 브리티시 컬럼비아 주와 로어 메인랜드 Lower Mainland 외곽 및 남부 밴쿠버 섬, 그리고 캘거리 에드먼턴Calgary-Edmonton 지역이다. 미국에서처럼, 인구가 가장 많이 증가한 지역은 도심 장거리 출퇴근자들이 많은 곳이다. 예를 들어 골든 호슈 지역에서 인구가 가장 급증한 마을 중 하나인 바리Barrie는 토론토 중심가에서 70마일은 족히 떨어져 있다. 한때 여름축제로 유명했던 경치 좋은 하안 마을인 이곳은 지난 20여 년 동안 도시 출퇴근자들의 주거지로 큰 인기를 모았다.

이들은 교통체증을 조금이라도 피하기 위해 새벽 6시나 5시 30분, 심지어 5시에 집을 나선다. 드라이브인 커피를 사고, 카세트테이프로 된 책을 산다. 그리고 교통사정이 좋은 날에는 저녁 7시면 용감하게 집에 들어선다. 그들은 몇 가지 구체적인 기준에 의해 주거지를 결정했고, 그리하여 시간예속의 경제와 시간예속의 지리학을 만들어냈다. 하지만 다음에는 레저경제가 펼쳐질 순서다. 그와 함께, 북미사회의 지리학도 또 한 차례 변화를 맞이할 것이다.

은퇴한 베이비부머들, 어디서 살 것인가 :

베이비부머들에게는 직장에서 은퇴한 후 어느 곳에서 여생을 보내야 할지 결정해야 할 때가 곧 올 것이다. 과연 그들은 주거지를 옮기고 싶어할까? 은퇴한 베이비부머들은 젊은 세대에 비해 주거지 이전에 관심이 없을지도 모른다. 대체로 부부가 한창 일하는 시절에 가장 이사도 많이 한다. 미국 센서스국의 2003년 연구에 따르면, 66세 이상 인구의 4%만이 그해에 주거지를 옮겼다. 64세 이하 인구의 14%가 같은 해에 주거지를 옮긴 것과 대조적이다. 캐나다 통계 역시 노인들과 젊은 세대 간의 거주지 이동 비율에 큰 차이가 있음을 보여준다. 1995~2001년의 센서스 기간 동안 캐나다 인구의 거의 절반이 주소가 바뀌었다. 그러나 66세 이상 인구의 경우 주소가 바뀐 비율은 18%에 불과하다.

그러나 우리가 익히 아는 바와 같이 베이비부머들은 그 이전 세대와는 사뭇 다르다. 그들의 레저경제 경험은 그들 부모 세대의 그것과 크게 다를 것이며, 그들은 자신들의 노후 주거지를 아주 신중하게 선택할 것이다. 그들은 지금까지 살아왔던 지역에서 벗어나 새로운 곳으로 이주할지도 모른다. 베이비부머들의 거주지 이동률이 이전 세대에 비해 크게 높아지지 않을 것이라는 예측도 있다. 그렇다고 해도 그 효과는 다를 것이다. "베이비부머들의 수가 워낙 많지 않습니까? 이사 가는 사람도 훨씬 많겠죠." 노스캐롤라이나 웨이크 포리스트 대학Wake Forest University 사회학과 척 롱지노Chuck Longino 교수의 말이다. "하지만 그들의 거주지 이동률 자체는 예전과 크게 다르지 않을 겁니다." 롱지노 교수의 연구 결과에 따르면, 가장의 나이가 60세 이상인 가구의 거주지 이동률은 지난 수십 년 동안 줄곧 4.5% 내외에 머물러왔다. "1980년대에는 거주지 이동률이 상승했죠. 아마도 베트남전 참전군인들의 귀향과 관련이 있을 겁니다. 군인들은 이동성이 훨씬 높은 편이니까요. 1990년대에는 이동률 상승이 없었습니다."

롱지노 교수는 베이비부머들이 이전 세대에 비해 규모도 크고, 학력도 높고, 또 이동성도 높다는 것을 인정한다. 그러나 그의 연구는 가족이나 친지, 친구들과의 지리적 근접성이 거주지 이전을 결정하는 데 매우 중요한 요소로 작용한다는 것을 보여주었다. 과거의 친밀한 인적 관계망이 존재하는 곳으로 이주하는, 일종의 '뿌리로의 회귀 moving back to your roots' 현상도 나타난다. 롱지노 교수는 "친지들과의 지리적 근접성은 거주지 이전을 결정하는 데 있어서 교육이나 과거의 이주 경험보다 더 중요한 변수로 작용한다"고 주장한다. 이러한 관점에서 보면, 베이비부머들의 거주지 이주 정도는 그들이 현재의 거주지역에 좀 더 많은 인적관계를 형성하고 있는가, 아니면 다른 지역에 좀 더 많은 인적관계를 형성하고 있는가에 따라 결정될 것이다.

듀크대 사회학과의 안젤라 오랜드 Angela O' Rand 교수는 베이비부머들이 '뿌리로의 회귀' 경향을 보이지 않을 것으로 예상한다. "베이비부머들은 손자 손녀들과 가까이에서 지내기를 원할 겁니다. 그들은 여러 명의 손자 손녀들을 갖고 있지 않거든요." 뿐만 아니라 베이비부머들은 소위 '헬리콥터 부모들'이었다. 늘 가까이에서 자녀들을 돌보고 관리했듯이, 베이비부머들은 기회만 닿는다면 손자 손녀들도

가까이에서 돌보고 관리하고 싶어할 것이다.

베이비부머들이 대규모로 거주지 이전을 하게 될 것이라고 예측하는 사람들도 있다. 토머스 워런 리서치의 진 워런Gene Warren 회장의 의견은 이렇다. "베이비부머들은 '침묵의 세대'보다 훨씬 더 많이 거주지를 옮기게 될 겁니다. '침묵의 세대' 중 50%는 그들이 태어난 집에서 50마일 이내의 지역에 여전히 살고 있습니다. 오직 10%만 은퇴 후 이사를 갔죠. 베이비부머들의 경우 그 비율은 20%에 육박합니다. 그것은 엄청난 비율입니다. '침묵의 세대'는 350만~400만 명이 은퇴 후 거주지를 옮겼습니다. 베이비부머들은 1,500만~1,600만 명에 이를 겁니다."

베이비부머들의 거주지 이전에 관해 논의할 때 반드시 염두에 두어야 할 사항이 있다. 그들의 거주지 이전은 막대한 자산의 이전을 의미한다는 사실이다. 대체로 베이비부머들은 저축 면에서는 형편없는 사람들이었다. 대신 그들은 거의 모든 자산을 주택에 쏟아 부었다. 미국 부동산협회에 따르면, 베이비부머 10명 중 8명이 주택을 소유하고 있으며, 중간소득 주택소유자들의 경우 순자산의 반이 주택자산이다.

거주지 이전 여부를 놓고 가장 고심하게 될 집단은 '가진 자'와 '못 가진 자' 중간에 속한 집단이다. 충분한 재산이 없는 상황에서 은퇴를 할 경우, 가장 그럴듯한 해결책은 교외나 준 교외지역에 있는 현재의 주택을 팔고 집값이 훨씬 저렴한 곳으로 이주하는 것이다. 베이비부머들이 현재의 주거지에 그대로 눌러앉을 비율이 상대적으로 낮을 것으로 내다보는 이유는 바로 그 때문이다. 베이비붐 이전 세대들은 저축을 많이 했으며, 은퇴 이후의 긴축생활에 대해서도 충분히 마음의 준비를 했다. 하지만 **직장생활 중에 꽤 높은 생활수준을 구가했던 베이비부머들에게는 은퇴 후 생활수준이 하락하는 것은 결코 매력적인 일이 아니다. 이들에게는 집을 팔아치우는 것이야말로 가장 현실적인 선택이 될 것이다.**

1,500만 명, 혹은 1,600만 명이나 되는 사람이 현재의 집을 팔고 다른 곳으로 이사한다고 가정해 보라. 그 경제적 영향은 엄청날 것이다. 그들은 은퇴 후 여생을 보낼 장소를 물색할 것이고, 그들의 결정에 따라 어떤 곳은 레저경제가 번성하게 되고, 또 어떤 곳은 그렇지 못하게 될 것이다. 사업을 하는 사람들이 레저경제에 기민하게 대응해야 할 이유가 바로 여기에 있다. 스키 판매업이건 금융 서비스업이건, 베이비부머들이 많이 몰려들 지역이 어디일지를 신중히 따져보아야 한다. 동시에, 그들이 대거 빠져나가게 될 지역이 어디일지도 예상할 수 있어야 한다.

북미의 많은 도시와 마을들은 이렇듯 거주지를 옮기는 사람들을 자기 지역으로 끌어들이기 위해 적극적으로 준비하고 있다. 돈 쓰는 것을 아까워하지 않는 부유한 가구들을 끌어들이는 것이 가장 이상적이겠지만, 사실 어떤 레저경제 계층이라도 그들이 이주하게 되는 지역은 커다란 이익을 볼 수 있다. '우편함 경제'의 일원(은퇴하여 직업은 없지만 꼬박꼬박 집으로 배달되는 연금수표를 받기 위해 자기 집 우편함을 확인하는 사람들)이라면 그 누구라도 지역경제에 중요한 기여를 하는 것이다. 재산이 많든 적든, 일단 한 지역으로 이주한 사람들은 그 지역에서 각종 물자와 서비스를 구매할 뿐 아니라, 그 지역정부에 재산세도

낼 것이기 때문이다.

　노인들을 끌어들이는 지역은 순이익을 거두게 마련이라는 것은 오래 전부터 알려진 사실이다. 2003년의 한 연구에 따르면, 은퇴한 노인들이 가장 많이 몰리는 플로리다 주의 경우, 노인들이 주 정부와 각 지역정부에 기여하는 순이익이 연간 28억 달러에 이른다고 한다. 또 다른 연구에 따르면, **2000년 현재 노스캐롤라이나 주에서 이루어지는 소비의 42%가 노인들에 의해 이루어진다고 한다. 전체 주 인구에서 노인들이 차지하는 비율(21%)의 두 배에 해당하는 몫이다.** 그 이유를 짐작하기란 그리 어렵지 않다. 새로운 사람들이 이사를 오게 되면 일자리가 창출된다. 식품점이든 음식점이든, 고객이 늘어나면 그들에게 서비스를 제공해야 할 직원들이 더 많이 필요하기 때문이다. 새로운 일자리 중 많은 부분은 서비스 업종에서 생겨나겠지만, 그렇다고 해서 그 일자리들이 모두 '맥 잡McJobs'은 아니다. 의료직 종사자들도 더 필요하고, 각종 여가산업에서도 더 많은 일꾼들이 필요하게 된다. 극장 매표소 직원들도 더 필요하겠지만, 연극배우들과 오케스트라 연주자들도 더 필요하다. 정확히 계산하기는 어렵지만, 한 명의 은퇴 노인이 이사 올 경우 1.5개 내지 2.5개의 새로운 일자리가 만들어지는 것으로 추산된다. 이들 새 이주자들은 지역경제에 새로운 에너지를 제공한다. 대체로 그들은 취업을 하지 않을 것이기 때문에, 그 지역의 사업체들이 폐업을 하는 경우라 하더라도 그들의 소비패턴에는 큰 영향을 미치지 않을 것이다.

과연 베이비부머들은 어떤 거주지를 선택하게 될까? 모든 이들을 만족시킬 한 가지 유형이 존재하지는 않을 것이다. 그러나 그들이 고려하게 될 몇 가지 핵심요소들은 있다. 가장 바람직한 지역은 베이비부머들이 시간을 가장 잘 보낼 수 있는 지역일 것이다. 낚시하기에 좋은 지역, 예술작품을 비롯해 여러 가지 볼거리가 많은 지역 등이 그것이다. 돈을 가장 유용하게 쓸 수 있는지도 지역 선택에서 중요한 기준이 될 수 있다.

소도시

베이비부머들이 작은 동네에 끌릴 것이라는 점은 그리 놀랍지 않다. 미국 부동산협회의 한 연구에 따르면, 도시 지역에 살고 있는 베이비부머들의 반 정도는 은퇴 후 좀 더 작은 마을에서 살고 싶다는 의사를 피력했다. 반드시 시골일 필요는 없다. **그들이 중요하게 꼽은 항목들에는 저렴한 생활비, 양질의 의료기관, 따뜻한 날씨, 강이나 바다 근처 등이 포함된다.** "많은 사람들이 소규모 마을로 옮겨 갈 겁니다." 토머스 워런 리서치의 진 워런 회장의 말이다. "그들은 아담하고 정겨운 지역을 선호합니다." 그러나 마을이 작은지 큰지는 주관적인 개념이다. "예컨대 시카고 출신이라면 사우스캐롤라이나 주의 컬럼비아(인구 13만 명)도 작은 마을로 느껴지는 법이지요." 유난히 까다로운 사람들도 있다. 부유하고 학력 높은 황금 여가계층들이 특히 그러하다. 롱지노 교수는 이렇게 말한다. "《뉴욕 타임스》가 배달되는 곳이 아니면 이사 갈 수 없다고 고집하는 사람들도 있습니다. 그런 사람들에게는 선택

의 폭이 그리 넓지 않죠."

베이비붐 이전 세대는 시골로 돌아가 사는 것이 생각만큼 매력적이지 않다는 것을 이미 깨달았다. 히피 시절에 공동체 생활을 경험한 바 있는 일부 초기 베이비부머들은 시골생활은 아예 염두에도 두지 않는다. 시골생활에 대해 생각조차 해보지 않은 사람들도 있을 것이다. 그러나 많은 사람들이 시골생활에 대한 일종의 로맨틱한 감상을 갖고 있는 것이 사실이다. 도시에서 살다가 은퇴 후 평생을 꿈꾸던 시골에 내려가지만 결국 적응하지 못하고 떠난 사례들은 무수히 많다. 도시처럼 각종 편리한 서비스가 구비된 것도 아니고, 맛난 카페라테를 파는 커피하우스도 찾기 힘들다. 대도시 생활의 안락함에 젖어 살던 사람들에게는 '오지' 생활이 매력적일 리 없다. 아무리 물가가 싸더라도 말이다. '자기희생'이라는 것을 잘 모르고 살아온 베이비부머들이 작은 마을의 여러 가지 불편함 속에서도 행복을 느끼게 하려면 어떻게 해야 할지 생각해 보아야 한다. 현명한 마을이라면 이들 베이비부머들이 과거 그들이 살던 지역보다 더욱 안락하고 편안하게 살아갈 수 있도록 필요한 조치를 취해야 할 것이다.

다른 모든 분야에서와 마찬가지로, 베이비부머들은 거주지를 옮기는 데서도 이전 세대와는 다르다. 북미 전역의 마을들은 베이비부머들이 가지고 올 경제력이 얼마나 막대한지에 대해 잘 알고 있다. 나코그도체스처럼, 베이비부머들을 맞이할 만반의 준비를 갖추고자 노력하는 마을들도 많다. 어떤 주들은 좀 더 공식적으로 준비에 착수한다. 예컨대 미시시피 주는 '공인 은퇴자 도시 Certified Retirements Cities'

제도를 시행하고 있다. 베이비부머 이주자들을 맞이할 준비가 되어 있는 각 시나 마을은 주 정부에 '공인 은퇴자 도시'로 인정해 달라는 신청을 할 수 있다. 신청한 도시나 마을에 대해서는 은퇴자 유치 프로그램을 관장하는 주 정부기관인 '홈타운 미시시피 리타이어먼트 Hometown Mississippi Retirement'가 철저한 조사와 검토를 한다. 평가기준에는 소요 생활비, 세금, 범죄율, 의료 서비스, 위락시설, 교육 및 문화 설비 등이 포함되는데, 주 정부가 가장 중요한 요건으로 간주하는 것은 '인정 넘치는 분위기'다. 지금까지 21개 지역이 공인 은퇴자 도시로 인정받았다. 루이지애나와 텍사스를 비롯한 몇몇 다른 주들도 이와 유사한 프로그램을 시행하고 있다.

많은 지역들의 경우, 베이비부머들이 이주해 오기를 원해서 이러한 노력을 하는 것은 아니다. 원하건 원치 않건, 그들이 이주해 올 것은 자명하기 때문이다. 예를 들어 와이오밍 주는 2020년이 되면 미국에서 65세 인구 비율이 가장 높은 주가 될 것으로 전망된다. 삶의 터전을 바꾸는 것은 이주자들에게 결코 쉽지 않은 과정이다. 이주자들을 받아들이는 지역의 입장에서도 마찬가지다. 와이오밍 주는 지난 2002년 '와이오밍 주 베이비부머 및 사업체를 위한 제도 개선' 계획에 착수하여 여러 차례 워크숍과 보고서를 마련했다. 베이비부머들의 유입이 당사자들은 물론 기존 주민들에게도 이익이 되도록 하기 위한 제도 개선 작업의 일환이다.

> **베이비부머들이 원하는 것 : 시골마을은 아니지만 마치 시골마을에 있는 듯한 느낌**
>
> - 저렴한 주택가격
> - 대형 편의시설들과의 인접성
> - 양질의 의료기관
> - 다양한 위락시설 및 문화공간
> - 낮은 범죄율

대학가

　대학가는 여가계층을 끌어들일 주거지로서의 잠재력이 매우 크다. 일반적으로 대학가는 활기차고, 사교적이며 지적인 분위기가 지배한다. 사교적이고 지적인 분위기가 넘치는 지역은 베이비부머 은퇴자들의 호감을 끌기에 충분하다. 뿐만 아니라, 대학가는 젊은이들이 많이 모여 사는 곳이기 때문에 임대주택 시장이 넓고 대중교통도 비교적 잘 발달해 있다. 베이비부머들은 또한 평생교육에 관심이 많다. 평생교육을 위해 대학가만큼 안성맞춤인 곳은 없다.

　대학가의 이점을 한층 더 만끽하고자 하는 베이비부머들이라면 아예 캠퍼스 내에, 혹은 캠퍼스에서 아주 가까운 곳에 주거지를 마련하는 것도 가능하다. 주거지로서 대학가의 인기가 올라감에 따라, 부동산 개발업자들은 대학가 주변의 주택건설에 박차를 가하고 있다. 캠퍼스 컨티뉴엄

Campus Continuum이라는 한 부동산 개발업체는 55세 이상의 중·고령자들을 대상으로 대학가 주택만을 짓는다. 이 사업은 해당 대학들과의 긴밀한 협조 하에 이루어지고 있다. "우리는 집을 짓는 것이 아니라 특정한 라이프스타일을 짓는다고 할 수 있습니다." 캠퍼스 컨티누엄의 관리국장인 제라드 배들러Gerard Badler의 말이다. "우리는 각 대학에 토지를 임대해 달라고 요청을 합니다. 또한 주민들이 참여할 수 있는 대학 내 프로그램과 각종 서비스도 마련해 달라고 요청하죠. 예를 들면 도서관이나 헬스시설 같은 것이죠. 주민의 30~50% 정도는 그 대학 졸업생이나 퇴직 교직원, 퇴직 교수 등이 될 것으로 예상하고 있습니다. 그 외에는 그러한 라이프스타일을 찾아 이사 오는 사람들이겠죠."

매사추세츠 주립대학의 다트머스Dartmouth 캠퍼스 역시 이와 유사한 프로젝트의 추진을 고려하는 중이다. 이 대학의 지역사회 협력 담당 책임자인 메리 엘렌 드프라이어스Mary Ellen DeFrias는 이렇게 말한다. "상당히 많은 중·고령자들이 평생학습에 높은 관심을 보이고 있습니다. 우리 대학 평생학습 프로그램에도 이미 많은 중·고령 주민들이 참여하고 있지요. 연령대가 50대부터 90대에 이르고 있습니다. 평생 일을 하며 살아온 사람들이지만 이제는 교실에 앉아보고 싶어 하는 거죠. 지금 우리가 관심을 갖는 문제는, 이 사람들이 교육 이수기간 동안 아예 캠퍼스 안에서 거주하고 싶어할지도 모른다는 것입니다. 그렇다면 그들에게 우리 대학의 모든 시설들을 이용하도록 배려할 생각입니다. 식당이라든가 체육시설, 극장, 공연장 등, 이 모든

시설들을 말이죠." 펜실베이니아 주의 헌팅던Huntingdon에 소재한 후니아타대학Juniata College 학장인 토머스 케플Thomas Kepple도 이에 전적으로 동의한다. "대학은 좋은 강의나 강연을 들을 수 있는 최적의 장소입니다. 우리 대학은 주 4일에 걸쳐 각종 야간강좌를 개설하고 있습니다. 애리조나 주나 캘리포니아 주로 이사 갈 생각이 없는 노인들이라면 이런 지역에 큰 관심을 갖게 될 겁니다."

별장지역

일부 레저경제 계층은 대학 강의실로 향하겠지만, 자신의 별장에서 평화롭게 노후를 보내고 싶어하는 사람들도 있을 것이다. 미국 부동산협회의 조사에 따르면, 베이비부머들의 약 7%가 별장을 소유하고 있고, 그 중 40%는 은퇴 후 별장을 상시 주거지로 삼을 계획이다. 이렇게 되면 별장 건설로 붐을 이루었던 지역은 곧 노인들의 주거지로 붐을 이루게 될 것이다. 『베이비붐, 베이비 기근, 그리고 에코 붐』의 저자인 토론토대학 경제학과 데이비드 풋 교수는 이렇게 말한다. "부유층 베이비부머들은 자신들의 별장에서 노년의 삶을 보내고 싶어할 것입니다. 영구적으로는 아니어도, 최소한 몇 년이라도 말이죠. 그들은 자신들이 살던 교외주택을 팔고, 그들이 원하는 장소에 근사한 콘도를 살 겁니다. 여름휴가 때면 손자 손녀들이 그 집을 별장 삼아 놀러 오겠죠."

대도시

레저경제의 도래와 함께 북미의 여러 대도시들 역시 부의 유입을 경험할 것이다. 은퇴한 베이비부머들 중 많은 이들이 대도시에서 살기로 결정할 것이기 때문이다. 이것은 1950년대부터 70년대까지 계속되던 현상과 정반대다. 당시에 대도시 인구는 급격히 감소되고, 그 대신 교외, 특히 준 교외지역의 인구가 크게 늘었다. **대도시에서는 주거지 근처에서 각종 문화생활과 스포츠를 누릴 수 있다. 부자든 가난한 자든 편리한 대중교통의 혜택을 누릴 수도 있다. 자원봉사 활동에 참여할 수 있는 각종 사회단체들도 넘쳐난다. 대도시에 거주하면 파트타임으로 일할 기회도 비교적 쉽게 찾을 수 있다. 물론 풀타임 일자리도 있을 것이다.**

대도시의 단점도 없지 않다. 우선, 교외나 준 교외지역보다 물가가 비싸다. 사실 지난 수십 년간 많은 사람들이 대도시를 떠나 외곽으로 이주한 큰 이유 중 하나는 대도시에서의 높은 생활비 때문이었다. 따라서 도시에서 거주할 수 있는 여가계층은 주로 부유한 층일 것이다. 주로 고급주택을 건설하는 회사인 톨 브러더스Toll Brothers 역시 같은 생각이다. 지난 1960년대부터 줄곧 고급 교외주택을 지어온 것으로 유명한 톨 브러더스는 지금 뉴욕의 맨해튼, 퀸스, 브루클린, 그리고 뉴저지의 호보큰Hoboken 등과 같은 대도시 중심가에 주택을 짓는 데 열중하고 있다.《월스트리트 저널》과의 인터뷰에서 창업자인 로버트 톨Robert Toll은 베이비부머 은퇴자들은 이전 세대 은퇴자들과는 다른 종류의 '리조트'를 원한다는 것을 강조했다. "우리는 그들의 기호를 따르는 것뿐입니다. 우리는 창업할 때부터 베이비부머들의 수요에

초점을 두었습니다. 처음에는 교외지역의 고급주택 건설에 치중했죠. 그 다음은 골프장이 있는 리조트 형태의 주택가 건설이었습니다. 도시는 일종의 복합적인 리조트 마을이라 할 수 있습니다. 뉴욕, 시카고, 마이애미 같은 대도시들을 리조트 관점에서 보는 것이죠." 하지만 교외지역에 거주하는 베이비부머들 중 과연 몇 명이나 대도시로 이주하게 될지는 확실히 알 수 없다. 오직 추측만 할 수 있을 뿐이다. "10~15%를 넘지 않을 것으로 생각합니다. 교외지역의 삶은 아직도 많은 사람들에게 매력적이거든요."

버지니아 주립대학 교수인 윌리엄 루시와 데이비드 필립스에 의하면, 교외지역에서 중소도시로의 이주는 이미 꽤 활성화되고 있는 상황이라고 한다. 미국 대도시 주변의 22개 중형 도시를 연구한 이들은 중형 도시 거주자들의 1인당 소득이 2000년에는 대도시 거주자들의 86%였으나 2004년에는 89%로 상승한 것을 밝혀냈다. 이것은 중형 도시들이 고소득 계층을 끌어들이고 있다는 것을 의미한다. 그러나 1인당 소득이 아닌 가구당 소득을 보면 상황은 역전된다. 즉, 중형 도시로 이주하는 고소득층 가구는 주로 다인 가구가 아닌 1인 가구다. "모든 도시들에서 이와 유사한 현상이 발견됩니다." 윌리엄 루시 교수의 말이다. "버펄로를 비롯하여 휴스턴과 시카고까지도 그렇습니다. 제일 큰 변화는 세인트루이스죠. 이러한 도시들에는 도심 가까이에 많은 콘도미니엄이 있습니다. 그것이 베이비부머들을 끌어들이고 있는 거죠. 베이비부머들은 이제 자녀 없이 지내는 커플들이 대다수입니다. 그들이 큰 흐름을 만들어내고 있는 겁니다."

해외

　레저경제 계층이 북미지역 내에 있는 도시나 시골에서만 살라는 법은 없다. 베이비부머들은 세계여행 경험이 많다. 해외지역 역시 노후의 주거를 위한 중요한 후보지다. 캐나다와 같은 북쪽 지역에서 살다가 1년 중 몇 달 동안은 따뜻한 플로리다에서 지내는 철새를 빗댄 '스노버드snowbirds 현상'은 베이비붐 이전 세대의 특징이었다. 때문에 이들이 옮겨 다니는 지역은 연중 인구변화가 매우 컸다. 한 해 동안 20% 이상의 인구 변화를 보인 지역들도 있었다. 캐나다의 베이비부머들은 앞으로도 한동안 플로리다나 코스타리카로 이주하려 할지도 모른다. 코스타리카는 그들이 젊었을 때 저렴한 가격으로 휴가철 하이킹을 즐겼던 곳이다. 지금도 그곳은 비교적 적은 돈으로 안락하게 살아갈 수 있는 곳이다. 미국 베이비부머들 역시 코스타리카나 파나마, 또는 그 외의 해외지역으로 이주할지도 모른다. 아무래도 고향 같은 느낌은 덜하겠지만, 초기 베이비부머들이 일단 그 길을 열고 정착하게 되면 이후의 베이비부머들은 외국에서도 좀 더 편리한 삶을 누릴 수 있게 될 것이다. 은퇴한 북미 베이비부머들의 달러에 관심있는 사업체들이라면 우선은 그들 가까이에 다가가야 한다. 그곳이 북미 내부건, 혹은 외국이건 간에 말이다.

실패 확률이 높은 지역들

　레저경제에서 어느 지역이 승자가 될 것인가를 따져보는 것은 매우

중요하다. 그러나 그 못지않게 중요한 것은 어느 지역이 패자가 될 것인가를 따져보는 일이다. 토머스 워런 리서치의 진 워런 회장은 기존의 상당수 산업지역들은 세입이 줄어들 것으로 전망한다. "애리조나 주와 매사추세츠 주를 보십시오. 그 두 주는 크기가 비슷합니다. 그런데 매사추세츠 주는 현재 65세 이상 인구비율이 훨씬 높습니다. 매사추세츠 같은 기존의 동북부 산업지역에서 나이 든 사람들이 대거 빠져나간다면 그 지역 세입은 크게 줄어들 수밖에 없지 않겠습니까?"

실패 가능성이 높은 지역은 또 있다. 바로 준 교외지역들이다. 이 지역들은 주택경기 침체가 장기화될 가능성이 특히 높다. 사실 베이비부머 레저경제층을 사로잡을 만한 조건을 갖춘 준 교외지역은 거의 없다. '못 가진 편'에 속하는 베이비부머들은 준 교외지역에 사놓은 괴물 같은 커다란 집을 처분하고 좀 더 작은 집을 사고자 할 것이다. "준 교외지역이 인기를 끌었던 것은 바로 커다란 집들 때문이었습니다." 윌리엄 루시 교수의 말이다. "그 외에는 별다른 유인력이 없지요. 집들이 낡으면 사람들은 다른 집을 찾아 떠날 겁니다."

포스트 베이비붐 세대의 선택 :

주거지 이전 여부를 결정해야 하는 사람들은 비단 퇴직자들만이 아니다. 부동산 자산이 있는 사람이라면 누구나 그것을 팔아서 좀 더 저렴하고 살기 좋은 지역으로 옮겨 가고픈 생각이 들게 마련이다. 이러한 부류에 속하는 사람들 대다수는 베이비부머들이겠지만, 초기 X세대 중 많은 이들도 이 부류에 속한다. 이들은 사회생활 초기에 아마도 비싼 돈을 치르고 주택을 구입했을 것이다. 베이비붐 이전 세대인 부모들의 도움을 받았을 수도 있다. 그리고 몇 번의 주택가격 조정기를 거친 지금, 그 집들은 꽤 높은 가격으로 올라 있을 것이다. 향후 10여 년 동안 그들은 직장생활의 최고조기로 접어들 것이고, 베이비부머들이 은퇴한 공백을 메우며 회사에 붙들려 있게 될 것이다. 하지만 그들 중 많은 수는 조기은퇴를 할 가능성이 높다. 60세는커녕, 55세 이전이라도 직장생활을 접고 여유로운 삶을 살겠노라는 X세대를 만나기는 그다지 어렵지 않다. 이 경우 그들은 이전 세대만큼 경제적으로 여유로운 은퇴 후 삶을 살지는 못할 것이다. 하지만 포스트 베이비붐 세대에게 여가는 아주 중요한 가치다. 소득은 조금 적더라도 시간적으로 여유로운 삶을 살기 위해서라면 아마도 그들은 집을 줄여서라도 그 가치를 실천하고자 할 것이다.

그렇다고 해서 포스트 베이비붐 세대들이 노동시장을 완전히 떠날 것이라고 보기는 어렵다. '넷 세대'라고도 불리는 Y세대는 매일 사무실에 출퇴근하지 않더라도 취업이 가능하다는 것을 그 어느 세대보다 잘 안다. 그들은 신기술에 해박하다. 그들 대부분은 베이비부머나 X세대 상사들의 도움이나 관리 없이도 필요한 업무를 수행해 낼 능력을 갖게 될 것이다. 그들은 또한 정신없이 돌아가는 바쁜 업무 스케줄이나 공식적인 근무시간 개념을 기피한다. 교외, 심지어 준 교외지역에 살며 상사들에게 오로지 눈도장을 찍기 위해 매일 장거리

출퇴근을 감수하는 것은 Y세대에게 영 맞지 않는 고루한 전통이다. 이따금 불가피하게 그렇게 해야 할 때도, 그리고 그렇게 할 때도 있기는 하겠지만, 이것이 일상적인 관행이라면 얘기가 달라진다.

장차 역량 있는 직원을 구하기가 어려워짐에 따라, 기업들은 직원들에게 텔레커뮤팅, 즉 텔레커뮤니케이션을 통한 재택근무를 더 많이 허용하게 될 것이다. 그렇게 되면 준 교외지역에 거주하거나 그보다 훨씬 먼 곳에 거주하면서도 도심에 소재한 기업에 취업이 가능하다. 일부 기업들은 이미 이러한 방향으로 아주 조심스럽게 발을 내딛고 있다. 최근에 《워싱턴 포스트》지는 미국 연방특허청이 실시하고 있는 실험적 프로그램에 대해 소개했다. 연방특허청에 근무하는 변호사들로 하여금 미국 내에서라면 어느 지역으로 주거지를 옮겨도 무방하다는 정책을 실시한 것이다. 업무는 텔레커뮤팅 형태로 수행하도록 했다. 특허청이 소속 변호사들에게 원거리 주거지 이전을 허용한 것은 처음 있는 일이지만, 텔레커뮤팅은 이미 꽤 광범위하게 시행해 왔었다. 위 프로그램이 처음 시행되던 2006년에, 이미 프로젝트 적용 대상 변호사 265명 중 220명이 텔레커뮤팅을 하고 있었다. "텔레커뮤팅은 능력 있는 직원들을 묶어두는 데 아주 훌륭한 수단입니다." 특허청 부국장인 데버러 콘Deborah Cohn의 말이다. "우리가 이번 프로그램을 실시하게 된 이유는, 많은 직원들이 워싱턴 인근 지역을 떠나 좀 더 멀리 이사 가고 싶어했기 때문이에요. 가족이나 자신의 라이프스타일에 좀 더 맞는 지역으로요. 그들을 잃고 싶지 않았죠. 아주 역량 있는 직원들이거든요."

Y세대가 본격적으로 노동시장에 진입했을 때, 그들이 과연 어떤 주거지역과 주거조건을 원하게 될지 아직은 확실하게 알 수 없다. 가장 나이 든 Y세대라 해도 지금 20대 중반이다. 예전 같으면 노동시장에 발을 디딜 나이인 것이다. 그러나 Y세대는 피터팬 세대다. 그들은 결혼이나 취업 등 중요한 인생사에 대한 결정을 계속해서 미루고 있다. 젊은 세대들이 늘 그러했듯, 아직까지 그들은 도시에 거주하는 것을 선호한다. 이것은 도시지역에 아파트들이 빠르게 증가하는 이유이며, 아이 없는 젊은 커플들이 늘어나는 이유이기도 하다. 그들이 결혼과 출산을 미루면 미룰수록, 도시의 성장도 지속될 것이다.

　그러나 Y세대 역시 언젠가는 결혼을 하고 가족을 꾸리게 될 것이다. 그때가 되면 그들은 좀 더 넓은 집으로 이사 가기를 원하게 된다. 예전 세대가 그러했듯, 그들도 교외지역으로 이동하게 될까? 이들이 진정으로 물질적 과시에 덜 집착하는 세대라면, 아마도 일터에서 가까운 도시에 작은 집을 얻어 살려고 할지 모른다. 장거리 출퇴근을 피하기 위해서다. 혹은 텔레커뮤팅이 가능한 업종을 찾거나, 아예 자기 사업을 차리려고 할지도 모른다. 그리하여 도시에서 멀리 떨어진 작은 마을에 살며 시간에 쫓기는 도시의 삶과 작별하는 것이다. 이 두 시나리오 중 어느 것이 현실화된다 해도 Y세대는 시간예속 경제의 지도를 레저경제의 지도로 바꾸어놓을 것이 틀림없다. 물론 Y세대의 '가진 자'와 '못 가진 자' 사이의 차이도 있을 것이다. 학력이 높고 기업들이 함께 일하고 싶어 안달을 하는 Y세대나 X세대라면 어디에서 살 것인지, 또는 노동에 어느 정도의 시간을 쏟을 것인지를

비교적 자유롭게 결정할 수 있을 것이다. 그렇지 않은 Y세대나 X세대는 아마도 이전 세대가 그러했듯 교외지역에 거주하며 장거리 출퇴근을 감수할 수밖에 없을 것이다.

새로운 지역, 새로운 도전 :
레저경제의 '가진 자'들이 비교적 나이 든 세대라는 점을 고려할 때, 그들이 은퇴 후 이주하여 정착하게 될 지역에는 새롭고도 흥미로운 현상들이 발생할 것이다. 그들은 그 지역의 새로운 '권력집단'으로 부상할 것이다. 아무도 그들이 다시 그곳을 떠남으로써 그 지역 세입이 떨어지고 경기가 후퇴하는 것을 원하지 않을 것이다. 그 지역사회는 이 신규 이주자들을 포용하기 위해 최선을 다하려 할 것이다. 아이들이 있는 가정은 좀 더 많은 놀이터를 원할 것이고, 나이 든 베이비부머들은 좀 더 많은 산책로를 원할 것이다. 이 두 집단 중에 베이비부머들이 궁극적인 승자가 될 것이다. 은퇴자들을 끌어들이기 위해 "훌륭한 경치를 따라 수 마일에 걸쳐 산책로가 형성되어 있습니다"라는 문구를 내건 지역 홍보 웹사이트를 발견하기란 어렵지 않다. 반면 "정글짐 시설이 곳곳에 마련되어 있습니다"라고 말하는 웹사이트는 별로 없다. 물론 손자 손녀들이 이따금 조부모 집을 방문하겠지만, 그것은 중요한 변수가 되지 못한다.

"지역사회를 변화시키는 데 있어서 베이비부머들을 일차적으로 고려하고 있습니다. 하지만 그들을 위한 변화는 모두를 위한 변화이기도 합니다." 나코그도체스 상공회의소 소장인 브루스 파테인의 말이다. 진 워런도 이에 전적으로 동의한다. "어쨌든 산책로는 모든 연령대를 위한 것 아닙니까? 저도 산책로를 좋아하죠. 뿐만 아니라, 베이비부머들은 자신들이 새로 이주한 지역에 세금을 내는 것을 그다지 마다하지 않습니다. 세금은 그들에게 큰 문제가 되지 않죠. 예컨대, 펜실베이니아 주에 살던 사람은 워낙 많은 재산세를 내면서 살아왔습니다. 남부로 이사를 오면 오히려 세금을 훨씬 덜 내게 되는 겁니다. 또 그들은 세금을 통해 학교에 많은 지원을 하는 것도 찬성합니다. 자신이 사는 지역 사람들의 교육수준이 높아진다는 건 꺼릴 일이 아니니까요."

새로운 지역에 이주한 베이비부머들이 훨씬 더 나이가 들고 쇠약해지면 무슨 일이 일어날까? 은퇴 후 처음 10~20여 년 동안 그들은 그 지역의 세입을 늘리는 데 큰 공헌을 하게 된다. 부유한 여가계층일수록 더욱 그러하다. 그러나 그들의 고령화가 진행되고 건강이 약화되면 상황은 달라진다. 현재 65세 이상 고령인구가 가장 빠른 비율로 늘고 있는 네바다 주(1990~2004년에 16.8% 증가)는 장기적인 비용 증가에 대해 우려하기 시작했다. 네바다 주 보건국 부국장은 《이코노미스트》지와의 인터뷰에서 이렇게 말했다. "아직은 그들이 주 예산에 큰 부담이 되고 있지 않습니다. 하지만 애리조나 주를 보십시오. 20년 전에는 시절이 아주 좋았는데, 지금은 아주 많은 병원이 필요한 실정입니다."

베이비부머들이 지역사회의 의료보건 비용을 크게 높일 경우, 그 비용을 반드시 해당 지자체가 모두 부담하게 되는 것은 아니다. 캐나

다에서는 의료보건 비용의 일부는 주 정부가 부담한다. 소규모 지자체들이 은퇴자들을 적극적으로 끌어들이는 것을 주 정부가 환영 일색으로 바라보지 않는 것은 바로 이 때문이다. 하지만 미국의 경우 보건의료는 거의 전적으로 연방정부의 책임이다. 따라서 지자체나 주 정부가 잃을 것은 없다. 일정 정도 비용이 들어가게 된다 할지라도, 은퇴자들의 이주는 꽤 오랫동안 지속적으로 환영받을 것이다.

모든 일이 제대로 진행되면, 새로운 레저경제 지도는 지역사회의 중요성을 한층 강화하는 역할을 하게 될 것이다. 베이비부머들은 새로 정착한 지역사회에 보다 적극적으로 참여할 길을 모색할 것이고, 따라서 그들의 자원봉사 참여도도 높아질 것이다. 사회단체와 지역정부가 적절한 계획만 마련한다면, 베이비부머들은 엄청난 노동력, 또는 전문역량으로 지역사회를 위해 헌신할 잠재력을 갖추고 있다. 레저경제의 일원이 되고자 하는 X세대와 Y세대 역시 마찬가지다. 적지 않은 X세대와 Y세대가 공동체적 삶을 경험하기 위해 소규모 지역사회로 이주하고, 자원활동에 참여할 것이다.

그렇다고 해서 교외지역, 혹은 준 교외지역이 소멸할 거라는 얘기는 아니다. 시간예속 경제를 만들었던 많은 요소들은 앞으로도 수십 년 동안 계속해서 그 힘을 발휘하게 될 것이다. 하지만 레저경제를 누리기 위해 새로운 장소에서 새로운 삶을 시작하고자 하는 사람들은 늘어날 것이고, 그러한 기회가 왔을 때 결코 놓치지 않으려 할 것이다.

THE LEISURE ECONOMY

제9장
··· 까다로운 시간소비자들

> 하늘 아래 모든 것은 다 제때가 있고, 범사에 알맞은 때가 있나니……
>
> — 전도서 3장 1~8절

"처음에는 그레이 스케일에서 시작합니다. 그리고 나서 설명서에 쓰인 대로 물감을 입히면 되지요. 아주 쉬워요. 물감과 붓은 세트에 다 포함되어 있습니다." 미국 수공예 취미협회가 주최한 2006년 여름박람회에서 벳시 에드워즈Betsy Edwards가 손님에게 화구세트를 보여주며 말한다. '내 손으로 걸작 그리기'라는 이름의 화구세트였다. 이 화구세트는 번호 순서대로 색칠만 하면 그림이 완성되는 어린이용 그림놀이의 성인용 버전이라 할 수 있다. 설명서대로만 하면 빈센트 반 고흐의 〈밤의 카페〉가 가로 16인치, 세로 20인치의 근사한 작품으로 완성된다. "베이비부머들에게 안성맞춤인 상품이죠." 로열 랭니클Royal and Langnickel 사의 교육국장인 벳시의 말이다.

"그들은 빨리 완성할 수 있는 수공예품을 원하는 경향이 있습니다. 그 점에서 이 상품은 아주 제격이죠. 특별히 많은 노력을 들이지 않고도 작품을 그려낼 수 있으니까요."

박람회에는 이와 유사한 상품을 만드는 기업들 간의 경쟁이 치열하다. 박람회가 열린 시카고의 도널드 스티븐 강당에는 1,000여 개 기업이 상품을 전시하고 있었다. 스크랩북 만들기 세트에서부터 지갑 만들기 세트에 이르기까지 종류도 아주 다양하다. 우리가 상상할 수 있는 모든 종류의 비즈를 파는 부스들도 있고, 각양각색의 펠트 천을 늘어놓고 호객을 하는 부스도 있었다. 한 유명 수공예 재료회사에서 나온 영업사원들은 박람회장 곳곳을 돌며 고객을 끌어 모으고 있었다. 박람회장 분위기는 아주 들떠 있었다.

박람회장의 이 같은 열기는 놀라운 일이 아니다. 미국 수공예산업은 이미 연간 300억 달러 규모의 거대한 시장이 되었고, 계속해서 성장을 거듭할 것으로 예상된다. 취미생활은 시간이 있어야 가능하다. 그리고 지금 도래하고 있는 레저경제는 곧 많은 사람들이 많은 시간을 누릴 수 있게 된다는 것을 의미한다. 월스트리트도 이 점에 주목하기 시작했다. 2006년, 유명 수공예 재료 판매 체인점인 마이클스 스토어Michael's Stores는 두 개의 민간 투자회사와 합병을 했다. 합병가격은 자그마치 60억 달러로 알려졌다. 연간 30억 달러 매출을 올리는 굴지의 스크랩북 재료 제조회사인 이케이 석세스EK Success는 미국 최대의 민간 펀드기업 중 하나인 골더라우너GTCR Golder Rauner LLC 사에 인수되었다. 취미산업은 투자자들에게 큰 수익을 올릴 수 있는 황금

기회를 제공하고 있다. 레저경제가 좀 더 자리 잡으면 사람들은 더 많은 비즈를 꿰고, 더 많은 스크랩북을 만들지 않겠는가?

그것은 완전한 180도 방향전환이 될 것이다. 우리 사회는 턱없이 시간이 부족한 사회에서 시간이 넘치는 사회로 향해 갈 것이다. 지나치게 시간이 많은 사람들도 등장할 것이다. 따라서 많은 사람들이 취미생활로 시간을 보내게 될 것이다. 동시에 취미시장도 경쟁이 격화될 것이다. 골프, 독서, 게임, 여행 등등, 모든 여가산업은 이 같은 인구학적 변화를 매우 긍정적으로 보고 있다. 이러한 산업들은 사람들이 취미생활로 보내는 일분일초를 겨냥하며 치열하게 경쟁할 것이다. 이리하여 사람들의 시간을 얻기 위한 경쟁은 더욱 거세진다. 노동력 부족에 허덕이는 기업들은 베이비부머들을 좀 더 오래 묶어두려 안간힘을 쓸 것이고, 비영리 사회단체들은 젊은이들을 자원봉사에 끌어들이려 애쓸 것이며, 취미산업은 좀 더 많은 사람들이 취미생활에 시간을 쏟기를 바랄 것이다. 그리고 이 경쟁은 시간이 **갈수록 더욱 치열해질 것이다.**

또 한 가지 고려해야 할 점이 있다. 시간과 돈을 맞바꿈으로써 초래될 부작용이다. 레저경제는 소득활동을 하는 사람이 적어지는 것을 의미한다. 이는 사회 전체의 소득 총량이 적어지는 것을 의미한다. 즉, 소비할 돈이 적어지는 것이다. 따라서 레저경제에서는 소비형태도 필연적으로 변화를 겪을 수밖에 없다. 소비자에게도, 사업가에게도, 투자자에게도, 상황은 자못 까다롭다.

시간 - 레저경제의 새로운 상품 :

"우리는 교외에 있는 집을 팔아 시내에 근사한 콘도미니엄을 사려고 해요." 아이빌리지 닷컴 ivillage.com 이라는 웹사이트 토론방에 올라 있는 글이다. 웬디라는 이름의 이 네티즌은 새로운 라이프스타일을 모색하고 있는 중이다. "새로운 인생을 시작하고 싶어요. 팔 수 있는 것은 다 팔 생각이에요. 우리가 가진 오래된 가구들도 팔고 새것으로 바꾸고 싶어요. 모든 것을 업그레이드 해야겠어요. 홈시어터도 마련하고요. 그런데 플라스마 TV랑 DLP는 어떤 차이가 있죠? HDTV가 정확히 뭔가요? 가장 추천할 만한 TV는 어떤 거죠?" 웬디의 이 글은 자녀들을 모두 키워놓고 여유로운 시간을 보내고 있는 행복한 중년들 사이에 활발한 토론을 불러일으켰다. 그들 중 몇 명은 아주 열심히 시장조사를 한 뒤 각종 TV의 특성과 가격을 토론방에 올려놓았다.

모든 레저경제 계층이 웬디와 같다면 북미경제는 매우 왕성한 시기를 맞이할 것이다. 웬디처럼, 사람들은 기존의 집과 세간을 팔고 새 집과 새 홈시어터를 장만하려 할 것이다. 아프리카로 사파리 여행도 떠날 것이다. 젊은이들을 포함한 모든 여가계층이 이러한 번영을 누릴 수 있다면 더할 나위 없이 좋을 것이다. 이러한 꿈같은 시나리오 안에서는, 젊은 부모들은 일주일에 나흘만 일하고도 아이들에게 50달러짜리 오일릴리 Oilily 티셔츠를 사줄 수 있을 것이다.

그러나 얻는 것이 있으면 버려야 하는 것도 있다. 베이비부머들 중에는 부유한 사람들도 꽤 있을 것이다. 그들은 은퇴 후에도 소비수준

을 크게 낮출 필요가 없다. 하지만 경제적 여유가 적은 베이비부머들이 훨씬 더 많을 것은 분명하다. 한 가지 잊지 말아야 할 점이 있다. 많은 사람이 여가를 선호하는 사회의 경제 성장은 많은 사람이 노동을 선호하는 사회의 경제 성장보다 더디다는 사실이다. 노동에 종사하여 부가가치를 창출하고 임금을 받는 사람의 수가 적으면 적을수록, 소비자 지출은 줄어들고 전반적인 경제성장율도 하락한다.

2006년 현재, 미국 인구의 66.4%와 캐나다 인구의 67.2%가 노동시장에 참여하고 있다. 정확한 통계를 예측할 수는 없지만, 베이비부머들의 은퇴 및 다른 레저경제 참여자들의 노동시장 이탈이 노동시장 참여율을 낮추게 될 것은 분명하다. 노동시장 참여율의 저하는 경제 성장과 소비자 지출에 직접적으로 영향을 미친다. 2006년에 이에 대한 예측 조사를 벌인 미국 연방준비은행은 매우 극적인 결론을 도출한 바 있다. 미국의 노동시장 참여율이 앞으로 10년간 3%포인트 하락할 것이며, 경제성장률이 연간 3% 이하로 떨어질 것이라고 전망한 것이다. 지난 10년간 미국의 경제성장률은 연간 3.3%였다. 지난 10여 년 동안 노동시장 참여율 증가의 둔화와 함께 소비자 지출의 둔화가 진행되어온 것을 고려할 때, 경제성장률 저하는 노동시장 참여율과 소비자 지출의 하락에 큰 영향을 미칠 것이 분명하다.(예상되는 노동시장 참여율 저하는 고용증가율의 약화를 의미하는 것으로, 고용량의 절대적 저하를 의미하는 것은 아니다. 향후 10여 년간 미국 인구는 계속 증가할 것으로 예상되며[국내로 유입되는 이민자의 증가도 중요한 한 요인이다.], 아울러 고용량 역시 증가할 것이다. 그러나 그 증가율은 1960년대 이후 지속되어온 높은 증가율에 비해 현저히 낮아질 것이다. 1990년대에는 임금근로자가 월평균 20만 명 증가했다. 향후 10년간 그 수는 10만 명으로 줄어들 전망이다.) 연방준비은행의 보고서는 노동시장 참여율을 예측하는 데 있어서 '레저경제'의 변수는 고려하지 않았다. X세대와 Y세대의 노동시장 참여율이 감소한다면(예를 들어 아이를 갖게 되면 노동시장을 떠나는 Y세대 여성이 많아질 것이므로), 전체 노동시장 참여율은 연방준비은행이 전망하는 3% 포인트보다 더 큰 폭으로 하락할 것이다.

경제 성장도 문제지만, 보다 확대될 빈부 격차도 중요한 문제로 떠오를 것이다. 은퇴한 베이비부머들 간의 소득 격차는 상당히 클 것이고, 노동보다는 여가를 선호하는 젊은 세대 내의 소득 격차 역시 벌어질 것이다. 따라서 여가산업의 미래를 점치기란 여간 복잡한 일이 아니다.

레저경제 참여자들은 노동경제 참여자들과는 매우 다른 경제적 선택기준을 갖게 될 것이다. 그들은 시간이 더 많다. 이는 그들이 상품을 구매할 때 그 상품을 구매함으로써 얼마나 많은 시간이 절약될 것인가는 더 이상 크게 중요한 기준이 못 될 것임을 의미한다. 그들은 돈은 더 적게 갖고 있을지도 모른다. 즉, 그들이 구매하는 상품의 양이 많지 않을 수 있다는 것이다. 따라서 그들은 좀 더 신중하게 상품을 고를 것이다. 물론 돈도 많고 시간도 많은 사람들도 있을 것이다. 그들은 아주 중요한 경제 동력으로, 넓은 선택의 폭과 여유로운 시간을 가지고 철저하게 연구하여 상품을 고를 것이다.

계층을 막론하고 레저경제의 소비형태에서 중요한 한 가지 특징이 있다면, 모든 소비자가 좀 더 많은 시간을 들여 상품을 구매할 것이

라는 점이다. 상점들이 현명하게만 임한다면 모든 여가 경험은 '취미 생활'이 될 수 있다. 예컨대 약국도 마찬가지다. 지금까지 베이비부머들은 약국에 들어와 처방전을 내밀고, 약사가 건네준 약을 받는 즉시 약국 문을 나섰다. 하지만 앞으로는 고객이 약국에 좀 더 오래 머물며 약사와 함께 건강문제를 상담하거나 유기농 영양식품에 대해 의견을 나눌 수 있도록 분위기가 바뀔 것이다. 상점을 겸하고 있는 약국이라면, 새로 나온 수공예 만들기 세트에 대해 고객에게 충분히, 그리고 친절하게 설명을 해줄 수 있을 것이다. 고객은 약국이 초청한 헬스 트레이너나 허브 전문가들과 대화를 나누기 위해 좀 더 오래 약국에 머무르려 하지 않을까? 립글로스를 사기 위해 약국에 들렀는데, 때마침 약국에서 피부관리 세미나가 진행되고 있다면, 그 고객은 의자에 앉아 세미나에 귀 기울이려 하지 않을까? 학력이 높고 지적인 사람들은 그들이 새로 얻은 시간을 아무렇게나 쓰려 하지 않을 것이다. 그들은 유익하고 고상한 일을 하며 시간을 보내고자 할 것이다. 그들에게는 좀 더 넓은 매장과 좀 더 세분화된 상품 진열대가 필요하다. **시간은 레저경제의 새로운 상품이라는 것을 명심해야 한다. 소매업자들과 제조업자들은 이 새로운 상품을 어떻게 손에 넣을 것인지 깊이 궁리해야 한다.**

레저경제에서 소비자들은 상품 그 자체 이상의 무언가를 찾고자 할 것이다. 『체험경제 *Experience Economy*』라는 책에서 저자인 조셉 파인 Joseph Pine II과 제임스 길모어 James H. Gilmore는 체험경제를 이렇게 말한다. "일은 극장이고, 비즈니스는 무대다." 즉, 성공적인 비즈니스는 고객에게 상품 이상의 모종의 경험을 팔아야 한다. 경험이야말로 그들이 팔고자 하는 것이어야 한다. 체험경제의 가장 고전적인 사례로는 월트 디즈니 사를 들 수 있다. 일찍이 월트 디즈니 사는 경험을 제공함으로써 상품에 관심을 갖게 하는 방법을 간파했다. 파인과 길모어는 또한 미국 유명 유통업체인 노드스트롬Nordstrom과 새턴Saturn 자동차 역시 체험경제의 바람직한 사례로 꼽았다. 그들의 책이 출간된 이후, 아이들이 곰인형을 직접 만들고 인형에 심장까지 넣을 수 있도록 하는 '내 곰인형 내가 만들기Build-a-Bear' 세트에서부터 스타벅스 커피숍에 이르기까지, 거의 모든 비즈니스에서 체험경제라는 말이 사용되고 있다. 스타벅스는 커피숍에 앉아 있는 것이 마치 자기 집 거실에서 느긋하게 쉬고 있는 듯 느껴지도록 하고, 그 느낌에 비용을 물리는 데 성공한 사례다. 인구가 고령화되면서 체험경제 역시 가속화될 것이다. 지금까지 사람들은 근사한 식탁과, 그에 어울리는 도자기 식기세트와, 멋진 미니밴을 사들이며 삶의 낙을 찾았다. 앞으로도 그런 것들을 원하는 사람들은 계속 있을 것이다. 하지만 그들이 더욱 원하게 될 것은 보다 새롭고 신선한 체험이다.

지금까지는 새로운 경험을 추구하는 사람들은 주로 고소득층이었다. 아메리칸 익스프레스 사가 플래티넘 신용카드 사용자를 대상으로 한 조사에 따르면, 10만 달러 이상의 소득을 얻는 가구의 59%가 주로 근사한 식당, 여행, 공연, 스포츠경기, 미용실 등에서 만족스런 구매 경험을 한다고 답했다. 21%만이 자동차나 보석, 혹은 고급의류를 구매할 때 가장 만족스런 경험을 한다고 답했다. 이 인구집단은 나이가 들어가면서 계속해서 그러한 서비스를 원할 것이다. 또한 더 많은 시

간을 그러한 서비스를 이용하는 데 사용할 수 있을 것이다. 가령, 과거에는 1년에 한두 번 발레공연을 가던 사람이 1년 치 티켓을 사서 거의 모든 공연을 관람할 수도 있다. 레저경제와 시간예속 경제가 공존하게 될 것으로 내다보는 이유는 바로 여기에 있다. 좀 더 많은 여가생활을 누리고자 하고, 또 그렇게 할 수 있게 됨으로써 많은 시간이 소요되기 때문이다. 지금 벌어지고 있는 상황은 빙산의 일각일 뿐이다. 레저경제는 체험경제가 크게 번성하는 토대가 될 것이다.

물품 대신 체험을 더 만끽하고자 하게 될 집단은 비단 부유층만이 아니다. 많은 사람들이 돈보다는 시간을 더 갖게 될 터이므로, 그러한 상황에 맞는 소비행태를 갖게 될 것이다. 적은 돈으로 재료를 사서 수공예품을 만들고자 할 수도 있고, 돈을 들이지 않고도 만족감을 느낄 수 있는 자원봉사 활동에 빠져들 수도 있다.

물품을 제조, 판매하는 비즈니스 업계도 이러한 상황을 잘 인식할 필요가 있다. **과거에는 주로 시간절약형 물품을 제조, 판매했다면, 앞으로는 '시간소비형' 물품을 만들어 파는 것이 유리할지도 모른다.** 예를 들어 미용업의 경우, 요즘의 상품들은 주로 '신속성'을 강조하고 있다. 피부손상을 빠른 시간 안에 회복시켜 준다든가, 30초 이내에 머릿결을 부드럽게 만들어준다든가 하는 식이다. 그렇지만 매일 아침 서둘러 일터로 달려 나갈 필요가 없는 사람들이라면 조금 더 시간이 드는 상품도 마다하지 않을 것이다. 한 시간 정도 놓아두면 머릿결이 좀 더 비단결처럼 바뀐다든가 하는 상품도 인기를 끌 수 있다. 물론, 이미 그런 상품들이 존재하기도 한다. 그러나 현재 그러한 상품들의 주된 마케팅 대상은 십대 청소년들을 비롯한 매우 젊은 층이다. 청소년들은 직장인들보다 외모를 가꿀 시간이 더 많다는 가정이 깔려 있기 때문이다. 은퇴한 베이비부머들 역시 좀 더 젊어 보이는 외모를 가꾸기 위해 많은 시간과 노력을 들이려 할 것이다. 이미 많은 중·노년층이 페이스리프팅, 보톡스, 레이저 성형 등을 시술받고 있는 것에서도 이를 알 수 있다. 그러나 지금은 시작일 뿐이다. 시간이 갈수록 이러한 산업은 기하급수적인 성장을 기록할 것이다.

돈은 있지만 시간이 없는 사람들은 앞으로도 늘 존재할 것이다. 그러나 돈과 시간을 모두 가진 사람들, 그리고 돈은 적고 시간이 많은 사람들의 수가 더 많아질 것은 분명하다. 어떤 TV를 살까 고심 중이던 웬디는 무작정 상점에 가서 아무 TV나 고르지 않았다. 그녀는 자신의 시간을 이용했다. 충분한 시간을 갖고 여러 종류의 TV에 대해 스스로 정보를 구해보고, 인터넷 카페를 통해 여러 사람에게 조언도 구했다. 시간에 예속되어 살던 과거에는 '신속한 구매'가 가장 중요했지만, 웬디에게 그런 시절은 이제 사라졌다.

레저경제의 산업별 성공 키워드 :

그렇다면, 과연 어떤 업종, 어떤 취미산업이 레저경제에서 승자가 될 수 있을까? 두 가지 패턴을 예상해보자. 첫째는 X세대와 Y세대의 향후 여가 소비패턴이다. 이들의 미래 소비패턴을 예상하기란 쉽지 않다. 물론 지금까지의 이들의 소비

패턴은 잘 알려져 있다. 즉, 이들은 엔터테인먼트, 여행, 오락 등에 상대적으로 많은 돈을 지출해 왔다. 그러나 나이가 들어감에 따라 이들의 소비패턴은 달라질 수 있다. 노동시장에서의 우월한 지위를 십분 이용하여 그것을 보다 많은 여가를 누리는 데 활용할 것인가 아닌가는 쉽사리 예측하기 어렵다.

이에 반해 베이비부머들의 소비패턴을 짐작하기란 비교적 쉬운 일이다. 그들은 가장 많은 여가를 즐길 집단이며, 지금까지도 여가활동에 돈을 지출하는 것을 아까워하지 않았던 집단이다. "베이비부머들은 십대 시절부터 취미생활에 많은 돈을 써왔지요." 웨이크 포리스트 대학의 척 롱기노 교수의 말이다. "대학을 졸업한 후 내 집 마련을 꽤 늦게까지 미루었던 세대가 바로 베이비붐 세대입니다. 그들에게는 최고 음질의 오디오세트를 사는 것이 급선무였거든요." X세대와 Y세대 역시 여가활동을 즐긴다. 베이비부머들보다 더 여가를 즐기는 세대일지도 모른다. 이렇게 보면 여가산업은 붐을 이룰 것이 분명해 보인다. 하지만 그렇게 간단한 일만은 아니다.

엔터테인먼트 산업

엔터테인먼트 산업을 우선 살펴보자. 베이비부머들은 미디어 및 공연산업의 거대한 잠재적 수요층이다. TV 시청률은 연령에 비례하여 증가한다. 2005년 미국 시간사용 서베이ATUS에 따르면, 45~54세의 주중 하루 평균 TV 시청시간은 2시간 6분이며, 55~64세는 2시간 36분, 65세 이상의 경우에는 무려 3시간 44분에 달한다. 다른 조건이

동일하다고 가정할 때, 베이비부머들이 50대가 되고 60대가 되면 지금보다 하루에 1~2시간 더 TV를 보게 될 것이다. 여기에 수백만 명을 곱하면, 그 시간의 양은 실로 엄청나다. TV산업에게는 그야말로 노다지인 셈이다.

그러나 현실은 좀 더 복잡하다. TV 시청시간을 줄일지도 모르는 여러 가지 다른 요소가 등장할 수 있다. 베이비붐 이전 세대는 나이가 많아질수록 TV를 더 많이 보았겠지만, 베이비부머들에게는 TV 이외의 다른 매체들도 수없이 널려 있다. 예컨대, 월스트리트에 소재한 기업인 파이퍼 제프리 Piper Jaffray 사가 조사한 바에 따르면, 컴퓨터 동영상을 즐기는 사람들의 TV 시청률은 줄어들고 있다고 한다. 젊은 세대일수록 그 현상은 더욱 두드러진다. 25~34세 인구의 60%가 유튜브 YouTube 동영상을 이용하는 반면, 45~54세 인구 중 유튜브를 이용하는 비율은 22%에 불과하다. 베이비부머들은 그들 자식 세대만큼 신기술에 능하지 않다. 그럼에도 이들의 컴퓨터 해득력은 꽤 높은 편이며, 마음만 먹으면 컴퓨터를 배울 수 있는 시간은 아주 많다. 따라서 어떤 종류의 미디어가 가장 붐을 이루게 될 것인지 가늠하기란 쉽지 않다. 확실한 것은, 미디어산업 내의 경쟁이 가속화되리라는 점, 또한 미디어산업과 다른 취미산업과의 경쟁도 치열해지리라는 점이다.

지금까지는 대개 나이가 들수록 엔터테인먼트 비용 지출이 줄어드는 추세였다. 2005년 소비자 지출 서베이에 따르면, 엔터테인먼트에 대한 가구당 지출은 가구주가 45~54세일 때 연간 3,034달러로 가장 많다. 전체 가구의 연간 엔터테인먼트 지출 평균액은 2,388달러다.

가구주가 55~64세인 가구는 2,429달러, 가구주가 65~74세인 가구는 2,143달러다. 그러나 베이비부머들은 엔터테인먼트 지출에서도 이전 세대들과 다를 것이다. 10년 전에 55~64세의 연간 엔터테인먼트 지출은 1,578달러였다. 2005년 달러가치로 환산하면 2,022달러다. 사실상 55~64세 인구는 엔터테인먼트 종류를 불문하고 그 소비가 꾸준히 늘어왔다. 이러한 추세가 이어진다면 베이비부머들의 경우 은퇴연령에 다가가면서 이전 세대보다 훨씬 더 많은 돈을 엔터테인먼트에 지출할 것이다.

엔터테인먼트 산업이 좀 더 젊은 세대와 어떻게 호흡을 맞출 것인지는 더욱 예상하기 어렵다. Y세대는 한 곳에 관심을 오래 집중하지

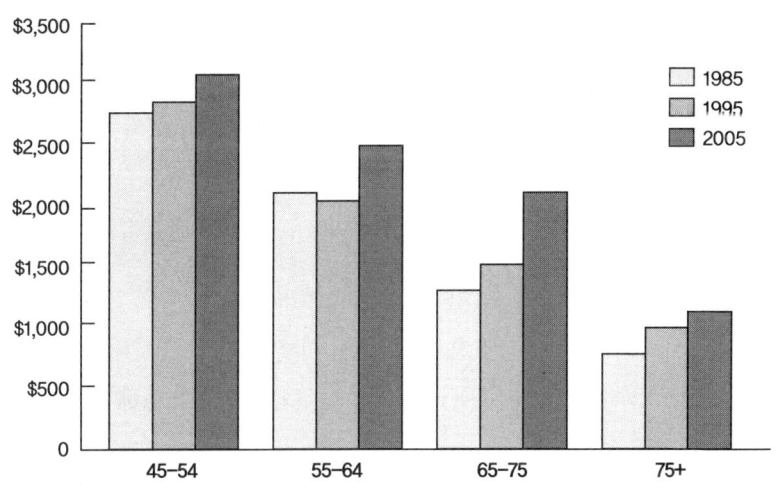

■ 엔터테인먼트 지출의 증가
미국의 연령별 엔터테인먼트 지출액(2005년 달러가치 기준)

| 출처 : 미국 소비자 지출 서베이

못하는 세대로 유명하다. TV건, 아이팟이건, 활자건, 놀이공원이건, 스포츠건 모두 그렇다. 때문에, 장차 그들이 어떤 엔터테인먼트에 시간을 상대적으로 오래 쏟아 부을 것인지 알 수 없다.

우리가 예측할 수 있는 것은 오직 인구학적 구성에 근거한 큰 그림뿐이다. 323쪽의 그래프에 나타난 바와 같이, 인구구성이 변화함에 따라 독서에 소비되는 시간은 크게 증가할 것이며, 스포츠활동에 소비되는 시간은 소폭 증가할 것으로 예상된다.

어떤 여가활동이 궁극적인 승자가 될 것인가, 즉 어떤 여가활동이 여가계층의 돈과 관심과 시간을 가장 많이 가져가게 될 것인가는 어떤 여가산업이 가장 열심히 그들에게 다가가는가에 달려 있다.

도서산업

지난 10여 년간 미국인들의 도서구입비는 꾸준히 줄어들었다. 미국의 소비자 지출 서베이에 따르면, 1995년 현재 가구당 연평균 도서구입비는 162달러였다. 2005년 달러가치로 환산하면 207.6달러다.(이하 도서구입과 관련된 통계는 모두 2005년 달러가치로 환산된 수치다.) 그러나 2005년의 가구당 연평균 도서구입비는 126달러에 불과했다. 10년 동안 65%나 줄어든 것이다. 도서구입비는 줄었지만 미국인들의 독서시간은 그다지 감소하지 않았다. 미국 시간사용 서베이에 따르면, 2005년 현재 15세 이상 미국인의 독서시간은 일주일에 세 시간이다. 이것은 20년 전인 1985년의 독서시간과 동일하다.

레저경제의 도래는 독서량의 증가, 특히 베이비붐 세대의 독서량 증가를 가져

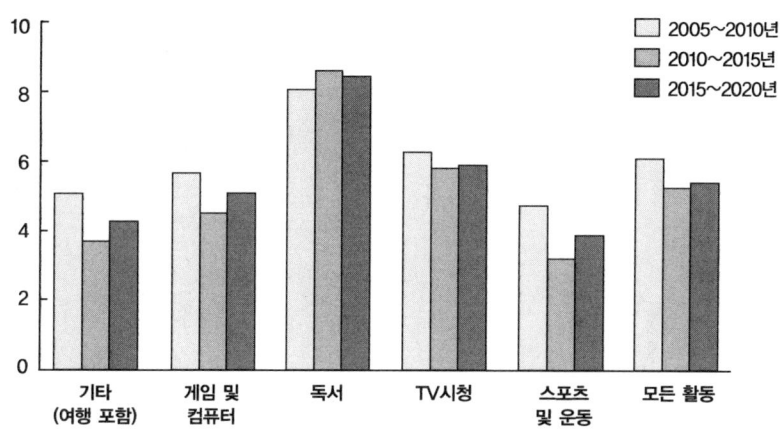

올 것이다. 실제로 도서구입비는 연령에 비례하여 늘고 있다. 2005년 소비자 지출 서베이에 의하면, 2005년 현재 55~64세 가구의 연평균 도서구입비는 167달러이며, 45~54세 가구의 연평균 도서구입비는 143달러다.

그러나 베이비부머들의 독서량이 그들의 은퇴 이후 급격히 늘어날 것인가에 대해 회의적인 시각도 없지 않다. 베이비붐 이전 세대가 45~54세 연령대이던 1995년, 같은 연령대 가구의 연간 도서구입비는 199달러였다. 2005년 달러가치로는 255달러인 셈이다. 이와는 대조적으로, 2005년에 45~54세이던 가구의 연간 도서구입비는 143달러였다. 이렇듯 큰 격차를 보인 이유 중 하나는 시간예속 경제일 것이다. 가장 바쁘고, 가장 일중독이 심한 세대인 베이비붐 세대는 1년 동안 머리맡에 같은 책을 두고, 밤마다 한 페이지도 채 읽기 전에 잠들었다. 그러니 다른 책을 구입할 이유가 없다. 그러나 일단 그들이 레저경제에 돌입하게 되면 상황이 달라질 수도 있다. 물론 베이비부머들은 이전 세대들보다 원래 책을 덜 읽는 세대라는 설명도 있다. 따라서 시간이 많아지더라도 그들은 독서가 아닌 다른 취미활동에 관심을 더 기울일지도 모른다는 것이다.

베이비붐 세대의 독서량이 부족한 주요 이유가 무엇이든, 적어도 그들 중 일부분은 단지 시간이 부족해서 독서를 게을리했을 것이다. 앞으로 수십 년 동안 그들은 도서산업의 중요한 소비자가 될 것이다. 베이비부머들(물론 X세대와 Y세대들도 포함하여)의 기호를 적절히 겨냥한 독서모임과 북클럽이 크게 번성할 수 있을 것이다. 독서가 인기를 끌 것으로 내다보는 또 다른 이유가 있다. 독서는 뇌운동을 활발하게 만들기 때문에 기억력 감퇴나 치매 예방에 좋다는 인식이 확산되고 있기 때문이다. 이러한 인식은 뇌운동을 고무시키는 모든 여가활동과 취미산업의 붐을 가져올 것이다. 낱말퍼즐이나 조각그림 맞추기 등이 그 예다. 스도쿠(sudoku, 일본에서 개발된 퍼즐놀이의 일종-옮긴이), 브리지 게임, 체스 등과 같은 놀이가 최근 들어 인기가 높아지는 것도 이러한 맥락에서다. 글쓰기 역시 활발해질 것이다. 물론 책을 쓴다기보다는 블로그 등에 글을 쓰는 형태가 주종을 이룰 것이다. 시간만 있으면 누구라도 자신의 블로그에 쉽게 글을 올릴 수 있다.

이러한 모든 변화는 기존의 도서관들에게는 매우 커다란 도전이자 절호의 기회이기도 하다. 도서관들은 레저경제가 진행됨에 따라 북클

럽, 도서자료 등의 수요에 응해야 한다. 베이비부머들은 그들을 노인으로 취급하고 노인에 맞춘 서비스를 제공하는 도서관을 선호하지 않을 것이다. 첨단 기술로 무장된 사무실에서 직장생활을 한 베이비부머들은 좀 더 다른 요구를 할 것이다. 각종 신기술 서비스를 이용할 수 있고, 스타벅스처럼 안락한 분위기 속에서 책도 읽고 사람들과 교제도 할 수 있는 그런 도서관을 원할 것이다. 실제로 커피까지 제공해야 할지도 모른다. 분명한 것은, 도서관 이용자의 증가는 도서관에 돈을 기부하는 사람들과 자원봉사자의 증가도 의미한다는 것이다.

도서관 운영자들이 고려해야 할 트렌드들

- 은퇴한 베이비부머들을 대상으로 '이제는 책을 읽자' 캠페인을 전개한다.
- 베이비부머들에게 적합한 독서 세미나 등을 개최하여 그들을 도서관으로 끌어들이고, 좀 더 오랫동안 그들이 도서관에 머물 수 있도록 환경을 조성한다. 단, 절대로 그들을 노인 취급하지 않는다.
- 스타벅스 같은 분위기를 마련한다. 약간의 회비를 받고 '도서관 북클럽 멤버십' 제도를 운영하는 것도 좋다. 멤버십 회원에게는 고급 커피와 안락한 의자를 제공한다.
- 연령대를 불문하고, 북클럽은 크게 활성화될 것이다. 연령별, 성별, 관심별, 도서형태별 등으로 세분화하여 북클럽을 조직한다.

음식산업

   시간예속 경제는 집에서 음식을 조리하기보다는 외식을 선호하는 문화를 만들어냈다. 1995년 현재, 미국인들이 식품과 관련해 지출하는 총비용의 38%가 외식으로 지출되었다. 2005년에는 그 비율이 44%로 증가했다. 테이크아웃 음식이나 배달음식, 슈퍼마켓에서 판매하는 반조리 음식을 포함시키면 그 비율은 훨씬 더 높을 것이다. 미국의 경우, 하루에 두 번 이상 집에서 음식을 만드는 가구의 비율은 1993년 35.9%에서 2001년 32.1%로 떨어졌다.

   그러나 이러한 추이는 역전될지도 모른다. 레저경제의 가장 큰 특징 중 하나는 '손수 요리'로의 회귀다. 연령층이 높을수록 손수 요리한 음식을 먹는 비율도 높아지고 있다. 2005년 현재 45~54세 연령대 가구는 총 식품비의 46%를 외식으로 소비했다. 55~64세의 44%, 65~74세의 40%보다 높은 비율이다.

   이러한 변화는 늘 소득의 크기와 관련이 있는 법이다. 이 점에서 베이비부머들 역시 다른 세대들과 다르지 않을 것이다. 취업기간 중에 소득이 중간 정도에 속했던 사람들은 돈과 시간에 모두 쪼들리며 지냈던 사람들이다. 그들에게는 테이크아웃 음식이나 식당에서 밥을 사 먹는 것이 경제적으로나 시간적으로 합리적이었다. 은퇴 후 그들은 시간보다는 돈에 더욱 쪼들리게 될 것이 확실하다. 상대적으로 소득이 낮은 베이비부머들은 은퇴 이후에 외식보다는 집에서 손수 음식을 조리해 먹는 쪽으로 방향을 돌리게 될 것이다.

   베이비부머들은 요리솜씨가 부족하다. 반조리 식품이나 외식에 의존해서 살아온 탓도 있지만, 늘 시간에 쫓기며 살았기 때문에 식재료

를 사고, 요리를 하고, 가족들이 둘러앉아 저녁을 먹는 일에 익숙하지 못한 탓도 있다. 그들에게 요리를 가르칠 좋은 기회가 다가오고 있다. 요리학원을 비롯하여, 슈퍼마켓이나 성인대상 교육기관도 요리강좌를 실시할 수 있다. 다른 모든 분야에서처럼, 베이비부머들은 '노인이 될 경우를 대비해서 요리를 배우라'는 말을 듣고 싶어하지 않을 것이다. 그들을 노인 취급하는 것은 금물이다. '간단하고, 건강하고, 맛 좋은 요리를 직접 만듭시다'라는 접근법이 그들에게 훨씬 잘 통할 것이다.

X세대와 Y세대도 요리에 대한 관심이 높아질 것이다. 그들 중 일부는 계속해서 시간예속 경제를 살아갈 것이고, 피자와 햄버거로 끼니를 때울 것이다. 그러나 여가와 노동을 상당 부분 맞바꾼 젊은 세대들은 소득 감소 대신 많은 시간을 누릴 수 있다. 특히 Y세대는 케이블 채널인 '푸드 네트워크'를 시청하고, 스타 요리사들의 등장을 보면서 요리도 매우 섹시한 일일 수 있다고 생각하며 자라난 세대다.

이것은 곧 외식산업의 후퇴를 의미하는가? 물론 아니다. 지난 20년 동안 외식은 어쩌다 한 번 치르는 행사에서 규칙적인 습관으로 바뀌었다. 55~64세 연령대 사람들을 보자. 베이비붐 이전 세대인 그들은 1995년에 총 식품비의 38%만 외식으로 지출했다. 그러나 2005년 현재 같은 연령대의 베이비부머들은 총 식품비의 44%를 외식에 지출했다. 모든 연령대가 외식을 하는 습관을 갖고 있다. 외식을 할 만한 형편이 되는 사람들은 계속해서 외식을 할 것이다. 다른 취미활동에 시간을 쏟기 위해 어쩌면 더 자주 외식을 할지도 모른다. 따라서 외식산업은 쇠퇴하지 않을 것이다. 단, 외식업체들은 베이비붐 세대, X

세대, Y세대 등의 문화적 특성(경제적 조건 및 건강에 대한 관심 등)을 고려하여 사업방향을 조정할 필요가 있다.

> **음식관련 사업자들이 고려해야 할 트렌드들**
>
> - 손수 요리(간단한 저녁식사에서부터 주말의 근사한 상차림에 이르기까지)가 붐을 이룰 것이다. 외식이나 테이크아웃 음식에 길들여진 사람들이 요리를 배우려 할 것이라는 점을 포착해야 한다.
> - 오랜 시간을 들여 만든 음식이 중요해질 것이다. 더 이상 음식을 '30분 이내에 후다닥 만들어야 할' 필요가 없어질 것이다. 오랜 요리시간과 오랜 식사시간이 정상적인 것으로 자리 잡게 될 것이다. 이는 종래와는 다른 식자재 및 조리과정이 등장한다는 것을 의미한다.
> - X세대와 Y세대는 요리를 취미활동으로 여기게 될 것이다. 건강을 생각하여 직접 요리하는 추세도 증가할 것이다. 아이들 도시락으로 인스턴트 식품을 싸주는 일이 줄어들 것이고, 좀 더 많은 야채와 과일이 소비될 것이다.
> - 레스토랑의 역할이 좀 더 확대될 것이다. 음식점은 세미나 장소로, 좀 더 독특한 맛의 음식을 제공하는 장소로, 요리강좌를 하는 장소로, 모임장소로, 그리고 동네의 사교장으로 역할을 확대하게 될 것이다.

교육산업

 교육기관은 레저경제에서 최대의 승자 중 하나가 될 것이다. 단, 여기에서 교육이란 아주 느슨한 개념의 교육, 종류를 불문한 교육을 의미한다. 전업주부건 은퇴한 베이비부머들이건, 시간이 많아지면 누구든지 뭔가 새로운 것을 배우며 정신을 살찌우고 싶어하게 마련이다. 하지만 모든 사람이 대학이나 대학원에 다닐 수는 없다. 수공예품 판매점에서 개최하는 비즈 목걸이 만들기 강좌에서부터 대학원 박사과정에 이르기까지, 모든 교육기관이나 단체들에는 시간이 아주 많은 수강생들이 문을 두드리게 될 것이다. 그들을 사로잡을 준비를 해야 한다.

 어떤 교육이건, 뭔가를 배우려 하는 성인인구의 수는 이미 치솟고 있다. 미국 교육통계국에 따르면, 1991년 약 33%의 성인이 어떤 형태로든 교육 프로그램에 참가했다. 대학과정을 이수하는 것과 기업의 직원 교육 프로그램도 포함된다. 이 수치는 2001년에 46%로 상승했다. 취업 중인 사람들이 절대 다수이긴 하지만, 모든 연령대에 걸쳐 뭔가를 배우는 사람들이 고르게 증가하고 있는 추세다. 같은 기간 동안 40~44세 인구의 경우 49%에서 54%로 크게 상승했는데, 이는 다른 연령대에 비하면 상승폭이 작다. 55~59세 인구는 29%에서 44%로, 60~64세 인구는 17%에서 31%로 뛰었다.

 학력이 높을수록 각종 성인교육 프로그램에 참여하는 비율도 높다. 중졸 이하의 학력을 가진 성인들은 20%만이 참여하는 반면, 대졸학력을 가진 사람들은 무려 65%의 참여율을 보였다.

대학들 역시 은퇴한 베이비부머들로 봇물을 이루고 있다. "40대가 된 베이비부머들이 다시 학교로 돌아가고 있습니다. 60대도 더러 있죠. 취업 중인 사람이 대부분입니다만, 직업을 바꾸고 싶거나 삶을 더 풍요롭게 만들고 싶어서 다시 학교에 다니는 거죠." 듀크대 사회학과의 안젤라 오랜드 교수의 말이다. "제가 가르치는 문과대학 석사과정 프로그램에는 각종 눈부신 경력을 자랑하는 성인 학생들로 가득합니다. 곧 전업을 계획하고 있거나, 언젠가 전업할 때를 대비해서 공부를 하는 사람들이 많습니다." 오랜드 교수 역시 앞으로 더욱 많은 베이비부머들이 대학교정을 메울 것으로 내다보고 있다. 그러나 대학들이 과연 그들을 맞을 준비가 되어 있는가에는 회의적이다. "국공립 대학들은 비교적 준비가 잘된 편이에요. 그런 대학들은 예전부터 장거리 통학하는 성인학생들을 많이 받아들여 왔죠. 하지만 그 외 대부분의 대학들, 특히 사립대학들은 좀 더 젊고, 근거리에서 통학하는 학생들에만 익숙한 상태입니다." 베이비부머들은 '상아탑'에 발을 내딛는 것에 대해 두려워할 세대가 아니다. 고학력자일수록 성인이 된 후 교육 프로그램에 참여할 가능성이 높은 만큼, 전반적으로 이전 세대보다 학력이 크게 높은 베이비붐 세대는 성인이 된 후에도 가장 교육열이 높은 집단이 될 것이다. 직업을 바꾸기 위해 대학에 다니는 사람들에게는 배움이 여가활동은 아니다. 새로운 직업을 갖기 위해 공부하는 것이기 때문이다. 은퇴했지만 다시 취업하기를 원하는 베이비부머, 혹은 어쩔 수 없이 퇴직하여 다른 직업을 찾아야 하는 베이비부머들에겐 특히 그러하다. 부부 중 한 사람은 계속 직장

모든 연령대에서 교육참여 인구가 증가하다
미국에서의 과거 12개월 이상 성인교육 참여율(단위 : 세로축 %, 가로축 연령)

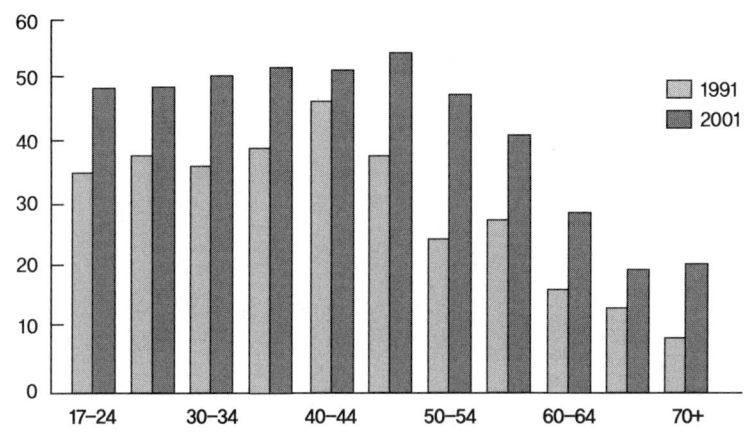

| 출처 : 미국 교육통계국

에 다니고, 다른 한 사람은 완전히 다른 커리어를 갖기 위해 다시 대학공부를 하는 사람들도 있을 것이다. X세대도 마찬가지다. 베이비부머들이 은퇴한 후 취업생활의 전성기를 맞을 X세대 중 많은 이들은 더 나은 커리어를 위해 다시 공부를 시작할 것이다.

교육은 레저경제에서 가진 자와 못 가진 자들의 격차가 드러나게 될 또 다른 분야다. 노스캐롤라이나 주립대학의 로널드 만하이머 Ronald Manheimer 교수는 이렇게 쓰고 있다. "과거에 교육을 많이 받았던 사람들, 건강하고 경제적으로 여유 있는 사람들은 '성공적인 노후'를 누릴 것이다. 건강이 나쁘거나 소득이 낮은 사람들, 또는 학력이 낮아 공부에 대한 동기부여가 잘 안 되는 사람들은 지적인 활동을 하지 않으려 할 것이다. '성공적인 노후'라는 이미지에 맞지 않는 삶을 사는 사람들은 '실패한 노후'로 낙인찍힐 수도 있다. 하지만 기회가 있는데도 그것을 누리지 못하는 사람이야말로 가장 실패한 사람으로 간주될 것이다. 이것은 지금 우리 사회의 추세와 크게 다르지 않다. 오히려 그 연장이자 확대라고 볼 수 있다."

그렇다면 생애 대부분을 못 가진 자로 살아온 사람들은 레저경제에서도 여전히 못 가진 자로 살아갈 수밖에 없을까? 젊은 시절에 충분한 교육을 받지 못한 사람들이 은퇴 이후에 향학열을 불태울 가능성은 그리 높지 않다. 그러나 반드시 그런 것은 아니다. 우리에겐 평생교육이라는 사회적으로 매우 유용한 프로그램이 있다. 평생교육은 우리의 정신이 노화되는 것을 막고, 치매를 예방할 수 있는 좋은 프로그램이다. 학력을 불문하고 누구든지 평생교육 프로그램에 참여할 수 있다. 경제력도 있고 학력도 높은 베이비부머들은 평생교육 프로그램에 자원봉사자로 참여하여 가난하고 배움이 적은 다른 베이비부머들의 학습에 도움을 줄 수도 있다.

교육은 기존의 교육기관을 뛰어넘는 훨씬 더 포괄적인 개념으로 자리 잡을 것이며, 레저경제는 여러 형태의 교육기관과 프로그램에 다양하고 풍부한 수요층을 제공하게 될 것이다. 홈 데포(Home Depot, 못이나 망치, 페인트, 벽지 등 각종 가정용 건축자재를 판매하는 미국의 대형 소매 유통업체-옮긴이)가 실시하는 DIY(Do-It-Yourself, 스스로 만들기) 강좌에서부터 마이클스(Michaels, 수공예품 및 관련 재료들을 판매하는 미국의 대형 소매 유통업체-옮긴이)가 실시하는 비즈공예 강좌에 이르기까지, 기업

들은 이미 소비자들에게 '교육'을 실시하는 새로운 세계로 발을 내딛고 있다. 그 세계는 아주 넓다. 특히 은퇴한 베이비부머들은 45분이 훨씬 넘는 강좌에도 기꺼이 참여할 수 있는 시간과 관심이 있다. 기업들은 기존의 교육기관과 협력하여 프로그램을 제공할 수도 있고, 독자적인 프로그램을 제공할 수도 있다.

나이 들어가는 베이비부머들은 그들이 배우고자 하는 것을 선택하는 데 유난히 까다로울지도 모른다. 그들은 평생 동안 직장생활을 하느라 이전의 어느 세대보다 DIY 경험이 훨씬 적다. 한 연구에 의하면, 45~54세 인구 중 'DIY를 통해 자기만족감을 느낀다'는 사람들의 비율은 1994년 61%에서 2003년 45%로 떨어졌다. 물론 그렇게 된 데에는 시간예속 경제의 탓이 크다. 시간예속은 그들에게 다른 방식으로 자기만족감을 느끼도록 해왔다. 그러나 레저경제에서 베이비부머들은 DIY 프로젝트에 빠져들 것이다. 손수 집을 수리하거나 리모델링하는 데 취미를 붙이는 사람들은 반드시 늘어날 것이다. 우선 시간도 많을뿐더러, 취업시절보다 소득이 떨어진 상태여서 전문수리공이나 리모델링 업자를 부를 여력이 그만큼 줄어들 것이기 때문이다.

자산관리와 관련된 교육 프로그램도 인기를 끌 것이다. 세간에는 베이비부머들의 대거 은퇴가 주식시장에 부정적인 영향을 미칠 것이라는 불안감이 존재한다. 노후자금 마련을 위해 집과 주식을 팔아치울 것이기 때문이다. 그러나 이것은 매우 근시안적인 전망이다. 레저경제에서에서는 보다 많은 사람들이 자신들의 자산 크기에 관계없이 취미활동의 일환으로 주식투자에 관심을 갖게 될 것이다. 1980년대 이후 베이비부머들은 주식시장에 많은 관심을 가져왔지만, 실제로 투자를 관리할 시간은 거의 갖지 못했다. 퇴직자들일수록 주식시장에 대해 보다 많이 연구하고, 경제신문을 더 많이 읽고, 투자설명회에 더 많이 참석하는 현상은 지금도 흔히 볼 수 있다. X세대와 Y세대도 자산관리에 많은 관심을 가질 것이다. 그 어느 세대보다도 이른 나이에 금융시장의 흥망성쇠를 지켜보며 자란 그들은 다른 어느 세대보다도 자산관리에 많은 시간을 쏟을 것이다.

취미산업

"에린이 이번 금요일에 제 아이들을 봐줄 수 없다는군요. '크롭 파티crop party'에 가야 한다는 거예요." 43세인 다이애나의 말이다. "그걸 파티라고 할 수 있는지조차 모르겠어요. 그런 곳에 가느라 아르바이트 자리를 거절한 거예요. 말이 안 돼요. 에린은 보육원에서 일해요. 그곳의 월급이 얼마나 적은지 아세요? 저는 훨씬 더 많은 급료를 지불해요. 그런데도 그 파티에 간다고 거절한 거예요. 그 파티에서 뭐 하는 줄 아세요? 종이를 이리저리 오려 붙여서 스크랩북을 만든다고요!"

베이비부머인 다이애나는 스크랩북 만들기가 지금 북미 전역에서 얼마나 인기 있는 취미활동으로 자리 잡아가고 있는지, 얼마나 많은 사람들이 그것에 열중하고 있는지 전혀 모르고 있다. 베이비시터인 22세의 에린 역시 스크랩북 애호가 중 한 사람이다. 레저경제는 이미 수공예산업에 깊이 발을 담그고 있다. 그러나 앞으로 다가올 붐에 비

하면 지금의 인기는 빙산의 일각일 뿐이다.

　미국에서는 전체 가구의 58%가 최소한 1년에 한 번은 수공예를 한다. 크리스마스 화환을 만드는 것처럼 작은 일일 수도 있지만, 그것을 만들기 위해 기꺼이 돈과 시간을 들인다는 점에 주목할 필요가 있다. 이미 수공예산업은 연간 300억 달러 규모의 시장을 확보했다. 수공예 종류는 지난 10여 년 동안 놀라울 정도로 늘어났는데, 물론 그 중 으뜸은 스크랩북 만들기다. 미국 수공예 취미협회CHA에 따르면, 2006년 1/4분기 동안 스크랩북 만들기 관련 제품은 18억 달러(전체 수공예산업의 6%에 해당)의 매출을 올렸고, 그 전해에 비해 8% 성장을 기록했다. 스크랩북 만들기를 하는 가구들은 한 해 평균 5.6개의 작품을 만들며, 한 작품을 만드는 데 31달러를 지출한다.

　또한 스크랩북 만들기는 가장 시간이 없을 법한 연령대의 사람들에게 가장 높은 인기를 끌고 있다. 스크랩북 만들기는 56세 미만 연령내에게 가장 인기가 높은데, 그 연령대의 85%가 스크랩북을 만든다. 이것은 무엇을 의미하는가? 두 가지를 지적할 수 있다. 첫째, 사람들은 아무리 바쁘더라도 자신들이 하고 싶은 것을 하기 위해 시간을 비워둔다는 사실이다. 둘째, 나이 든 세대들에게 스크랩북 만들기가 매우 새로운 수공예 품목으로 떠올랐다는 것이다. 스크랩북 만들기가 베이비부머들을 어느 정도 규모로 사로잡게 될지는 확실히 예측하기 어렵다. 현재 스크랩북 만들기를 하는 사람들 대부분이 56세 미만인 것은 분명하지만, 지금까지 나온 통계로는 35~55세 연령대를 더욱 세분화하여 검토할 수 없는 실정이다. 그러나 35~55세 연령대 중에서도 비교적 젊은 사람들일 것으로 추정된다. 베이비부머들은 아직은 옛 사진을 담아둔 상자들을 꺼내 정리하거나 컴퓨터 하드디스크에 담긴 디지털 사진들을 인화할 만큼 한가하지 않기 때문이다. 적어도 지금까지는 그렇다. 하지만 그들이 은퇴하고 나면 스크랩북 만들기에 본격적으로 열을 올릴까? 아마도 그럴 것이다. "지금 진행되고 있는 인구학적 변화는 수공예산업 전반에 아주 유리하다고 볼 수 있습니다." 미국 수공예 취미협회 회장인 스티브 버거Steve Berger의 말이다. "사람들은 은퇴하는 것이지 세상을 뜨는 게 아닙니다. 뿐만 아니라 치매를 예방하는 데 수공예만 한 것도 없죠."

수공예는 베이비부머들에게 아주 적합한 취미생활이 될 수 있다. 육체적 활동을 크게 요구하지도 않을뿐더러, 소득이 적은 사람들도 충분히 즐길 수 있기 때문이다. 그러나 수공예 작업을 해본 경험이 적기 때문에 기술을 익히는 일을 꽤 어려워할 수 있다. "스무 살 정도가 될 때까지 수공예 기술을 접해보지 않은 사람들은 그 후 30, 40년 동안은 더더욱 그러한 기술을 익힐 기회가 없죠." 수공예 재료 판매회사에서 일하는 벳시 에드워즈의 말이다. 이는 수공예 재료 제조업자들이 수공예품 만들기를 아주 쉬운 방법으로 즐길 수 있도록 제품을 만들거나, 혹은 소비자들이 기술을 익히도록 대대적인 강습을 실시해야 한다는 것을 의미한다. 하지만 베이비부머들은 천천히, 그러나 스스로 자기들만의 방법을 찾아가고 있다.

"처음엔 요가를 배우려고 했었죠. 그런데 벌써 마감이 된 거에요." 퇴직 교사인 55세 리즈의 말이다. "코바늘뜨기 교실은 자리가 있었어

요. 그래서 생각했죠. '코바늘뜨기? 못 할 게 뭐 있겠어?' 라고요. 가볍게 장난처럼 시작했죠. 그런데 지금은 코바늘뜨기에 완전히 빠져 버렸어요. 동네에 있는 재료상에 가서 좀 더 많은 재료들을 갖다 놓으라고 사정을 할 정도예요. 제 친구들도 여러 명 같이 하고 있답니다. 자그마한 재료 가게를 직접 운영해 볼까도 생각 중이에요. 예전에는 꿈에도 생각지 않던 일이죠. 전 고등학교 교사로 일했었는데, 수공예에 관심을 가질 시간이나 여력이 전혀 없었죠. 제가 이 일에 이토록 열중하게 된 건 저 스스로도 깜짝 놀랄 일이에요."

베이비부머들 중에서도 특히 남성들은 수공예 취미산업의 아주 큰 잠재적 시장이다. 미국 수공예 취미협회의 스티브 버거 회장은 이렇게 말한다. "스크랩북 만들기는 디지털 카메라가 대두하면서 크게 유행하게 되었습니다. 테크놀로지가 덧붙여지면서 아주 매력적인 취미활동으로 자리 잡게 된 거죠." 그에 따라 남성들도 스크랩북 만들기의 큰 수요자로 부상하게 되었다. 미국 수공예 취미협회의 추산에 따르면, 60여 년 전에는 남성들의 주된 취미활동은 모형기차 만들기 같은 남성적 취미들이 대부분이었다. 그러나 이제 그 비중은 10%도 채 안 된다. 남성들은 한번 어떤 것에 취미를 갖기 시작하면 그와 관련된 각종 물품들을 끊임없이 구매하는 습성이 있다. 따라서 베이비부머 남성들을 끌어들이게 되면 수공예산업은 더더욱 성공적인 산업으로 자리 잡게 될 것이다.

모형기차 산업을 통해서도 이를 쉽게 알 수 있다. 모형기차 산업은 1980년대 이후 다시 부활했다. 베이비부머들이 소득활동의 전성기를 맞던 시기와 일치한다.(베이비부머들이 어린이였던 1950년대에 가장 인기 있던 장난감이 바로 모형기차였다.) 모형기차 만들기 전문 웹사이트인 '세계에서 가장 으뜸인 취미활동World's Greatest Hobby'이라는 사이트 www.greatesthobby.com에 따르면, 현재 미국과 캐나다에는 약 50여만 명의 사람들이 모형기차 만들기를 취미활동으로 삼고 있다고 한다. 베이비부머의 아이콘 중 한 명인 닐 영(Neil Young, 캐나다 출신의 유명 팝가수-옮긴이)은 값비싼 모형기차 수집품들로 가득한 창고를 갖고 있는 것으로 잘 알려졌다. 그는 또한 미국의 가장 큰 모형기차 제조회사인 라이오넬Lionel 사 주식의 20%를 소유한 주주이기도 하다. 모형비행기 만들기에서부터 모형자동차 수집에 이르기까지, 남성 취미활동 시장은 크게 부상하고 있다.

X세대와 Y세대 역시 수공예산업의 주요 소비자다. 수공예에 관심을 갖는 유명 연예인들 덕분에, 젊은 세대들 내에서도 최근 뜨개질 등의 취미활동이 붐을 일으키기 시작했다. 물론 스크랩북 만들기도 유행이다.(이들보다 더 어린 세대인 Z세대, 즉 2000년 이후 출생한 어린이들조차도 스크랩북 만들기에 관심이 높다. 미국 수공예 취미협회에 따르면, 스크랩북 만들기를 하는 사람들의 9%가 만 6세 미만의 어린이들이다.) 그들은 한창 일할 나이에도 이러한 취미를 계속 유지할 가능성이 높다. 베이비부머들과는 달리, 이들 젊은 세대들은 노동시장에 진입한 이후에도 다양한 분야에 계속 흥미를 유지하는 경향이 있다. 이 모든 것이 수공예 취미산업의 전망을 아주 밝게 해준다.

> **수공예 사업자들이 고려해야 할 트렌드들**
>
> - 새로운 여가계층에게는 가볍게 시작한 취미활동이 '집념'으로 바뀔 가능성이 높다. 일단 그렇게 되면, 그들은 아주 정력적으로 관련 물품을 사들일 것이다.
> - 지금까지 간과되어온 대상은? 바로 남성들이다. 일단 남성들의 관심을 이끌어내면(모형기차건, 목공예건), 그들은 당신에게 최고의 고객이 될 것이다.
> - 취업 중인 베이비부머들은 수공예 취미생활을 즐길 시간적 여유가 없다. 그들을 수공예 세계로 이끌어내려면, 우선 그들이 관심을 갖도록 해야 한다. 그리고 초보적인 기술을 가르치는 데 투자를 아끼지 말아야 한다.
> - 수공예 동호회, 수공예 강좌, 수공예 토론회 등을 꾸려보라. 흥미를 느끼는 일에는 어떻게 해서든 시간을 내게 마련이다.
> - Y세대는 문화적으로 '풍요로운' 삶을 원한다. 수공예 취미활동은 그들의 삶을 풍요롭게 할 수 있다. Y세대를 공략하는 것을 절대 잊어서는 안 된다. 또한 그들에게는 가족단위로 접근하는 것도 좋다. '부모와 아이가 함께 하는 뜨개질교실' 등이 한 예다.

스포츠산업

레저경제에서는 헬스와 스포츠산업도 당연히 융성할 것처럼 보이기 쉽다. 그러나 인구학적 측면에서 볼 때 쉽게 단정하기는 어렵다. 사람들은 나이가 들수록 스포츠 활동을 덜 하거나, 장비가 그리 많이 필요하지 않은 종류의 스포츠를 선호하는 경향이 있다. 18~24세 젊은이들에게 가장 인기 있는 스포츠는 당구로, 그 연령대 인구의 31%가 참여한다. 몇 년 전부터 당구가 부활하기 시작한 것이 바로 Y세대 덕분이라는 점은 그리 놀라운 일이 아니다. 이와는 대조적으로 35~44세 연령대는 15%만이 당구를 친다. 65세 이상 연령대에서 당구를 즐기는 사람은 고작 2%에 불과하다. 젊은이들이 당구 다음으로 좋아하는 스포츠는 걷기이며, 볼링과 캠핑이 그 뒤를 잇는다.

여가계층에게 과연 어떤 스포츠가 인기를 끌까? 55~64세 연령대와 65세 이상 연령대의 경우 걷기운동, 기구운동, 낚시 등이 상위 3대 스포츠다. 그런데 여기에서 주의할 점이 있다. 낚시는 55세 이상 연령대에게 가장 인기 있는 스포츠 중 하나지만, 55세 이전보다는 그 참여도가 훨씬 떨어진다. 거의 모든 연령대에서 인기 있는 종목인 걷기를 제외하면, 나이가 들수록 스포츠 활동은 감소되는 것이 공통적이다. 즉, 55세 이상 연령대는 스포츠산업에서 큰 소비자 집단이 아니다. 그들은 시간은 있지만 젊었을 때에 비해 스포츠를 덜 즐긴다.

좋아하는 스포츠가 있는 경우라 해도 그것에 들이는 시간은 젊은이들에 비해 많지 않다. 2005년 시간사용 서베이에 따르면, 미국인들은 주중에 하루 평균 16분을, 주말에는 하루 평균 20분을 스포츠나 헬스에 소비한다. 일주일에 약 2시간을 운동에 소비하는 것이다. 중·노년층은 주중에 조금 더 많은 시간을 운동하고, 주말에는 덜 한다. 따

라서 총 운동시간에서는 젊은이들과 큰 차이가 없다. 예컨대 55~64세 연령대의 경우 주중에 총 1시간 36분을 운동하며, 65세 이상 연령대는 1시간 38분을 운동한다.

그럼에도 레저경제에서 스포츠 및 헬스 산업이 붐을 일으킬 잠재성은 있다. 베이비부머들을 겨냥한 스포츠 및 헬스 기구와 프로그램들을 제공하는 사업은 꽤 짭짤한 이익을 누릴 수 있을 것이다. 운동을 중시하고 또 열심히 하는 사람들은 55세가 넘더라도 운동을 중단하지 않을 뿐만 아니라, 더욱더 운동에 몰입할 가능성도 높다. 골프는 그 좋은 예다. 1장에서 언급했던 바와 같이, 골프는 1990년대에 큰 인기를 누린 종목이었다. 그러나 다른 여가활동과 마찬가지로, 골프 역시 시간예속 경제의 희생자였다. 몇 가지 간단한 계산을 해보자. 나이 든 사람들보다는 젊은 사람들이 골프를 더 많이 치는 경향이 있다. 미국 센서스국의 통계에 따르면, 골프를 가장 많이 치는 연령대는 25~34세다. 이 연령대 사람들의 17%가 골프를 친다. 반면에 55~64세 연령대에서는 11%가, 65세 이상에서는 6.8%가 골프를 친다. 그러나 **미국 골프재단에 따르면 2005년 현재 60~69세 미국인의 약 7%가 소위 '골프광'이다. 전체 인구 중 5.8%만이 '골프광'인 것과 큰 차이를 보이는 것이다. 이들 60~69세 연령대의 골프광들은 2005년 한 해 동안 평균 25차례 골프장을 찾았다. 전체 인구의 평균 18차례보다 훨씬 많다. 2005~15년에 60~69세 연령대 인구는 약 1,100만 명이 증가할 것으로 예상된다. 즉, 그 연령대의 골프광 수가 78만 6,990명이나 늘어나는 것이다.**

뿐만 아니라, 베이비부머들은 노화와 운동에 대해 이전 세대와는 다른 방식으로 접근할 것이다. **헬스클럽 회원 등록률이 가장 높은 연령대가 바로 베이비붐 세대다. 취업 중에도 헬스에 열중하는 그들은 나이가 들어서도 멈추지 않을 것이다.** 55세 이후 연령대의 헬스클럽 등록률이 점차 높아지고 있는 현상은 이것을 잘 말해준다.

'가진 자'와 '못 가진 자'의 격차는 스포츠와 헬스 산업에서도 눈에 띌 것이다. 가진 자들, 특히 소득분포도의 최상층부에 속한 사람들은 시간과 돈 모두가 소요되는 운동을 택할 수 있다. 가장 값비싼 취미활동으로 꼽히는 요트가 대표적이다. 요트클럽들은 시간예속 시대에 발생했던 손실을 만회할 좋은 기회를 맞이할 것이다. 근사한 식당과 여타 다양한 프로그램들을 곁들여 제공함으로써, 요트클럽들은 향후 20여 년 동안 부유한 여가계층을 끌어들이며 황금기를 구가할 가능성이 높다. 그러나 값비싼 스포츠클럽들만 레저경제로부터 이익을 얻는 것은 아니다. 여가계층을 대상으로 하는 모든 종류의 스포츠클럽들은 클럽에 발을 내딛은 사람들을 어떻게 하면 오래 붙잡아둘 수 있을지 머리를 짜내야 한다. 직장에 다니면서 짧은 틈새시간을 이용해 스쿼시게임을 즐기던 사람들이 이제 곧 많은 시간을 손에 넣게 된다. 스쿼시게임 외에도 다양한 서비스와 프로그램을 제공해 보라. 예컨대 주스 바, 조깅그룹, 또는 북클럽 등을 운영해 보라. 아마도 고객들은 좀 더 많은 회비를 지불하고라도 좀 더 오래 클럽에 머물고자 할 것이다.

베이비붐 이후 세대는 어떠할까. X세대와 Y세대는 전반적으로 예전의 베이비부머들에 비해 시간에 덜 속박될 것이다. 그러나 이들 젊

은 세대가 얼마나 많은 시간을 운동하는 데 쏟으려 할지는 미지수다. 물론 이전 세대보다는 좀 더 운동을 많이 할 것임에 틀림없다. 이들은 어린 시절부터 수영과 축구와 스케이트를 필수과목처럼 배우던 세대다. 또한 일중독자가 되기를 거부하며 일과 여가의 균형을 목청 높여 지향하는 세대가 바로 이들이다. 이들은 근로 연령대로 접어들어선 이후에도 운동에 관심을 가질 것이다. 그들이 즐길 수 있는 운동, 그들에게 좀 더 다가갈 수 있는 프로그램을 만들어낸다면 분명 커다란 성공을 누릴 수 있을 것이다.

중독산업

북미에 있는 모든 카지노마다 노인 고객들로 가득하다. 카지노업체의 증가와 더불어, 오늘날 도박은 베이비붐 이전 세대 노인들을 대거 끌어들이고 있다. 휴가기간 중 카지노를 이용한 사람들은 베이비부머들의 경우 7%, X세대와 Y세대의 경우 6%인 데 반하여, 베이비붐 이전 세대 노인들은 11%에 달한다. 고령화는 도박산업 이용색의 증가와 함께 그 문제점의 증가도 예고한다. 펜실베이니아 주립대학의 데이비드 오슬린David Oslin 교수에 따르면, 도박을 즐기는 노인들 중 11%가 '카지노 등 도박업소에 필요 이상으로 출입한다'고 대답했다. 이 비율이 지속된다면, 베이비부머들의 고령화와 함께 북미사회의 도박문제도 크게 증가할 것이다.

베이비부머들은 도박에 발을 디딜 가능성이 특히 높다. 그들은 수가 많으며 축적한 재산도 비교적 많아서 카지노 등 도박산업이 그들을 끌어들이려 안간힘을 쓸 것이기 때문이다. 많은 베이비부머들에게, 특히 경제적으로 넉넉하지 못한 베이비부머 여가계층들에게 도박은 다른 곳에서 얻기 힘든 사회적 관계와 시간 때울 기회를 제공한다. 무료로 제공되는 식사와 교통편, 카지노 업소 종업원들의 깍듯한 친절은 돈 없는 노인들에게 커다란 매력이다. 많은 여가객들에게 도박은 일회성 심심풀이에 지나지 않겠지만, 여행 등 값비싼 취미활동을 할 수 없는 베이비부머들은 도박에 보다 쉽게 빠져들 수 있다.

상당수 베이비부머들은 도박 외에도 여러 가지 중독 성향을 지니고 있다. 시간이 많아지면 그러한 중독이 다시 전면에 부상할 위험도 커진다. 많은 베이비부머들이 각종 중독을 호소하며 도움을 구하기 시작했다는 보고도 있다. 은퇴 후 악화되는 건강문제를 회피하기 위해, 또는 단지 무료함을 달래기 위해 중독에 빠져들 수도 있다. 그 중 일부는 알코올중독자나 마약중독자가 될 것이다. 지금까지 노인들의 경우 마약중독보다는 알코올중독 치료를 필요로 한 경우가 많았다. 앞으로는 이들을 위한 마약중독 치료 프로그램도 더욱 필요해질 것이다.

여행산업

현재, 여행과 관련하여 얼핏 모순적으로 보이는 두 가지 현상이 존재한다. 시간예속 경제가 지배하고 있는 상황 하에서 사람들은 휴가를 넉넉히 누리지 못한다. 휴가일수가 쌓여도 사용하지 못하는 경우가 대부분이다. 동시에, 여행산업은 북미에서 가장 빠르게 성장하고

있는 산업 중 하나다. 이 성장은 결코 외국 여행객들의 유입 때문만은 아니다. 이 두 가지 현상이 공존하는 데에는 여러 이유가 있다. 인구 전체로 볼 때 소득 증가는 비교적 정체되어 있는 상황이지만, 일부 베이비부머들의 소득은 증가하고 있다. 그들은 그 어떤 것보다도 여행에 돈을 쓰는 것을 아까워하지 않는다. 소득수준이 낮은 베이비부머들 역시 하루나 이틀이라도 짬을 내어 여행하는 일을 잊지 않는다. 때로는 짧은 여행을 위해 가진 돈을 다 터는 것도 마다하지 않는다. 대체로 베이비부머들은, 소득이 얼마건 간에 여행을 안 하고는 살 수 없게 되어버렸다. 소수 극심한 일중독자들을 제외한 대부분의 사람들은 휴가철 여행을 놓치지 않으려 애쓴다. 그리고 이들 덕분에 여행산업은 성장을 멈추지 않고 있다.

 레저경제에서는 모든 연령대의 사람들이 좀 더 많은 여가시간을 낼 것이다. 이는 여행산업에는 아주 반가운 변화임에 틀림없다. 그러나 여행시장의 다양성을 고려할 필요가 있다. 물론 모든 여행업체들은 부유한 베이비부머들을 공략하고 싶어할 것이다. 예컨대 금융회사 이사로 일하다가 퇴직한 55세의 낸시 같은 사람들이다. 낸시는 비교적 젊고, 건강하며, 희망 여행지 목록에 기록한 모든 곳을 갈 수 있을 만큼 돈도 있다. "전 이미 은퇴를 했고, 남편도 몇 년 안에 은퇴할 예정이에요. 우리는 각자 희망 여행지 목록을 작성해 놓았답니다. 그런데 제가 가고 싶은 곳과 남편이 가고 싶어하는 곳이 모두 일치하지는 않아요. 그래서 남편이 은퇴하기 전에 제 희망 여행지를 혼자서 가기로 했죠. 나머지는 남편이 은퇴한 후 같이 다닐 예정이고요." 많은 베이비부머들, 특히 경제적 여유가 있는 베이비부머들은 희망 여행지 목록을 갖고 있다. 호화 스파에서부터 해외여행에 이르기까지, 그들은 자신들의 감각에 맞는 여행을 실행에 옮길 것이다.

점점 더 많은 사람들이 점점 더 많은 시간을 여행에 쏟을 것이다. 여행산업에는 사람들에게 시간이 많아지는 것이 소득이 많아지는 것보다 더 중요한 의미가 있다. 예전에는 2주의 휴가여행이 가장 긴 여행이었다면, 앞으로는 한 달, 혹은 두 달간의 여행도 늘어날 것이다. 낸시의 경우처럼, 베이비부머 여성들은 레저경제의 여행산업에 중요한 고객으로 등장할 것이다. 그들 중 많은 수는 독신이다. 남편과 사별했을 수도, 이혼했을 수도, 혹은 아예 결혼한 적이 없을 수도 있다. 이미 오래 전부터 여행하는 데 익숙한 사람들도 많겠지만, 대부분은 단기여행이었을 것이다. 나이가 들어 레저경제를 맞이하면서 그들은 좀 더 긴 패키지여행에 관심을 가질 것이다. 남자든 여자든, 베이비부머 여행객들은 '노인'으로 대접받고 싶어하지 않을 것이다. 그들은 인생 후반에 얻은 그 많은 시간을 텔레비전이나 잡지 광고에서 본 멋진 여행지들을 둘러보며 보내려는 욕망을 가질 것이다. 프랑스 남부 지중해변에 위치한 아름다운 도시 니스에서 2주 동안 멋진 프랑스 일품요리를 배울 수 있는 '미식가들을 위한 특별 여행상품'에 귀가 솔깃해질지도 모른다. 하지만 '50세 이상 중·노년층을 위한 특별 패키지여행'에 대해서는 고개를 돌릴 것이다.

또한 그들은 2, 3일보다 더 긴 스파여행을 선호할 수 있다. 예전에는 스파여행이란 돈도 시간도 많은 소수 특권층만이 누리는 여행으

로 여겨졌다. 그러나 1990년대 들어서 스파산업은 돈도 시간도 넉넉하지 않지만 하루 이틀 정도의 짧은 스파여행을 알뜰하게 즐기고 싶어하는 사람들이 많다는 데에 주목했다. 10여 년 전부터 일어온 스파 붐은 이렇게 시작되었다. 스파 예약업을 전문으로 하는 스파 파인더 Spa Finders에 따르면, 1989년만 하더라도 미국 전역에 스파는 30여 개소에 불과했다. 지금은 무려 1,600개의 스파 휴양지가 성업 중이며, 1년에 7억~8억 5,000만 달러의 매출을 자랑한다. 낮시간 스파를 찾는 사람도 아주 사라지지는 않겠지만, 아마도 90분 이상의 장시간 이용 고객이 늘어날 것이다. 요즘은 호화로운 시설을 갖춘 주택가 스파도 등장하고 있다.

  스파여행이나 미식여행 등은 여전히 부유층들이 주 고객층을 이루겠지만, 서민들 역시 여행에 점점 더 많이 관심을 가질 것이라는 점도 염두에 두어야 한다. 이들은 소득은 많지 않지만 시간이 풍부한 사람들이다. 이는 레저용 자동차Recreational Vehicle, RV의 수요 증가를 가져올 것이다. 2005년 현재, 약 800만 가구가 RV를 소유하고 있는데, 이는 1980년 이후 58%가 증가한 수치다. 미시건대학의 한 연구에 따르면, **RV를 소유한 가구는 주로 가장의 나이가 35~54세이며, 연소득이 6만 8,000 달러 내외고, 한 해 평균 약 4,500마일을 여행한다**고 한다. 물론 RV는 누구나 구입할 수 있을 만큼 싸지 않다. 그러나 중산층이라면 구입할 수 있을 정도의 가격이고, 시간이 많은 사람들에게는 아주 제격인 여행수단이기 때문에 그 잠재적 시장규모는 매우 크다.

  그렇다면 베이비붐 이후 세대는 레저경제에서 어떤 여행을 원하게 될까? 이들에게는 훨씬 더 많은 변수가 작용할 것이다. Y세대는 이전 어느 세대보다도 많은 여행 경험이 있고, 그만큼 여행에 까다로운 소비자들이다. 인기 있는 여행안내서인 『아이들이 크기 전에 가봐야 할 여행지 500곳 Frommer's 500 Places to Take Your Kids Before They Grow Up』에는 시카고에 있는 박물관 목록에서부터 프랑스 노르망디 해변에 이르기까지 다양한 여행지가 소개되어 있다. 후기 Y세대와 같이 좀 더 젊은 세대에게는 긴 자동차여행도 이제 지루하지 않다. 자동차에 DVD 플레이어가 장착되어 있기 때문이다. 호텔들은 어린이들을 위한 패키지 여행상품이나 캠핑 프로그램을 운영하기도 한다. 부유층 어린이들은 하와이 힐튼호텔에서 운영하는 '십대를 위한 여름 스파 체험'도 이용할 수 있을 것이다. 꿈을 현실로 만들어주는 데 일가견이 있는 디즈니랜드는 최근에 여자아이들을 위한 '비비디 보피디 부 Bibbidi Boppidi Boo' 헤어살롱을 열었다. 그곳에서는 Z세대 여자아이들에게 판타지 영화에 나올 법한 머리모양과 화장을 해주고, 그에 걸맞은 손톱손질 서비스도 해준다.

경제적으로 넉넉한 Y세대라면 호화로운 여행을 계속할 수 있을 것이고, 자신의 아이들에게도 그러한 기회를 줄 수 있을 것이다. 베이비붐 이후 세대 역시 여행을 삶의 필수품으로 여기며, 아이들에게도 반드시 경험하게 해주고 싶은 일로 꼽는다. 지금 Y세대의 대부분은 20대 초반이다. 그들은 직장생활을 하면서도 좀 더 많은 휴가를 얻기를 바라며, 그렇게 하기 위해 사용자들과 협상을 마다하지 않는다. 단지 육아휴직을 얻기 위해서가 아니라 좀 더 긴 여행을 하기 위해,

안식월 혹은 안식년을 얻기 위해서다.

  Y세대가 과연 그들이 원하는 만큼의 휴가기간을 얻어낼 수 있을지는 좀 더 두고 보아야 할 것이다. 만일 그렇게 된다면, 앞으로 수십 년 동안 휴가기간은 계속 증가할 것이다. 한 가지 경고할 것은, 일하지 않는 날이 많아지는 만큼 소득도 떨어진다는 점이다. 가족과 함께 멀리 호화여행을 떠나고 싶어도, 경제적 여건이 허락하지 않을 수 있다. 따라서 단시간/근거리/저비용 여행이 다시 성행하게 될지도 모른다. 그들이 어떠한 종류의 여행을 택하건, Y세대가 가정을 꾸리게 될 때 그들은 자신들의 부모가 했던 것보다 훨씬 더 많은 여행을 아이들과 함께 하게 될 것이 틀림없다.

제10장

… 레저경제의 승자가 될 것인가, 패자가 될 것인가

바야흐로 우리는 여가가 많은 시대, 여가를 즐기고자 하는 의지가 높은 시대에 접어들고 있다. 그렇다면, 우리가 갖고 있는 시간예속 시대 기업의 주식을 당장 팔아치우고 그 대신 리조트 회사의 주식을 사들여야 할까? 우리가 사업을 하는 사람이라면, 시간에 예속된 고객들을 무시하고, 모든 돈과 시간과 노력을 은퇴자들에게 돌려야 할까? 물론 대답은 '아니요'다. 레저경제는 다른 모든 경제형태를 완전히 잠식해 들어가지는 않을 것이다. 그러나 레저경제에서 이익을 얻기 위해서는 기존의 주식종목, 사업전략, 사업태도 등을 어느 정도 조정할 필요가 있다. 투자자건, 소비자건, 사업가건, 혹은 그저 관심 있게 지켜보는 사람이건, 시대를 앞서 가기 위해서는 레저경제에 관한 다음과 같은 몇 가지 중요한 진실을 잘 이해해야 한다.

레저경제는 '좀 더 많은 시간 갖기'에 관한 것임을 명심하라

북미사회의 평균연령은 계속해서 높아지고 있다. 이것은 결코 새로운 뉴스가 아니다. 그러나 이와 관련하여 지금까지 다루어진 주제들은 주로 소비자 욕구 변화에 관한 것들이었다. 즉, 나이 든 사람들은 어떤 상품과 서비스를 필요로 할 것인가, 그러한 상품과 서비스는 젊은 사람들이 필요로 하는 상품이나 서비스와 어떻게 다를 것인가 등등이다. 다초점 렌즈나 보청기 등의 판매가 늘어날 것은 분명하지만, 그것은 그림의 극히 일부분일 뿐이다. 나이 든 사람들은 젊은 사람들에 비해 신중하게 물건을 고른다. 이는 곧 물건을 고르는 데 더욱 많은 시간을 쓴다는 의미다.

당신이 어떤 종류의 상품 혹은 서비스를 팔건, 이런 질문을 스스로에게 던져보라. 시간이 풍족한 고객이라면 놀이공원의 일일 이용권을 살 것인가, 4일 이용권을 살 것인가? 러닝타임이 긴 영화를 볼 것인가, 짧은 영화를 볼 것인가? 당신의 가게나 레스토랑에서 좀 더 오래 머물 것인가, 아니면 용무를 끝내고 서둘러 나갈 것인가? 두어 시간이면 끝나는 수공예 강좌를 들을 것인가, 아니면 몇 달 코스의 강좌를 들을 것인가? 대답은 분명하다. 그 대답을 따라 사업을 운영하

라. 사업의 모든 측면에 '시간'이라는 요소를 고려하라.

레저경제는 모든 세대에 해당되는 것임을 명심하라

물론 당장은 베이비붐 세대가 레저경제의 주요 주체다. 그러나 그들만으로 레저경제가 이루어지는 것은 아니다. 여가를 삶의 주요 부분으로 간주하는 포스트 베이비붐 세대의 욕구를 잊어서는 안 된다. 그들의 레저경제는 베이비부머들의 레저경제와 조금 다르다. 그들은 직장생활을 하면서 여가를 누리고자 하는 사람들이다. 젊은 사람들이기 때문에 아직 모아놓은 돈도 많지 않다. 그들은 비용이 적게 들어가는 휴가를 선호할 것이다. 또한 외식보다는 집에서 식사하기를 더 원할 것이다. 그러나 Y세대가 노동시장에서 전성기를 맞을 연령대가 되면 그들의 소득은 늘어날 것이고, 여가활동에 더욱더 많은 시간과 돈을 쏟으려 할 것이다.

고객들이 좀 더 오래 당신의 상점에 머무르도록 하라

물론, 이제까지의 상식은 이와 반대였다. 어떻게 하면 손님들을 빨리빨리 움직여 용무를 끝내게 할 수 있을 것인가가 주된 초점이었다. 그러나 성공적인 사업을 위해서는 고객들이 되도록 오래, 그리고 편안하게 당신 가게에 머물며 상품을 고르고 맛을 느끼게 해야 한다. 그렇다고 해서 손님들을 카운터에 길게 늘어선 채 기다리게 해도 좋다는 것은 아니다. 서비스 품질 개선을 둘러싼 경쟁이 치열해지는 만큼, 그들이 가능한 한 빨리 계산을 마칠 수 있게 하기 위한 노력은 계속되어야 한다. 그 대신, 푹신한 소파와 신문 및 잡지, 그리고 '오래 머물며 시간을 보내기에 딱 좋은' 분위기를 갖춘 스타벅스가 장차 모든 비즈니스의 모델로 자리 잡게 될 것이다. 물론 모든 맥도날드 체인점에 소파를 들여놓을 것을 기대할 수는 없으리라. 하지만 베이비부머들이 많이 거주하는 동네라면 패스트푸드 상점이라 하더라도 고객이 편안하게, 그리고 오래 머물 수 있도록 사업전략을 바꿀 필요가 있다.

고급 여가산업에 주목하라

돈도 많고 경제력도 있는 여가계층이 등장할 것이다. 그들은 고급 휴가여행을 즐길 것이다. 며칠 동안이 아니라 몇 주 동안의 여행을 즐길 것이다. 그들은 새로운 물건을 사들이는 데 시간을 아끼지 않을 것이다. 그들은 고급요리를 즐길 수 있는 패키지여행, 최신 조깅화, 최신 모델의 모형기차 등을 구매할 사람들이다.

그들을 잘 공략하면 당신의 사업은 큰 성공을 거둘 수 있다. 하지만 그들이 수적으로 많지 않다는 점을 기억해야 한다. 모든 베이비부머들이 경제적으로 부유한 것은 아니며, 때로는 시간조차 넉넉하지 않

은 사람들도 있을 수 있다. 뿐만 아니라, 부유한 베이비부머들을 대상으로 한 경쟁은 매우 치열해질 것이다. 그들을 성공적으로 끌어들인 경우라 하더라도, 새로이 진입하는 베이비부머 노인들의 욕구는 끊임없이 변한다는 것을 명심해야 한다. 60대들은 피레네산맥으로 하이킹을 가고자 할 것이다. 해마다 가려 할 수도 있다. 하지만 몇 년이 지나면 건강이 그것을 허락하지 않을 것이고, 그들은 다른 무언가를 찾을 것이다. 그때가 되면 당신은 상품을 바꾸거나, 아예 공략대상을 바꾸어야 할지도 모른다. 고급 여가산업은 이익이 큰 만큼 오래 지속되기가 쉽지 않다.

저가 여가산업에 주목하라

레저경제는 다양성과 불평등의 경제다. 시간과 돈이 있는 황금 여가계층뿐 아니라, 돈은 없지만 시간이 많은 계층에도 주목해야 한다. 그들은 한창 일하던 시절에 즐겨 찾던 시간절약 상품들을 더 이상 원하지 않을 것이다. 그들이 무엇을 원하게 될지 생각해 보라. 그들은 많은 돈을 모으지 못한 사람들이다. 하지만 경제적으로 넉넉하지 않다고 해서 자신들이 원하는 라이프스타일을 완전히 포기할 사람들도 아니다. 그들은 저렴한 가격의 상품을 원할 것이다. 그들에게는 저렴한 상품들을 찾아다니는 것 자체가 즐거움이 될 수 있다. DIY 상품들을 좀 더 근사하게 보이도록 만들어낼 수 있지 않을까?

그들의 증조할머니들을 추억하게 하는 십자수 만들기 상품을 좀 더 세련되게 개발하고, 동시에 십자수 강좌를 실시할 수 있지 않을까? 요리강좌 역시 베이비부머들에게 크게 환영받을 업종이다. 부유층 베이비부머들에게는 고급 리조토 혹은 포르치니 버섯 요리강좌를, 서민 베이비부머들에게는 피자 만들기 강좌를 열어보라.

시간을 위해 돈을 포기하는 세대인 포스트 베이비붐 세대들도 염두에 두어야 한다. 이들은 돈이 많지 않다. 이들은 어떤 중요한 경험, 혹은 중요한 가치를 얻을 수 있다는 믿음이 있을 때 지갑을 연다. 베이비부머들과는 달리, 이들 젊은 세대는 한창 일할 나이에도 DIY에 관심을 기울일지 모른다. 실제로 그들은 이미 수공예 등에 많은 시간을 보내고 있다. 저렴하면서도 시간을 절약할 수 있는 체험상품들이 이들에게 큰 인기를 끌 수 있을 것이다. 이들은 또한 환경문제에 관심이 높은 세대다. 휘발유를 절약하기 위한 카풀 사업, 야채 가꾸기 사업 같은 친환경 사업도 이들 젊은 세대에게 매력적일 것이다.

레저경제와 자산관리

이 문제는 제법 까다롭다. 레저경제가 도래하리라는 것을 안다고 해도 구체적으로 어떤 레저경제 기업이 성장을 할 것인지는 알 수 없기 때문이다. 잘나가는 스포츠장비 회사나 도서체인점도 있을 것이고, 그렇지 못한 회사나 서점도 있을 것이다. 후자에 속한 기업의 주

식을 살 경우, 레저경제에 대한 사전 지식은 아무런 소용이 없게 된다.

  그럼에도 우선 레저경제에서 이윤을 많이 얻을 만한 업종을 택하는 것은 매우 중요하다. 도서체인점일 수도 있고, 탄력시간제를 운영하는 기업일 수도 있다. 또는 베이비부머들이 몰려들 대학가 주변의 부동산에 투자하는 것도 현명한 선택일지 모른다. 계속해서 시간예속 경제에 입각하여 상품을 만들어내는 기업에 치중하여 투자를 하는 것은 미래에 등을 돌리는 행동이다. 투자 결과가 그것을 말해줄 것이다.

자원봉사 노동력을 최대한 활용하라

  레저경제를 구가하는 사람들은 시간이 많은 사람들이다. 하지만 그들에게 적절히 다가갈 때에만 그들의 시간은 당신에게 도움이 된다. 자원활동가들을 이용하는 사회단체들은 그들을 어떻게 활용하는가에 따라 득을 볼 수도, 그렇지 않을 수도 있다. 새로운 여가계층은 다양한 기술과 경험을 가지고 있는 사람들로 구성되어 있다. 그 중에는 사회단체에 기부할 적지 않은 돈을 가진 사람들도 있다. 그들은 자신들의 가치관과 부합하는, 혹은 자신들에게 의미 있는 경험을 가져다줄 단체와 활동에만 자산과 에너지와 시간을 쏟을 것이다.

  비영리 사회단체를 운영하는 사람이라면 양질의 자원봉사 노동력을 어떻게 활용할 것인가에 대해 신중하게 생각하고 준비해야 한다. 여타의 단체들도 마찬가지다. 지역 관광정책을 담당하는 공무원, 혹은 지역사회를 위한 자원봉사 노동력을 유치하는 업무를 하는 공무원이라면 베이비부머 블로거들에게 접근하는 것이 좋을 것이다. 베이비부머 블로거들은 자신들이 거주하는 지역사회를 외부에 널리 알릴 수 있는 최적의 홍보대사들이 될 수 있다. 어떻게 해야 그들에게 동기부여를 할 수 있는지, 어떻게 그들에게 다가갈 수 있는지 알고 있는가? 레저경제 노동력을 가장 잘 활용하기 위해서는 창조적으로 사고해야 한다. 어떻게 노력하느냐에 따라, 자원봉사를 생각하고 있지 않은 사람들까지도 자원봉사의 세계로 이끌어낼 수 있다.

당신의 지역을 레저경제에 맞도록 브랜드화하라

당신의 지역사회로 새로운 사람들을 끌어들이고, 또 그들을 오래 붙들어두기 위해서는 다양한 여가체험의 제공이 필수적이다. 그 대상이 베이비부머들이건 젊은 세대건 마찬가지다. 극장, 축제, 불꽃놀이, 야외 레크리에이션 등과 같은 다양한 여가활동 프로그램을 마련하면 어떨까? 이러한 프로그램을 패키지 상품화하여 지역주민들과 잠재적 여행자들에게 적극적으로 홍보하는 것이 어떨까? 당신이 지역 부동산업자라면 지역정부와 협력하여 그 지역을 보다 친화적이고 정겨운 분위기로 바꾸어가는 데 앞장서면 어떨까? 당신이 거주하는 마을 혹은 도시가 레저경제 지도의 한 부분을 차지하려면 이러한 점들을 중요하게 생각해 보아야 한다.

당신이 지금 살고 있는 지역이 황량하고 살풍경한 모습이라면, 서둘러 그 분위기를 바꾸도록 하라. 지역을 브랜드화하고, 멋진 레저체험을 할 수 있는 매력적인 곳으로 변화시켜라. 물론 햇볕을 즐기려는 사람들이 애리조나 주 대신 미네소타 주를 택하지는 않을 것이다. 그러나 날씨를 제외한 모든 것은 마음만 먹으면 바꿀 수 있다.

시간은 돈만큼, 어쩌면 돈보다 값지다는 것을 명심하라

계속 일을 하고 싶어하는 베이비부머들은 일과 여가의 균형을 유지할 수 있는 근무형태를 원한다. 예전처럼 일에 전적으로 지배당하는 삶도 원하지 않고, 완전한 백수생활도 원하지 않는다. 평소에는 일을 하다가 여름, 혹은 겨울 한 철 휴가를 낼 수 있는 직장, 계약직이나 시간제 근무 등 여러 가지 옵션이 있는 직장을 희망한다. 유연한 근무형태를 도입하는 것이 너무 복잡하고 골치 아프다고 생각하는 사용자라면 한 가지 명심해야 할 점이 있다. 베이비부머 근로자를 대체할 다른 노동력을 구하는 일은 훨씬 더 복잡하고 골치 아프다는 사실이다.

베이비부머들만 이 같은 탄력적인 근무형태를 원하는 것은 아니다. 아시아 대륙을 트레킹으로 여행하고 싶어하는 Y세대를 비롯해서 틈틈이 아이들과 시간을 함께 보내고 싶어하는 일하는 부모들에 이르기까지, 점점 더 많은 사람들이 기존의 풀타임, 주 5일, 연 50주 근무

형태에 염증을 느끼고 있다. 레저경제에서는 시간제 근로자가 부러움과 시샘을 받을 것이다. 영리한 기업이라면 이 점에 주목할 것이다. 그들은 재능 있고 똑똑한 젊은 X세대와 Y세대 일꾼들을 자기 기업에 붙들어두기 위해 그들이 원하는 만큼의 연봉과 여가를 제시할 것이다.

시간예속 경제에서 레저경제로의 이동은 한순간에 이루어지지는 않을 것이다. 과거에 시간예속 경제가 자리 잡는 데에도 오랜 시간이 걸리지 않았던가. 오늘날 북미사회는 '자유' 시간이 거의 없는 삶이 지배할 뿐만 아니라, 그러한 삶에 매우 높은 긍지와 자부심을 갖는 문화가 지배하고 있다. 그러한 삶과 문화를 재구성하는 데에는 많은 시간이 걸릴 것이다. 분명한 것은 그 시간은 반드시 도래할 것이라는 점이다. 그리고 지금 변화의 신호가 나타나고 있다.

레저경제가 사람들을 더 행복하고 더 건강하게 만들까? 더 나은 사회를 만들까? 물론 이것은 쉽게 대답할 수 없는 질문이다. 일반적인 견지에서 보면, 일을 더 많이 하면 물질적으로 더 풍요로워질 수 있다. 그러나 물질적 풍요를 누리면서 동시에 시간적 풍요를 누릴 수 있는 방법도 있을 것이다. 우리의 생산성을 높이면 노동의 가치는 그만큼 높아지고, 따라서 소득의 희생 없이 더 많은 여가를 가질 수 있을 것이다. 이는 우리의 역사를 통해서도 알 수 있다. 물질적 번영을 누리던 20세기 초에 근로자들은 그 번영에 기반하여 근로시간 단축을 협상할 수 있지 않았던가.

한동안은 '가진 자'와 '못 가진 자'의 불균형이 지속될 것이다. 그

러나 돈보다는 시간을 택한 사람들은 비물질적 형태의 이득을 얻을 것이다. 시간예속 경제는 우리로 하여금 많은 것을 희생하도록 강요했다. 특히 우리의 정신적·육체적 건강이 가장 큰 희생을 치러야 했다. 레저경제는 결코 간단하지 않다. 하지만 그것은 지금까지 우리가 누리지 못했던 고요와 평화를 가져다줄 것이다. 일단 그것을 맛보게 되면, 우리 모두 그것을 아주 좋아하게 될 것이다.

: 후기와 감사의 글

나는 수년 전부터 여러 기업과 경제전문가들을 대상으로 다양한 산업분야의 미래를 주제로 강연을 해왔다. '레저경제학'에 대한 나의 생각은 이러한 강연활동을 통해 더욱 깊어졌다. 내가 만난 청중들은 예리한 질문을 던지거나 자신들이 관찰한 놀라운 이야기를 들려줌으로써 내게 많은 것을 가르쳐주었고, 결국 이 책이 세상에 모습을 드러내는 데 결정적인 도움이 되었다. 때문에 나의 가장 심심한 감사는 일일이 이름을 나열하기 어려운 나의 모든 청중들에게 우선적으로 돌려져야 할 것이다. 또한 지난 6년 동안 나와 함께 일하며 많은 도움을 준 캐나다의 내셔널 스피커스 뷰로 National Speakers Bureau 에도 깊은 감사를 전한다. 페리 골드스미스, 제니퍼 클락슨, 잔 마리 로빌라르의 지원과 협조는 특히 지대했다.

이 책을 끝내기까지 아주 많은 사람들이 식견과 지혜를 나누어주었다. 책 속에 이름이 등장하는 여러 전문가들은 물론, 자신들의 노동과 여가와 삶의 이야기들을 스스럼없이 들려준 모든 사람들, 그들이

내게 할애해 준 소중한 시간에 더없는 감사의 마음을 전한다.

물론 나의 에이전트인 릭 브로드헤드를 빼놓을 수 없다. 그가 아니었다면 이 프로젝트는 한 발짝도 진행되지 못했을 것이다. 존 와일리 앤드 선즈John Wiley & Sons 출판사 직원 모두에게도 감사를 표한다. 특히 편집장인 캐런 밀너는 '레저경제학'이라는 아이디어를 재빨리 받아들였고, 나로 하여금 그 아이디어를 발전시키도록 열렬히 격려해주었다.

마지막으로, 남편 루 쉬자스에게 커다란 감사를 표한다. 이름이 제법 알려진 경제전문가인 남편은 이 책의 '명예' 공저자가 되겠노라 제안했지만 나는 정중히 거절했다. 책을 쓰는 데 아무런 역할을 하지 않은 사람을 공저자로 부를 수는 없지 않은가! 하지만 남편의 지원과 격려, 나에 대한 식지 않는 믿음과 빈번한 외식을 마다하지 않은 배려가 없었다면 이 책은 가능하지 않았다. 그리고 내 딸 매디! 매디가 태어난 후로 무엇이 여가이고 무엇이 노동인지에 대한 나의 개념들은 대혼란을 겪고 있다. 하지만 분명한 건, 매디가 나의 삶을 기쁨 그 자체로 만들어주었다는 사실이다.

레저경제학

펴낸날 | 2008년 6월 30일
지은이 | 린다 나자레스
옮긴이 | 최성애
펴낸이 | 정우진
만든이 | 류미정, 강진영
꾸민이 | 디자인 붐
펴낸곳 | 121-856 서울 마포구 신수동 448-6 한국출판협동조합 내 도서출판 황소걸음
편집부 | (02) 3272-8863
영업부 | (02) 706-8116
팩　스 | (02) 717-7725
이메일 | bullsbook@hanmail.net / bullsbook@naver.com
등　록 | 제22-243호(2000년 9월 18일)

ISBN 978-89-89370-60　03320

정성을 다해 만든 책입니다. 읽고 주위에 권해주시길…….
잘못된 책은 바꿔드립니다. 책값은 뒤표지에 있습니다.